理解哲学

Understanding Philosophy

杨国荣 ——— 著

图书在版编目(CIP)数据

理解哲学/杨国荣著. —北京:北京大学出版社,2021.9
ISBN 978-7-301-32420-2

Ⅰ. ①理⋯　Ⅱ. ①杨⋯　Ⅲ. ①哲学理论　Ⅳ. ①B0

中国版本图书馆 CIP 数据核字(2021)第 171756 号

书　　　名	理解哲学 LIJIE ZHEXUE
著作责任者	杨国荣　著
责任编辑	魏冬峰
标准书号	ISBN 978-7-301-32420-2
出版发行	北京大学出版社
地　　　址	北京市海淀区成府路 205 号　100871
网　　　址	http://www.pup.cn　新浪微博:@北京大学出版社
电子邮箱	zpup@pup.cn
电　　　话	邮购部 010-62752015　发行部 010-62750672 编辑部 010-62750673
印刷者	天津和萱印刷有限公司
经销者	新华书店
	965 毫米×1300 毫米　16 开本　19 印张　229 千字 2021 年 9 月第 1 版　2023 年 11 月第 2 次印刷
定　　　价	76.00 元

未经许可,不得以任何方式复制或抄袭本书之部分或全部内容。
版权所有,侵权必究
举报电话: 010-62752024　电子邮箱: fd@pup.cn
图书如有印装质量问题,请与出版部联系,电话: 010-62756370

何为哲学(代序)

一

"什么是哲学?"提出这一问题本身就是一种哲学的追问。如果对古今各种关于哲学的论说作一概览,便不难注意到,对"如何理解哲学"这一问题的讨论很多,相关的定义也不少,但迄今尚未形成完全一致的看法。罗蒂曾直截了当地对"什么是哲学"这一问题提出质疑[①],这一立场从一个方面表明,对以上问题的提法本身就有不同理解,如果试图就这一问题给出一个能被普遍接受的回答,显然更不是一件容易的事情。

不过,从另一角度看,"什么是哲学"这一问题本

---

① 参见杨国荣:《思想的长河》,北京:北京师范大学出版社,2010年,第12页。

身又具有开放性。尽管定义式的回答很困难,但是,每一个从事哲学思考的人从各自的立场出发,仍可就这个问题作出自己的理解。总体而言,哲学的理解离不开哲学的历史,对"哲学是什么"这个问题的回答,同样也需要基于哲学的历史:这里最适当的方式,就是回溯一下历史上的哲学家们——古希腊以来的西方哲学家们、先秦以来的中国哲学家们——是怎么说、如何思的,他们提出了一些什么问题,又以怎样的方式回答这些问题,真实的哲学就存在于哲学史的这一思与辨的过程之中。如果从以上角度加以考察,那么,对于"什么是哲学"的问题,也许可以基于中国哲学和西方哲学这两种形态,形成一个大概的理解——虽然这不一定是严格的定义。

首先,追本溯源,哲学(philosophy)的涵义与"智慧"相关,可以概括为"智慧之思"。这一事实表明,哲学的起源一开始即与"智慧"联系在一起。谈到"智慧",便自然要考察"智慧"与其他观念形式的区别,为什么哲学与"智慧"相关?作为智慧之学,哲学与其他学科到底有什么不同?这一问题涉及"智慧"与"知识"之间的关系。如所周知,"知识"主要与"分门别类"的学科相联系,它的典型形态可以说是科学,中国近代将"science"翻译成"科学"(分科之学),也有见于知识—科学的以上特点:作为一种知识性学科,"科学"以"分科"为其特点,而分科则意味着分门别类地讨论、理解世界上各种不同的对象。在分科的同时,科学以及更广意义上的知识也包含自身的界限,从物理、化学、生物等自然科学,到政治学、经济学、法学等社会科学,都有各自的界限。

然而,人类在理解这个世界的过程中,除了分门别类地了解不同的领域和对象之外,还需要一种整体的视域。事实上,世界在被各种知识形态分化之前,其本身并不仅仅以分化的形态出现,而是同时呈现为相互关联的整体。这样,要把握世界的真实形态,便不能限定在知识的界限之中,而是需要跨越知识的界域。事实上,"智慧"最基本的特点便在于跨越知识的界限,从不同于分化了的知识的层面去理解真实的世界。从认识世界这一角度来看,这种理解无疑是不可或缺的。以上是就"philosophy"这一概念的源头而言。

从中国哲学来看,中国古代没有"philosophy"意义上的"哲学"这一概念:尽管"智"和"慧"古已有之,但是,"philosophy"意义上的"智慧",其出现则是近代以后的事。然而,这并不是说,中国历史上没有前面提到的"智慧"这样一种观念。这里需要区分"观念"与"概念"。

就"观念"这一层面而言,可以说,中国古代很早就有与西方的智慧探索一致的追问,这一追问集中地体现在中国哲学关于"性与天道"的探索之中。"性与天道"的讨论在中国古代很早就已开始,尽管孔子的学生曾经感慨:"夫子之言性与天道,不可得而闻也。"①但这一感慨并不是说孔子完全不讨论"性与天道"或与之相关的问题:反观《论语》就可知道,孔子关于"性"与"道"具有非常深沉的见解。这里的主要问题在于,他讨论问题的方式不具有思辨性,对性与天道也非离开人的具体存在而加以追问。在"性与天道"之中,"性"在狭义上指的是"人性",广义上涉及"人的存在","道"则关乎世界的存在原理,"性与天道",总体上就是关于人与世界的普遍原理。在中国哲学中,从先秦开始,指向以上问题的追问就绵绵不绝。中国哲学不仅实际地追问关于"性与天道"的问题,而且表现出自觉的理论意识。从先秦来看,儒家一系很早就区分"形而上之道"与"形而下之器","器"关乎知识、经验、技术层面的追问,与此相对的"道"则是区别于知识、经验、技术层面的总体上的原理。同样,在道家那里,很早就形成"技"与"道"之分,要求"技"进于"道",其中的"技"属广义的知

---

① 《论语·公冶长》。

识、经验之域,"道"则超越于以上层面,这里已经比较自觉地将经验性的探求与"道"的追问区分开来。总之,作为现代意义上的"哲学"这一概念在中国诚然较为晚出,但是,其中所隐含的观念,即作为一种理解世界的独特方式,则在较早时期已出现了。

法国当代哲学家德勒兹曾与人合著《何为哲学》(What is philosophy)一书,该书也表达了对哲学的理解,其基本的看法是:哲学首先表现为一种创造概念(creating concepts)的活动。这里的"创造概念"主要指出了哲学在形式层面的特点。前文所说的哲学对智慧的探求、性道的追问,则主要是就实质内容而言。从形式的层面看,也可以把"哲学"理解为概念的运用过程,其中包括概念的构造和概念的分析。现代西方哲学中的分析哲学,主要便侧重概念的分析,其他一些学派如现象学则更多地侧重于概念的创造,不管具体形态如何不同,二者都涉及概念的运用过程。概而言之,从把握世界这一视域看,哲学在形式层面的特点在于通过概念的运用展开智慧之思,由此走向真实、具体的世界。

二

前面提到,就其本源而言,哲学不能离开哲学的历史:我们无法悬置以往的历史,凭空构想一套观念,说"这就是哲学"。换言之,谈论哲学的时候,需要以哲学本身的发展历史为根据。正是以此为背景,前文指出了哲学与智慧之思或智慧追寻之间的关联。然而,关于智慧,我们也可以从不同的角度来理解。一些学人把哲学主要归于"意见",这与本文在前面对哲学所作的理解显然有一些区别。但这两者并非绝对地相冲突。从一开始提到的对哲学的理解——即哲学与智慧具有相关性、涉及对智慧的探求——出发,可以对哲学思考作进一步的理论区分。英国哲学家威廉姆斯(B. Williams)曾提出过两个概念,一个是真或真实(truth),另一个可视为真实性(truthfulness)。① 宽泛而言,"真"或真实是比较确定的东西,如果你有充分根据说某一现象或观念真,那就不能随意怀疑;"真实性"则可以理解为一个不断向真趋近的过程。在某种意义上,有关智慧的问题也不妨作类似的理解:我们可以区分"智慧"之思和"智慧性"的思考。就广义而言,智慧性的思考都可归入哲学,在这种智慧性的思考过程中,知识、意见都可以视为哲学之思的题中应有之义,都应该允许被纳入其中。哲学不是独断的,任何特定学派、任何特定个体,都不能宣称唯有其理论、观念是智慧的探求,而其他都不是。哲学本身可以有多方面的看法,如果我们从狭义的智慧追寻转向广义的智慧性思考,那么作为意见的哲学观念也可以融入进来。在此意义上,作为智慧之思的哲学可以涵盖作为意见的哲学。

宽泛而言,对哲学本身可以有两个层面的理解。追本溯源,从历史角度来看,哲学与智慧的探求、性与天道的追问相联系,但是近代以来,尤其是当哲学进入到大学教育系统、成为专门的学习科目之后,它在相当意义上也具有学科性和知识性。按其本源意义,作为智慧的探求、性与天道的追问,哲学不是学科:学科属知识、科学之域。但是在近代以来大学的体制中,哲学已逐渐取得学科性的形式。作为一种专业,哲学也涉及诸多知识性的东西,比如说古希腊有多少哲学家、有多少哲学学派,他们各自有什么观点;中国古代从先秦以来有多少哲学家、多少学派,某一哲学家如孔子生于何地、何时,等等。对这些方面的把握,都带有知识性的特点。以此为背景,对哲学的理

---

① B. Williams, *Ethics and the Limits of Philosophy*, Fontana Press, London, 1985, pp. 198-202.

解也可以稍微宽泛一点,即可以将其视为学科性和超学科性的一种融合:在本源的意义上它是超越学科的,在近代以来的形态下它又取得了某种学科的性质。作为包含知识之维的学科,哲学的追问、探求过程同样允许大家有不同意见。从这方面看,在广义的哲学——趋向于智慧或智慧性的思考中,确实可以融入不同意见。

进而言之,当我们将哲学观念同时理解为一种意见时,这种看法的实质含义之一在于承认哲学是一种自由思考:意见不同于独断的教条,在此意义上,以哲学为意见,意味着从事哲学思考的人们可以自由地提出自己的看法,而不是独断地定于一尊。在这里,同时要区分哲学的结论和哲学的定论。哲学需要有结论,提出一种意见,便表明了自己的一种主张,后者同时意味着给出某种结论。但是,结论不等于定论:定论往往只能接受,不可加以怀疑和讨论,但哲学的结论则可以放在学术共同体中作批判性的思考。从更广的视域看,结论不等于定论还隐含另一重含义,即,哲学作为一种趋向于智慧化的思考,同时展开为一个过程:它不是一蹴而就,静态地止于某一个阶段。

肯定哲学观念具有某种意见的性质,是不是会导向相对主义?对此可以给出不同层面的理论回应。首先,认为哲学是一种意见、具有自由思考的形式,并不是说它可以没有任何依据,天马行空式地、随意地提出任何观点。按照中国传统哲学的看法,哲学思考至少基于两个条件:即言之成理、持之有故。言之成理、持之有故的核心涵义,就是要进行逻辑论证。作为一种概念性的活动,哲学的思考不是给出一个意见就完事了,而是必须进行理论的论证:为什么这样说、依据何在?给出理由和根据的过程,也就是说理和论证的过程。一定的学术共同体可以按以上前提,判断某一意见是不是站得住脚:如果其整个论证是合乎逻辑、有根据的,那么至少可以在形式的层面肯定这一意见可备一说。总之,哲学作为开放的系统,可以允许各种不同意见,但以意见的形式展开的自由思考,需要言之成理、持之有故。

哲学同时涉及经验式层面的验证。前面已提到,哲学作为一个与学科相关的系统,包含着知识性的内容,如哲学史上某一个哲学家诞生于某地、提出了某种学说,等等,这些都是经验性的东西,可以在经验知识的层面(如历史考证)来证实。当然,哲学之中还包含形而上层面的问题,对这些问题的论证,相对而言比较困难。但对这类问题,也并不是绝对或完全不能作任何论证。历史上的哲学家曾提出如下一类问题:我现在看到房间里有桌子,但如果我出去以后再回来,桌子还存在吗?这涉及"存在"问题,后者属形而上之域。对这一类形而上层面的问题,常识无须加以理会,但哲学却需要加以关注。有关这一类形而上的问题,同样不能完全随心所欲地立论,而是应当作哲学的论证,这种论证往往需要诉诸人的生活实践或人的生活过程本身。事实上,对于个别事物存在与否的问题,我们可以用日常的生活过程来确证。一个陷入思辨幻觉的哲学家,可以完全否定这个杯子的存在。但是一旦他感到口渴,要喝水了,他就会意识到:眼前盛水的杯子不是虚幻的,而是实实在在可以满足其饮水需求的东西。进一步说,对于更广意义上的"存在"问题,便需要用人类总体生活加以不断验证。人类的存在展开为一个历史过程,一些形而上问题也需要通过人类总体生活的不断延续来加以验证。生活实践的过程诚然包含相对性,但同时也具有确定性和绝对性,后者从一个方面为拒绝相对主义提供了根据。当然,在哲学层面,仅仅诉诸日常经验是不够的,它同时需要基于具体的理论和逻辑论证。历史地看,哲学家确实也试图从不同方面提供这种论证。

三

如果对"哲学是什么"以及诸如此类的问题进一步加以追溯,便可注意到哲学领域中的不同进路以及哲学思考的不同方式。当人们试图对哲学给出不同界说的时候,这种界说实际上已体现了思维以及思考者本身的个性差异。对哲学的不同理解,与不同的哲学进路、哲学家的个性差异往往相互联系。与此相应,哲学本身事实上可以被视为对智慧的一种个性化追求。谈到个性化的追求,只要回过头去看一看古希腊以来到现代的西方哲学、先秦以来到今天的中国哲学,就可以注意到,没有千人一面的哲学家,每一个哲学家都有鲜明的个性——只要他是真正的哲学家。

以近代哲学而言,康德与黑格尔便展现了两种不同的哲学进路。康德哲学的重要特点之一是"划界""区分":现象与自在之物,感性、知性与理性,理论理性与实践理性,以及真、善、美之间,都存在不同形态的界限。尽管他似乎也试图对不同领域作某种沟通,但在其哲学中,划界无疑表现为更主导的方面。相对于康德之趋向于划界,黑格尔似乎侧重于扬弃界限、再现世界的整体性,他本身由此更多地关注世界的统一、综合、具体之维。当然,黑格尔在总体上表现出"以心(精神)观之"的取向,对现实的存在以及现实的知行过程,往往未能真切地加以把握,这种终始于观念的基本哲学格局,使黑格尔难以达到现实的统一。

要而言之,从智慧的追求这一方面来看,哲学的探求本身并非只有一条道路,而是呈现多样化和个性化的趋向。从智慧之思的如上展开中,既可以看到哲学系统的多样性,也不难注意到哲学家本身的不同个性特点。

目录

1	理解哲学
15	哲学究竟是什么
34	哲学的二重品格
43	何为中国哲学
53	作为哲学的中国哲学
81	中国哲学:问题及其衍化
91	认同与承认
97	中国哲学的当代演进:反思与展望
109	中西之学与世界哲学
123	超越非对称:中西哲学互动的历史走向
136	哲学对话:视域的交融
147	中国哲学与"世界性百家争鸣"
162	哲学的意义
174	哲学何为
187	哲学:思向何方?

201	哲学与现代性的反思
213	如何做哲学
232	怎样研究哲学史
258	附录一　学术与思想之辩
271	附录二　哲学答问
292	后　记

理解哲学

如何理解哲学？在沉思存在的过程中，总是难以回避这一元哲学意义上的问题。以智慧的追求为指向，哲学之思奠基于知和行的过程，彰显了世界之"在"和人自身存在的内在统一，并展开为对"性与天道"的思与辨。作为对世界总体上的把握，哲学试图达到的，是真实、具体的存在。

一、什么是哲学

"哲学"一词最初是西语 philosophy 的译名，在古希腊，"哲学"一词的涵义是爱智慧，就其与智慧相关联而言，哲学也可以视为一种智慧之思。智慧之思当然并不限于西方，事实上，中国的哲人同样很早就开始了走向智慧的漫长跋涉。

谈到智慧,自然便涉及知识和智慧之间的关系问题。与智慧相对的知识,主要与具体的经验领域相联系,它以经验领域中特定事实为对象,以命题、范畴等对各种具体对象分别地加以把握。在这方面,科学无疑是重要的形态。当然,知识不限于科学,但我们可以说科学是知识的一种比较典型的形态。以中国哲学为视域,智慧相对于知识而言,更多地表现为对"性与天道"的追问。在引申的意义上,"天道"首先指向作为整体的世界以及世界本身的统一性或宇宙的终极原因、终极原理;"性"则更多的与人自身的存在相联系,并具体展开为对人自身的本质、人的存在意义、人的完善等的追问。这样,"性与天道"在总体上即以宇宙人生这样一些终极性的问题为其题中之义,并展开为关于世界终极原理、存在意义等方面的追问。如果由此追溯西方哲学之源,则可以进一步看到,在古希腊,哲学家很早就提出了"认识你自己"的问题;这里所说的"你",并不仅仅是单数人称意义上的"你",此处之"你",也可以宽泛地理解为一般意义上的"人"。另一方面,古希腊人很早就开始追问何为世界的本原、世界是如何构成的、终极原因是什么,等等,这些问题与中国哲学中"天道"之域的问题具有相通性。可以看到,在哲学的早期发端中,无论是中国古代哲学对"性与天道"的追问,还是古希腊人要求认识你自己、探讨世界的本原,等等,都已经表现出对于世界之"在"和人自身存在的追问与思考。智慧的探求常常便表现为这两重追问,而这两者本身又是相互联系的:人们在追问世界的同时总是联系人自身的存在,或者说,人们总是在人自身的知行过程中追问世界之在。

当然,尽管"性与天道"在总体上相互统一,但我们仍可以从不同的侧面对二者加以考察。从"天道"的层面看,作为世界统一性原理的"道"首先意味着对存在分离的扬弃。在此,我们可以对关于"道"

的追问与关于特定对象的知识性追问作一分疏。就知识而言,每一种知识形态都有自己确定的界限,彼此之间往往无法越界。如果孤立地从某一种特定的知识形态来看,则它所把握的常常是存在的一个方面。例如,物理学指向的是对象世界的各种物理规定——波、粒子、力,等等;生物学所考察的是生命对象的新陈代谢;经济学揭示的是社会经济活动的规律。就这些知识形态而言,它们都停留在对象的一个层面或一个方面上,没有,也无须从总体上去把握世界。然而,存在本身则是由多方面的规定所构成,具有内在的统一性;仅仅停留在一个层面上,显然不足以把握统一的世界。如何扬弃不同知识形态对存在的分离或分裂?在这里,以"天道"的追问为形态的哲学智慧,无疑是一种不可或缺的进路。

就"性与天道"中的"性"而言,如前面所提到的,其内涵往往更多地与人自身的存在相联系。智慧总是通过个体长时间的探索,逐渐地凝化于人的精神结构,成为他自身不可分割的一个部分。智慧并不是一种外在附饰,而是人的内在规定;智慧的具体内容,常常是通过人的认识、实践过程逐渐体现出来的。从这方面看,智慧的特点就在于与人同在,而无法与人相分离:它作为人的精神世界、境界而与人同在,并影响着人的思维和行为,制约着人在生活世界中的具体选择。在某种意义上可以说,智慧即其人。

以"性与天道"的追问为内容,哲学的沉思往往凝结为理论的形态;哲学史上留下的各种原创著作,便可以看作是哲学智慧的结晶。但同时,真正的哲学又总是同时处于探索的过程中,并不断地在这一过程中逐渐地敞开自己,展示自身的意义。事实上,不仅哲学的理论形成于过程,而且对其意义的理解和把握也离不开探索过程。就此而言,哲学既是一种理论,又展开为一种活动。作为一种理论思维的活动,哲学的探索主要不是接受或认同已有的观点或看法,从本质上看,哲学需要一种自由、独立的思考,离开自由的思考也就没有哲学。

从历史的维度看,哲学作为活动的另一重含义在于:它与哲学史无法分离。哲学本身就体现在哲学的历史发展过程之中,离开历史过程,我们就无法回答或解决"哲学究竟是什么"的问题。要真正理解哲学的内涵,便需要与哲学家展开"对话";思考、理解哲学的过程,也可以被看作是不断回到历史之中、不断地与历史中的哲学家对话的过程。这种对话,往往以诠释哲学家的思想为形式。哲学家的思想是其沉思过程的结晶,通过诠释其思想并与哲学家对话,我们也可以逐渐地揭示和了解其心路历程,并经历他的沉思过程。通过这种"对话",可以从一个方面逐渐对"哲学究竟是什么"的问题获得比较具体的理解。

哲学作为一种活动,其含义还在于"为道"和"为人"的统一。所谓"为道",就是哲学的探索过程,"为人"则是一个身体力行、实践自己哲学理念的过程。哲学并不仅仅是抽象的说教,也非仅仅停留于书斋中的思辨。哲学家们的思想和他们的实践往往具有内在联系。从历史上看,庄子以"自然"为第一原理,认为最完美的形态就是自然的形态,人类的文化活动、文化创造都是对天性的破坏,由此他提出了"无以人灭天"的原则。这种将"自然"理想化的观念,无疑容易忽略人类文明发展的价值;但从哲学理念上看,其中也包含着注重自然原则的趋向,这和儒家对"仁道"原则的推崇形成了对照。庄子不仅在"为道"的意义上坚持自然原则,而且也将这一原则贯彻于其"为人"的过程。根据历史记载,楚威王曾派人请庄子去做楚国的宰相,但是庄子断然予以回绝。在他看来,宰相之位固然很高,但他宁愿在贫贱中自由自在地生活,而不愿受当时政治生活的束缚。这样的生活方式、实践过程和他在哲学上坚持的原则是一致的;也可以说庄子的学说和他的为人是统一的。就西方哲学史而言,苏格拉底是古希腊重要的哲学家,而当我们回顾苏格拉底一生的时候,总是要提到苏格拉底之死。他的死具有重要的象征意义,其中体现了对人的尊严的维护以及对死的达观态度。苏格拉底所在的城邦以误导青年的罪名把他投入监狱;在入狱之后,他的学生曾为他创造了逃离的机会,但是他却拒绝越狱而宁愿静静地在狱中等待死亡的来临。这样的选择既以坦荡自信的胸怀,体现出了对人自身尊严的维护,也展示了哲人对死的达观态度。苏格拉底在哲学上十分注重德性,在人生最后的选择上,确实也可以看到他对于道德的深沉追求。他的道德呼唤和他的人生选择之间,同样呈现内在的一致性。

当然,哲学作为一种活动,其特点更集中地体现在理论的层面;哲学本身即展开为一个无穷的理论追问过程。在日常生活中,当我们来到草原,看到"风吹草低见牛羊"的景象时,往往会禁不住赞叹自然之美;当我们走进森林,看到清澈的小溪,听到潺潺的流水,也会自然地产生美感。这些"美"都是具体的美,是建立在日常经验之上的;而哲学则不满足于这种特定的美感,也不停留于仅仅作出具体的审美判断,它要求追问"什么是'美'本身""何为美的本质"。哲学对"美"的追问与日常生活中的美感,其差异就在于前者超越于经验现象的描述,而要求进一步追问美的内在本质。哲学总是进行终极性追问,而不是限定在现象的层面上。

哲学上比较系统的理论追问,可以借用康德提出的问题来阐释。康德曾提出了四个著名的问题:我可以知道什么?我应该做什么?我可以期望什么?人是什么?这里的第一个问题(我可以知道什么)涉及理论的理性或认识的领域。在日常经验中,我们都会经历不同的认识过程——从日常经验到科学家的探索活动,都涉及具体的认识活动。哲学的特点在于:它不仅仅经历这类具体的认识过程,而且进一步追问认识过程所以可能的根据,考察达到普遍、必然的知识所必须具备的条件。知识具有何种界限？我们能够知道什么、不能够知道什么？等等，由这一类的追问，常常具体地演化出不同形式的认识论、知识论。

康德所提出的第二个问题("我应当做什么")涉及实践理性或伦理的领域。这里，我们也许可以区分作为社会现象的道德和作为伦理学说的道德哲学。道德主要展开为一种规范系统，它规定"你应该做什么""不应该做什么"。但是，道德哲学则不仅仅满足于颁布"可以做什么""不可以做什么"的律令，它还要进一步追问：为什么应当作出这种而不是那种选择？社会要求人们遵循的道德原则的根据是什么？怎样的行为才可以视为道德行为（一种合理的道德行为的特征是什么）？如何才能建立社会的普遍道德秩序？等等。对这些问题的追问，往往引发出不同形态的伦理学或道德哲学。

康德提出的第三个问题("我可以期望什么")在引申的意义上指向终极的目的或个人的终极关切。如我们所知，终极关切每每关乎宗教的追求。但哲学不同于宗教，宗教意义上的终极关切，往往与彼岸或来世等问题相涉，哲学则基于人的现实存在，以理性的方式探索如下问题：终极关切的意义何在？终极关切何以不可避免？等等。这一类追问常常与人对自身的理解相联系。对无限的存在者或宗教领域中的上帝来说，不存在终极关切的问题，因为"无限"或"上帝"的预设本身就承诺了终极性，从而无须提出这样的问题。另一方面，人之外的动物则仅仅是一种有限的存在，它总是限定在自己的物种之中，受到自己特定物种的限制而无法超越，对这种有限的存在来说，也不会发生终极关切的问题。相形之下，人不同于宗教意义上的上帝，他是有限的存在，其生命总是会走向自己的终点；但另一方面，人又不像动物那样，仅仅限定在自己的物种之中，他可以超出自身，提出超越既成存在形态的理想和目标，并且通过自己的力量，在实践的过程中不断去实现这些目标。质言之,人是一种既有限又无限的存在,具有超越有限的能力;终极关切和人的这种独特的存在品格显然难以分离。哲学对终极关切的追问,也常常基于对人的以上存在品格的分析和理解。

康德所概括的第四个问题("人是什么")具有总结的性质。前面几个问题的追问,最后便归结到"人是什么"的问题。对于"人是什么"这个问题,我们当然可以从不同的维度去解释它:在生物学的层面,我们可以把人理解成一种有生命的动物;从人类学这个角度看,可以对人的生理的特征、生物性的特征作综合的考察,而文化人类学则进一步着眼于人的文化特征,关注人的文化、行为方面的特点。对"人是什么"的更深沉的分析,则展开于哲学的层面。具有不同哲学立场、不同哲学背景的哲学家们常常对此提出不同的看法。同时,对"人是什么"的追问,总是进一步把哲学的沉思引入到历史的领域之中,而这些追问最后总是与人的历史活动以及人在社会历史过程中展开的实践过程联系在一起。从哲学史看,在康德提出"人是什么"这一类问题之后,历史的领域、历史的维度在哲学中就越来越引起关注;在后来的黑格尔尤其是马克思那里,对历史、社会这个层面的理解也越来越深化。

以上,主要借用康德所提出的问题,大致地考察了哲学作为以理论思维的方式把握存在的活动所涉及的一些具体方面。在追问存在的过程中,哲学同时形成了其不同分支,后者也可以看作是哲学思维所指向的具体领域。当然,如果严格地加以分疏,则哲学的领域并不限于前面所提到的方面。

哲学作为一种追问存在的活动,同时也是一个不断地进行批判、反思的过程。真正的哲学之思很少接受现成的结论。哲学对既成的命题、观念、理论,都要求以批判的眼光加以反思,并进一步追问其根据。总之,它具有批判性的特点。同时,哲学家自己所提出的观点、论点、命题,也无法回避论证的过程。前面提到的"批判性",主要是针对前人或是他人的结论、知识、命题而言,表明哲学不是现成地接受已有思想。对哲学家自己而言,当他提出一个论点、命题的时候,也需要进行细致的分析和严密的推论。哲学家的特点就是要进行批评和论证;他既拒绝接受现成的教条,也反对独断地给出一个结论;无论对他人或自己提出观点,都要进行分析、论辩。这种反思的态度以及注重推论的趋向,同样构成了哲学活动的重要特点。

概而言之,以智慧的追求和探索为指向,哲学之思既以宇宙人生的终极性原理为内容,又包含真、善、美等不同的价值向度;既再现存在的统一性和具体性,又连接了把握存在的不同视域和方式。

二、哲学的起源

与"什么是哲学"相联系的另一个问题是"哲学是如何发生的"。回答这一问题,也就是考察哲学本身如何形成。关于哲学的起源,东西方的哲学家往往有不同的看法。西方哲学很早就形成了哲学起源于惊异或惊诧的看法。古希腊的柏拉图、亚里士多德都认为,哲学最初产生于人类的惊异感或好奇心。如我们所知,"惊异"涉及知和无知的关系问题。对于一个完全认识、透彻了解的对象,我们通常不会产生惊异感。例如,对于日常生活中非常熟悉的现象,我们不会感到惊讶或好奇。对于完全无知的东西,我们也不会产生惊异感;如果对一个事物是否存在以及如何存在都一无所知,我们对它的惊异感便无从产生。惊异常常形成于知和无知的统一。就其内涵而言,"惊异"事实上涉及某种理论的兴趣:认识往往发端于惊异;以"惊异"解释哲学的起源,相应地着重是从人类的理论兴趣或理论需要这一层面来探讨哲学的产生问题。与这一思路有所不同,中国古代哲学家更多地从忧患的角度来把握上述问题。如所周知,中国最早的哲学经典之一是《易经》,在追问、探讨《易经》如何产生的时候,早期哲学家曾提出了这样一个问题:"作《易》者其有忧患乎?"事实上,这是用问题的方式提出一个正面的见解:在这里,《易经》作为中国最早的哲学经典之一,主要被理解为忧患意识的产物。"忧患"相对于"惊异"来说,更多地表现为一种对现实、对人生的关切,以"忧患"为哲学之源,相应地主要是从人类现实的需要、现实的关切这一角度来讨论哲学的起源。总之,不管是从哪一个方面加以切入,哲学都并不仅仅是少数哲学家们关起门来加以思辨的产物,它在现实土壤中有深厚基础。无论是理论层面的探索(惊异),还是社会、人生之维的关切(忧患),都可以看到哲学产生的现实根源。

这种现实的根据往往体现在许多具体方面。事实上,如我们经常注意到的,日常生活中的个人也往往很难避免哲学问题。从历史上看,我们可以发现不少这样的记载。例如,中国古代哲学家朱熹很早便提出了哲学的问题,在其幼时,他的父亲曾指着天告诉他说:这是"天"。朱熹马上就问:天之外是什么东西?这一问题就是哲学问题,它涉及对宇宙在空间上的无限性的思考。同样,与朱熹差不多同时代的陆九渊,也在很小的时候问他的父亲:"天地何所际穷?"即天地有没有边际,与朱熹相似,他实际上也提出了一个哲学问题。与此类似,明代的王阳明在12岁的时候就曾问他的塾师,什么是"第一等事",所谓"第一等事"即是有关本原性、终极性之事。他的塾师回答说:能够考取功名(中举人或中进士),就是第一等事。王阳明对这一见解却不以为然,在他看来,唯有"成就圣贤"才是真正意义上的第一等事。这里的"成就圣贤",就是一个与人自身存在相联系的哲学问题:如何才能成圣也就是如何才能达到理想的人格。如果说,朱熹、陆九渊提出的问题更多是对这个世界的追问,那么,王阳明所提出的"何为第一等事"或"如何才能够成为圣人"则涉及人自身的存在。早年的朱熹、陆九渊和王阳明,在当时还都不是哲学家,而只是普通的幼儿,但却都已经朦胧地涉及哲学问题。

可以注意到,从"类"以及历史的角度来看,在人类较早的发展阶段(古希腊及中国先秦),人们已开始分别从理论的需要或现实的关切等层面来探讨哲学产生的根源;就个体的角度而言,日常生活中的自我,即使在幼年时代往往也很难避免哲学问题。这些事实表明,哲学思想不是少数人在头脑中凭空杜撰出来的,它发生于人的现实存在过程,根源于个体、社会的现实需要。这种现实的向度,同时构成了我们讨论"哲学何为"的基本前提。

三、哲 学 之 用

从"哲学何为"这一追问出发,进一步的问题便是,哲学在现实生活中有何意义或作用?这一问题大体上可以从两个方面来理解。首先是社会历史的层面。在这一层面上,哲学的意义之一就在于不断地引导人们走向真、善、美的世界。关于这一点,我们亦可以从哲学本身的问题入手来加以考察。

哲学通过真、善、美的追问,不断将说明世界和改造世界联系起来,其中同时体现了哲学的规范作用。一般而言,理论总是具有规范的意义,哲学作为对世界的理论把握,同样不仅解释世界,而且也规范人的实践。从规范的角度看,哲学的功能当然不是具体地去解决一个一个特定领域中的问题,而是在总体上引导人们去创造和实现真善美的世界,而这同时也从历史的、社会的层面展示了哲学的现实意义。

与智慧的追求相联系,哲学的意义在个体的层面表现为引导人走向智慧之境。智慧之境包含多方面的内容,首先是"以道观之"。前面已提到,哲学是对"性与天道"的追问,"以道观之"就是从道的角度把握人与世界的关系。从形而上的层面看,"以道观之"意味着扬弃人自身的内在分裂或分离。如所周知,在现实生活中,个体常常在不同的社会关系、社会结构中扮演不同角色,而每一种角色,仅仅表现了某一种特定的存在形态。当个体分别处于或定位于不同的角色时,他在某种意义上便呈现为一种分离的存在。"以道观之"要求扬弃个体的分离或分裂形态,重新从总体上整合自我,使之回归到具体的存在形态。从认识世界与认识人自身的层面看,"以道观之"则意味着超越抽象的认识方式,克服自我本身在认识过程中可能产生的种种偏见,如其所是地把握这个世界、达到真实的存在。

在道德实践的领域中,智慧之境体现为孔子所说的"从心所欲不逾矩"。孔子在晚年回顾其一生时,认为自己在七十岁时已经达到了"从心所欲不逾矩"的层面。"从心所欲"表明人的行为完全出于自己的意愿,其中不存在勉强和外在的强制。"矩"泛指社会的规范,"不逾矩"也就是不违反这种规范,它所体现的是行为的自觉性质。如果我们由此作进一步考察,则可以将道德行为区分为三个相互联系的方面:其一是"自觉"之维,道德主体应当具有理性的意识,他的行为也应当是自觉的,而不是盲目、自发的;其二是"自愿"之维,即行为不是在外在力量强制之下展开的,而是出于自己的自愿选择;其三,"自然"之维,前两种形态("自觉"和"自愿"),在某种意义上还包含有意而为之的意思,表明行为还需要通过自己的努力,依赖于自己的自觉思考和意志决断,等等,"自然"的境界既包含了自觉与自愿,但同时在某种意义上又超越有意而为之,达到了一种从容中道的境界:个体在不同境域的言行举止,既无须任何勉强,也不表现为一种有意而为之的过程,而是不假思为,近乎自然。智慧之境在道德实践的意义上,即以此为其内在特征。

在审美的领域,智慧之境涉及合目的性和合规律性的统一问题。审美的过程一方面具有合目的之性质:我们进行审美判断的时候,对象、外部世界的构造、比例、色彩或更广意义上的存在形态似乎合乎我们的审美要求,这个过程可称之为一个合目的性的过程。但另一方面,个体在对对象作审美观照时,并非以功利的意识去扭曲对象,用黑格尔的话来说,它依然让对象"自由独立"地存在。在此意义上,审美过程既可以说是自然的人化:自然的对象进入到人的审美过程之中,成了人的审美对象,并获得了审美的意义,同时也表现为人的自然化:人不是用某种功利的观念去改变、扭曲对象,而是让自然以自身的形态存在,在更广的意义上,人化的过程本身也以合乎自然为指向。这里,智慧之境确乎表现为一个合目的性和合规律性相统一的境界。从另一视域看,基于上述观念去考察、处理生态环境等问题,同样有其独特的意义。随着现代化过程的发展,生态环境的恶化等问题越来越突出。对此,一般往往主要是从伦理的观点来考虑,并由此提倡尊重自然;通常所说的生态伦理、环境伦理,便是从尊重自然这一伦理观念出发。事实上,如果从审美的角度去看待,往往可以获得对环境和谐、生态平衡更深刻的理解:一个被人为破坏的环境或生态,同时也意味着远离庄子所说的天地之美,从而不合审美理想、缺乏应有的美感。

以上过程主要表现为从类(社会)以及历史的层面,不断地引导人们走向真、善、美统一的世界,相对于此,智慧之境更多地从个体的角度,展示了对真、善、美统一的向往和追求。当然,二者并非彼此分离,事实上,当我们从审美理想的角度考察生态等问题时,智慧之境的意义已超越了个体之域。同时,个体的境界难以仅仅停留在精神的层面,以真、善、美的统一为内容,智慧之境最后终将化为个体的具体行动。在这里,我们可以再次看到,境界和人的存在不可分离:境界总是外化于行为、体现于人的知行过程。

对知和行统一的进一步考察,便涉及人性能力的问题。从宽泛的意义上说,人性能力是人的本质力量在认识世界和认识自己、变革世界和变革自己这一过程中的体现。以感性与理性、理性与非理性等统一为形式,能力融合于人的整个存在,呈现为具有人性意义的内在规定。在理性的层面,人性能力以逻辑思维为形式,以实然与应然、真与善的统一为实质的指向。对实然(真)的认知、对应然(善)的评价,同时又与目的之合理性(正当性)的确认以及手段之合理性(有效性)的把握彼此相关。这一过程既以知识的形成为内容,也以智慧的凝集、提升为题中之义,无论是真实世界的敞开,抑或当然之域的生成,都展示了理性能力的深沉力量。与理性或逻辑思维相辅相成的是想象、直觉、洞察等非理性的形式,后者的共同之点,在于以不同于一般理性或逻辑思维的方式,展示了人把握世界与人自身的内在力量。整体性的精神形态不同于单向度的规定,而是包含理性与情意等非理性的方面。价值目标上真善美的统一,与精神世界中知情意的交融,具有内在的一致性。作为一种整体性的精神形态,智慧之境既包含内在德性,也涉及人性能力,从而具体表现为精神境界(德性)与人性能力的统一。

从认识世界的维度看,哲学沉思的过程,同时也是一个锻炼我们理论思维能力的过程。通过思考哲学问题、回顾和反思哲学的历史,我们自身也往往经历一个理论思维能力不断提升的过程。前面已提到,理解哲学,需要回到哲学的历史,沉潜于历史上重要哲学家的文献,这种沉潜、回顾的过程,也是不断地和哲学家对话的过程。通过对话,我们同时也敞开他们的思维历程、领略他们的问题意识,并具体地了解他们解决问题的方式;在这一过程中,我们自身的理论思考能力也会逐渐经受锻炼、得到提升。这种理论能力并不仅仅作用于哲学的思考,它也可以进一步运用到我们思考具体问题、解决具体问题的知行过程。从这一意义上说,哲学对我们的日常生活、对我们所从事的各种不同领域的实践,同样具有不可忽视的意义。

至此,我们看到,"什么是哲学"这一问题最后引向"哲学有何作用"的提问,两者相互关联。以"性与天道"的追问为指向,哲学的智慧展示了其独特的意义:一方面,哲学不同于具体的知识或技术,它并不能代替后者去解决具体的问题;另一方面,哲学领域中的智慧探索与智慧之境,总是通过对知行过程的制约和规范,不断在个体与类的层面,将人引向真善美统一的自由境界。

(本文系作者于 2003 年 3 月 27 日在华东师范大学所作讲演的记录,原载《学海》2003 年第 4 期)

哲学究竟是什么

——对王路教授评论的若干回应

王路教授的《形而上学的实质》①一文虽以"形而上学"为论题,但全文相当的篇幅关乎拙作《如何做哲学》②,其中包含若干与拙文不同的看法,这种不同主要体现在对何为哲学等问题的理解。这里仅就王路教授文中的相关批评和质疑,作一简略回应。③

---

① 该文载《清华大学学报》(哲学社会科学版)2017年第3期。
② 该文载《哲学动态》2016年第6期,并收入本书。
③ 本文所涉及的一些本源性哲学问题,我在《道论》(北京大学出版社,2011)、《伦理与存在》(上海人民出版社,2002;北京大学出版社,2011)、《成己与成物——意义世界的生成》(人民出版社,2010;北京大学出版社,2011)、《人类行动与实践智慧》(生活·读书·新知三联书店,2013)、《哲学的视域》(生活·读书·新知三联书店,2014)等著作中有更为具体的讨论,或可参看。

一

王路教授首先对我在《如何做哲学》一文中提出的"哲学以追求智慧为指向"提出质疑。在他看来，"'智慧'并不是一个清楚的概念，借助这个概念来说明什么是哲学，注定是有问题的"。"'追求智慧'也许描述了哲学的一些特征，但是却没有说明哲学的性质。"①鉴此，对智慧及其与哲学的关系作进一步的解释，也许是必要的。

如同不少其他表示哲学概念的语词一样，"智慧"一词也既有日常语义，又被赋予哲学的内涵。在日常用法上，智慧往往与聪慧、明智等词具有相通之处，但作为与哲学相关的概念，智慧则首先相对于知识而言。如所周知，知识的特点主要是以分门别类的方式把握世界，然而，在知识从不同的角度对世界分而观之以前，世界首先以统一、整体的形态存在。世界的这种统一性、整体性，并不仅仅是一个形而上学的思辨观念，而是不断为人的存在本身所确证的现实规定，智慧即以世界的这种整体形态为指向，其意义在于跨越知识（科学）的特定边界，而不是达到思辨形而上学意义上的所谓"大全"。以对人的理解而言，作为特定学科的人类学与哲学人类学，便在一定意义上体现了这种差异。

从智慧的层面理解世界，在康德的相关思考中已有所体现。康德在哲学上区分把握存在的不同形态，包括感性、知性、理性，这一论域中的理性有特定的含义，其指向的对象主要表现为理念。理念包括灵魂、世界、上帝，其中的"世界"，则被理解为现象的综合统一：在

---

① 参见王路：《形而上学的实质》，《清华大学学报》（哲学社会科学版）2017年第3期。本文所引王路教授原文，均出自该文，以下不另行注明。

康德那里,现象的总体即构成了世界(world)。① 不难注意到,以"世界"为形式的理念,首先是在统一、整体的意义上使用的。对世界的这种理解,与感性和知性的层面上对现象的分别把握不同,在这一意义上,康德所说的理性,与"智慧"这种理解世界的方式处于同一序列,可以将其视为形上智慧。

进而言之,从说明世界的层面看,知识(包括科学)的特点在于如其所是地把握对象及其规定和法则,智慧则进一步追问这种把握过程是否可能以及如何可能。从人对世界的作用看,知识追问的主要是"是什么"的问题,这一问题与事实相联系,与之相关的首先是"真"的问题;智慧则不仅仅限于事实层面或逻辑、语义层面真的追求,而是同时以善和美为关切的对象,这种关切包含价值内涵,并与"意味着什么""应当成为什么"等问题相涉。顺便提及,王路教授认为,"'是什么'乃是哲学或形而上学的基本方式:既是提问的方式,也是回答的方式"。同时,传统哲学与分析哲学尽管存在差异,"但是有一点却是一致的,这就是关于真的讨论。这是因为,真乃是一个语义概念,它是现代逻辑的核心语义概念"。依此,则哲学似乎主要追问"是什么",而后者又限于"真"的探索,这种"真"首先与逻辑和语义相联系。这一看法,主要乃是从知识和逻辑的层面理解哲学,而广义的价值关切则难以在上述意义的哲学中获得应有的定位。

与质疑以"智慧"界说哲学相关,王路教授对"道"与哲学的关联也持存疑立场。我在前述文章(《如何做哲学》)中,曾将智慧的探索与"向道而思"联系起来,王路教授对此评论道:"它的意思似乎是说,道与智慧相关,而智慧与哲学相关,因而道与哲学相关。但是,这种

---

① 参见 Kant, *Critique of Pure Reason*, Translated by N. K. Smith, Bedford/St. Martin's Boston/, New York, 1965, p.323。

联系只是这一表达方式中字面上的,因而是不清楚的。"这里涉及道与智慧的关系,有必要稍作解说。

如所周知,"道"是中国古代思想中的重要概念,中国古代没有现代意义上的"哲学"和"智慧"等概念,相关的内涵往往通过"道"等概念得到表述。从实质的层面看,不管是西方的"philosophy",还是中国以道为指向的思想,都表现为对"智慧"的追求。中国古代区分"为道"与"为学",后者("为学")关乎知识的进路,前者("为道")则主要与智慧之思相联系。从先秦开始,中国的哲学家已开始对"道"和"技"以及"道"和"器"加以区分,道家(《庄子》)提出"技"进于"道"的论点,其前提便是区分"技"和"道":"技"是技术性的操作,涉及经验性的知识,"道"则超越于以上层面。与之相近,儒家也对道和具体的器物作了区分。儒家的经典《易传》进而从更普遍的层面谈"道"与"器"的关系,所谓"形而上者谓之道,形而下者谓之器",便表明了这一点。这里的"器",主要指具体的器物,属经验、知识领域的对象,"道"则跨越特定的经验之域,对道的追问相应地也不同于知识性、器物性的探求。可以看到,这一意义上的"道"(不同于"技"和"器"之"道"),与作为智慧之思的对象,具有实质上的一致性,相应于此的"为道",则在于超越分门别类的知识、技术或器物之学,以智慧的方式把握世界。无论是从历史的层面看,还是由理论的角度考察,为道与智慧之思、道与哲学之间的以上关系,似乎并非如王路教授所言"不清楚"。

如后文将进一步提及的,较之从智慧的角度理解哲学,王路教授更趋向于以形而上学为界说哲学的视域。与以上基本立场相应,他对基于智慧的哲学进路提出质疑:"从形而上学的角度说,亚里士多德与柏拉图乃至苏格拉底是有区别的,柏拉图与苏格拉底也是有区别的。但是从追求智慧的角度说,他们之间还会有什么区别吗?"在逻辑上,这里蕴含如下前提:智慧仅仅涉及单一或单向的思维路向,因此,在智慧这一层面,无法将不同的哲学进路区分开来。这一看法似乎忽视了,智慧对世界的把握固然不同于知识,但智慧的探索同样具有多样化、个性化的特点,而非仅限一途。事实上,哲学本身在实质上便表现为对智慧的多样追寻。以王路教授提到的亚里士多德与柏拉图而言,作为哲学家,二者对世界的理解都跨越了知识的界限,表现为智慧之思,但另一方面,二者在智慧之思的层面又呈现注重共相与突出个体等不同向度。

二

如前所述,相对于以智慧说哲学,王路教授更愿意从形而上学的角度论哲学,在强调"智慧"是一个"不清楚的用语"的同时,他一再肯定"形而上学"在界说哲学方面的清楚明白。

何为形而上学?王路教授主要借助"是"来说明:"一门具体学科的研究乃是有具体内容的。比如医学研究什么是健康,什么是疗效,数学研究什么是数,而形而上学研究是本身。这一研究与其他学科的研究无疑是不同的。"形而上学(metaphysics)本与 being 相关,近年以来,being 作为系辞的涵义得到了较多的关注,与之相应的是以"是"释 being 或以"是"表示 being,甚者,更是一"是"到底。王路教授的以上立场表明,他在这方面大致属以"是"立论者。关于形而上学及其意义,我在 2004 年所作《形而上学与哲学的内在视域》一文中,曾有所讨论,现引录如下:

> 历史地看,"形而上学"这一概念首先与亚里士多德相联系。尽管亚里士多德从未使用过"形而上学"一词,但其讨论一

般存在问题的著作却被后人冠以"形而上学"(metaphysics)之名。在该著作中,亚里士多德将哲学的任务规定为"研究作为存在的存在(being as being)",①这方面的内容在亚里士多德之后进一步被规定为一般形态的形而上学,以区别于宇宙论、自然神学、理性心理学等特殊形态的形而上学。②

形而上学的一般形态与 ontology 大致相当。在概念的层面,ontology 的内涵首先与希腊文 on 或尔后英语的 being 相联系。一般认为,on 或 being 既是系动词(近于现代汉语的"是"),又表示存在,与此相应,在汉语世界中,ontology 也有"是论""本体论"或"存在论""存有论"等译名。自 20 世纪前半叶以来,主张以"是论"译 ontology 者便时有所见,而 ontology 亦每每被视为对"on"或"being"以及与此相关的一般概念和概念之间逻辑关系的分析。在以上理解中,being 所包含的"系词"义无疑构成了 ontology 主导的方面。

在词源学上,on 或 being 诚然一开始便与系动词相关,但就其本来意义而言,系词本身属语言学及逻辑学的论域;在系词的形式下,on 或 being 首先是语言学的范畴,与此相应,这一层面的研究也更直接地与语言学及逻辑学相关。从哲学的视域看,on 或 being 尽管与语言学意义上的系动词有着本源的联系,但作为 ontology 论域中的哲学范畴,它的深沉涵义却更多地关联着存在问题。事实上,在亚里士多德那里,on 便与实体、本质等具有存在意义的对象难以分离,中世纪对 being 的讨论,也总是

---

① Aristotle, *Metaphysics*, 1003a25, *The Basic Works of Aristotle*, Random House, 1941, p. 731.

② 参见 P. Coffey, *Ontology Or the Theory of Being*, Longmans, Green And Co., 1929, pp. 20-21。

以存在(existence)、本质(essence)等为其实质的内容,当代哲学对being的研究虽然呈现不同的趋向,但存在问题仍是其关注之点,奎因将何物存在(what is there)视为本体论的问题,海德格尔以此在为基础本体论的对象,都在不同意义上表现了being的存在之义。从理论上看,以"是"为being的主要涵义并将ontology理解为"是论",不仅仅涉及是否合乎汉语表达习惯的问题,而且关乎语言学、逻辑学与哲学研究的不同进路:如果将being等同于"是",则或多或少容易以语言学、逻辑学层面的技术性分析,消解从哲学视域对存在本身的考察。

从方法论上看,追溯概念的原始语言形态或原始语义无疑是重要的,它有助于理解有关概念的历史内涵。但如果仅仅以概念的原始词义界定概念本身,则似乎难以把握概念的复杂性和丰富性。就哲学概念或范畴而言,其起源常常与日常或具体知识层面的用法相联系,但日常的语词在成为哲学的概念或范畴以后,总是沉淀、凝结了更为深沉、丰富的涵义,而非其原始的形态所能限定。中国哲学中的"道",其词源便涉及日常语境中的"道路""言说"等,但作为哲学概念,它的意义显然已非日常意义上的"道路""言说"等所能涵盖。同样,being在词源意义上固然与系动词相联系,但这一语言学归属并不能成为其哲学意义的唯一或全部依据。亚里士多德已强调,在being的诸种涵义中,"什么"是其本源的涵义之一,而"什么"又揭示了事物的实体或某物之为某物的根本规定(which indicates the substance of the thing),[①]与实体或某物之为某物的根本规定相联系的上

---

① 参见 Aristotle: *Metaphysics*, 1028a10, *The Basic Works of Aristotle*, Random House, 1941, p.783。

述涵义,显然已非系词("是")所能范围,而指向了更丰富意义上的存在。不难看到,哲学概念的澄明诚然需要联系其原始词义,但不能简单地走向词源学意义上的历史还原;哲学的阐释、诠释也不应归结为技术层面的历史追溯。①

以上看法虽形成于十余年前,但对王路教授有关形而上学的论点,可能仍具有回应的意义。这里顺便就现代汉语语境中"是"与"存在"的概念略作申论。按王路教授的理解,"存在"与"智慧"一样,是"含糊不清的"概念,而"是"作为形而上学的概念,则似乎无此问题。然而,这一看法亦需再思考。

在现代汉语中,"存在"既常被用作 being 的译名,也有自身的哲学意义。作为哲学范畴,"存在"在名词的意义上可以指涵盖一切之"有"的"大共名"(最普遍层面的概念),也可指个体之"在",前一意义上的"存在"与世界具有相通性,后一意义的"存在"则可以指特定时空中的对象。在动词的意义上,"存在"则可表示世界或个体的延续、展开过程。以上视域中的"存在"之义,与作为西方形而上学核心概念关的 being 也具有相关性。② 在西方,哲学之外的生活领域,其运用的系词 be 也包含现代汉语"存在"之意,如所周知,莎士比亚的剧本《哈姆雷特》中便有如下名言:"to be or not to be",其中的 be 便不能仅仅定位于语法层面的系词,而是包含"存在"之意。海德格尔在《形而上学导论》(*An Introduction To Metaphysics*)中,进一步将"究

---

① 参见拙文《形而上学与哲学的内在视域》,《学术月刊》2004 年第 12 期,该文的相关内容作为导论收入 2011 年北京大学出版社出版的《道论》。

② 当然,如果更具体地考察,则可注意到,上述现代汉语中的"存在"义,已不完全限于 being,其蕴含的过程义,同时关乎 becoming。与之相应,这一意义上的"存在",也可以说兼涉 being 与 becoming。考虑到此处论述的相关性,这里首先侧重于"存在"与 being 的相关性。

竟为何是存在者存在而不是无存在？（Why are there essents rather than nothing?）"作为形而上学的基本问题，其中的"存在"（essents/seiendes）与上述汉语之域的"存在"在内涵上具有相通之处。① 这种语义上的关涉，既体现了形而上学与"存在"概念的联系，也从一个方面表明以"存在"概念讨论形而上学问题的合宜性。反之，如前所述，"是"在现代汉语中首先表现为系辞，与之相联系，在现代汉语的语境中，以"是"表述形而上学的问题，容易将哲学层面对形而上学问题的讨论引向语言和逻辑的视域，从而在语法功能的形式层面也许"清楚明白"，但在哲学内涵的实质层面上却可能"含糊不清"。

更具体地看，这里似乎需要对西方哲学传统中的 being 与现代汉语语境中或现代中国哲学论域中的"存在"作一区分。从理解亚里士多德以来的西方哲学的传统看，也许以"是"译 to be 或 being 更便于把握其内在的独特意义，但作为现代中国范畴的"存在"，已经在近百年的衍化过程中获得了其独特的意义，这一意义上的"存在"既有西方哲学 being 等涵义，又与中国哲学中的道器、体用、本末、有无等相联系，获得了其自身另一种独特的意义。当我们在当代哲学的视野中讨论哲学问题时，具有以上独特涵义的"存在"同样可以成为一个重要的概念：它的概念涵义已非 being 的简单翻译，而是更为丰富，它的理论意义也不限于现代中国哲学，而是可以具有更普遍的意义：也许，它可以在一定意义上成为现代中国哲学贡献给世界哲学的概念之一。

除了将形而上学的对象主要限于"是"本身之外，王路教授还一再将与之相关的研究与"先验性"联系起来："经验学科研究'是'的

---

① 参见 Heidegge: *An Introduction To Metaphysics*, Yale University Press, 1987, p. 20。又，其中 essents 德文原文为 Seiendes。

一部分,而形而上学研究'是'本身,这是关于先验的东西的研究,所以是超出其他学科的。借助经验和先验的区别无疑可以获得关于一般学科和形而上学的区别和认识。""其他学科是关于'是'的一部分的研究,哲学则是关于'是'本身的研究。假如从知识性考虑,则其他学科是经验的研究,而哲学是先验的研究。"基于以上看法,王路教授以不容置疑的口气强调:"从形而上学出发,我们可以非常明确地说,哲学是关于先验的东西的研究。"形而上学以及哲学与"先验性"的关联,在这里似乎被视为自明之理。然而,这一论点同样有待分疏。

王路教授之将形而上学以及哲学与"先验性"联系起来,首先在于:依他的理解,"先验"一词比智慧"等用语意思更明确",从而,"通过先验性与经验性的区别,可以获得关于哲学更好的说明和认识"。但是,遗憾的是,从实际的情形看,"先验"与其他概念相近,并非如王路教授理解的那么"明确",对何为"先验"的确认,也往往"掺杂"历史等经验因素。以"天赋人权""人是目的"等观念而言,自近代以来,它们常常被赋予先验的形式,如把人视为目的,便被康德视为无条件的绝对命令,与绝对命令相联系,人是目的同时被理解为先验的概念。然而,从社会和思想的现实变迁看,在人类历史的早期,"天赋人权"这一类观念,显然并没有进入人的视野,这些观念在形式上所呈现的"先天性""普遍性",实质上是在近代以来的历史变迁(包括启蒙运动的兴起)中逐渐获得的。这种现象似乎从一个侧面表明,"先验"在其实际的生成和运用中往往渗入了涉及经验的历史因素,从而并不如它在表面上看起来的那么"明确"。另一方面,被视为经验性的对象,又常常可能蕴含与"先验"观念相关的考察。以"社会正义"而言,我在前述文章(《如何做哲学》)中曾提及哲学需要考察这一类问题,而王路教授则认为,这"又回到经验层面"。事实上,作为伦理的问题,"社会正义"同样可以蕴含先验的观念。在《正义论》

中,罗尔斯便基于康德先验哲学的立场,对正义问题作了具有先验意义的考察,不仅他所提出的"平等原则"与"差异原则"表现为先验的概念,而且其"无知之幕"的预设,也具有先验性。以上事实多少说明,以"先验"与否区分哲学与其他学科,在理论上未必行得通。

进而言之,作为哲学范畴,"先验"或"先验性"这一概念本身也许可以在相对和绝对的意义上分别加以理解。宽泛而言,个体认识活动发生之前已出现的概念、知识,对于该个体而言都具有先验性,因为这些概念、知识并非源于该个体自身的经验性活动。这一视域中的先验,可以视为相对意义上的先验。与之不同,绝对意义上的先验,则指先于一切经验活动,康德所说的先验,便属后者。当王路教授强调形而上学或哲学研究"先验的东西"时,其中的"先验"显然是就绝对意义上的先验而言,事实上,他在文中引康德为同道,也从一个方面体现了此立场。如康德哲学已表明的,绝对意义上的先验与先天、形式、纯粹等处于同一序列,这种先验形式既非源于经验活动,也非经验世界所能制约。这里可暂时悬置这一层面的"先验"是否能够成立的问题①,仅就其与哲学的关系而言,以此为哲学研究的主要对象,在逻辑上意味着哲学之思主要限于先验或先天形式,而与现实的世界及其内容无涉。这一视域中的哲学也许可以取得清楚而明白的形态,但却未免显得抽象、空洞、贫乏,无法使人达到现实的世界。事实上,哲学作为把握世界的理论形态,很难仅仅囿于先验的形式之域。即使注重先验形式的哲学家如康德,也难以如王路教授所言,只研究"先验的东西",以理论理性或纯粹理性的考察而言,康德固然以先天的知性概念为普遍必然的知识所以可能的条件,但同时又给予

---

① 与之相关的讨论,可参见拙著《道论》,北京:北京大学出版社,2011年,第116—137页。

感性以相当的关注,对康德而言,感性经验的形成本身虽然仍需先天的时空直观形式,但同时又关乎对象:时空直观形式本身是对象被给予的条件,与这种感性对象相关的质料,显然不同于纯粹的先天形式,但它们又构成了认识的内容(按康德的看法,无此,则认识将是空洞的)。康德哲学以注重先验、形式、纯粹为特点,但即便如此,也无法从哲学中净化一切非先验的因素。如果将视线转向以现实世界本身为指向的广义哲学,显然更难以仅仅将"先验的东西"视为其唯一合法的对象。

从哲学之思看,这里在更内在的层面涉及知识与智慧的关系。前面提及,哲学主要以智慧的方式把握世界,这种形态不同于仅仅以特定对象或领域指向的知识。然而,这既不表明哲学应离开现实的世界,也并不意味着智慧的探索可以与知识完全无涉。王路教授认为,"世界这一概念是清楚的",这多少意味着以"世界"这一概念讨论哲学问题或哲学对象是允许的。然而,就世界本身而言,道与器、理与事、体与用、本与末,等等,并非彼此分离,而是呈现相互交融的形态,世界的以上形态,同时规定了把握世界的方式。具体而言,为了达到真实的世界,哲学一方面需要跨越知识的界限、由"器"进"道"、由"用"达"体",另一方面又需要避免离器言道、体用相分。停留于经验之域,固然难以达到哲学意义上的智慧之境,完全无视经验世界,亦很容易陷入思辨的幻觉。

王路教授虽然肯定"世界这一概念是清楚的",但从强调哲学研究的先验性出发,他对把握真实世界的以上方面似乎未能给予充分关注,在他看来,哲学如果"追问人和世界中那些具有本源性的问题"、追问人的实际"生活过程的意义以及如何达到理想的人生",便"又回到思考经验的东西上去了",后者意味着悖离"只研究先验东西"的哲学旨趣。然而,在其现实性上,以真实的世界为指向,哲学在从知识走向智慧的同时,又总是不断地向知识经验与现实人生回归,在此意义上,哲学之思同时展开为一个知识与智慧的互动过程。完全疏离于生活过程和知识经验,往往难以避免哲学的思辨化、抽象化。以人的存在而言,"活着",是人存在的第一个前提,但活着可以主要表现为生物学意义上生命的延续,在"活着"的这一层面,人与动物并没有根本区别。如果仅仅着眼于人存在的这一前提,则既未能将人与动物区分开来,也没有超越经验的视域。然而,人不同于动物之处,在于动物始终只能以原初的方式生活,而人则希望"活"得更好,并努力实现这种更好的生活理想。对"何为更好的生活""如何达到更好的生活"的这种追问和思考,不仅使人区别于动物,也体现了源于经验("活着"),又升华于经验(在追求"活得更好"的同时展现真善美的价值取向)。

当然,王路教授也许会认为,这里所运用的道与器、理与事、体与用、本与末等概念以及真善美的价值追求依然"不清楚",然而,这些概念在今天固然需要辨析、诠释,但却不能因之将其简单地逐出哲学的王国,事实上,两千多年来的中国哲学,正是在运用以上概念的过程中演进并留下了深沉、丰富的思想资源。而在更普遍的意义上,人类从"活着"出发,通过真善美的价值追求以"活得更好",其间始终蕴含着生活经验与形上智慧之间的互动。哲学领域的概念,本身难以真正做到疏离生活、纯而又纯,如上所论,即使是王路教授特别青睐的"先验",也似乎未能例外。

顺沿以上思路,这里或可对我在《如何做哲学》中的一个提法作一简略解释。在该文中,我借用了庄子"以道观之"的命题,并在引申的意义上指出:"以道观之意味着非停留于经验的层面,而是源于经验又升华于经验。"王路教授对此也提出批评,认为"'升华'是一种比喻说明,是不清楚的。由此我们无法获得关于哲学的清楚认识"。

在前述论文中,由于没有对此作具体阐释,确可能引发歧义。就其内在哲学涵义而言,以上所说的"源于经验又升华于经验",与现代中国哲学家冯友兰、冯契等所说的"转识成智"具有相通性,它一方面意味着从真实的对象出发,这种对象不同于完全脱离经验而仅囿于抽象的形式,另一方面又非限于特定的经验规定,而是从现实对象所具有的所有相关方面去把握。以对人的理解而言,仅仅将其视为生物学意义上具有新陈代谢功能的存在,体现的是经验性或知识性的视域;从天(自然)与人(社会)、身与心、理性与情意、群(社会性)与己(个体性)等的统一去把握人,则意味着将人理解为具有多方面规定的真实存在,后者从一个方面体现了"源于经验又升华于经验"的哲学进路。王路教授在评论我的以上论点时,曾有如下追问:"在杨文看来,生活中有经验的东西,也有升华于经验的东西,后者是智慧之思的东西。问题在于,这种东西是什么?"基于以上分析,也许可以对此作如下简要回复:智慧之思指向的"这种东西",即具体、真实存在[①],对这种真实存在的把握,则构成了智慧之思本身的内容。

在前述文章(《如何做哲学》)中,我曾提及,"治哲学需要有大的关怀",王路教授对此也不以为然,认为"'大'这一用语又是比喻",其意似乎是:这一类表述意味着远离先天或先验。且不说"大"是否仅为比喻性的表述,即以它涉及比喻而言,也似乎为哲学的讨论所难以免。事实上,正如哲学的论域无法根绝经验一样,在讨论形式或修辞运用上,它也不能彻底拒斥比喻等讨论方式。即使汉语之外的哲学领域,也不能完全避免运用这一类表述方式,如21世纪初Blackwell出版的一部哲学概论性著作,便以《哲学:大的问题》(*Philosophy*:

[①] 关于具体存在或真实存在的讨论,可参见拙著《道论》第一章以及拙著《哲学的视域》的相关部分。

The Big Questions)为题。① 这里重要的不是"大"这一类表述能否在哲学中运用,在表述方式的分异之后,实质上蕴含着有关先验与经验、形式与内容之哲学意义的不同看法,后者又进一步涉及对哲学及如何做哲学的不同理解。

三

哲学一方面在实质意义上呈现以智慧追求为指向的特点,另一方面在形式层面上表现为运用概念而展开的理论思维活动。这是《如何做哲学》一文提出的另一看法。在考察当代哲学时,该文进一步指出:如果说,现象学从实质的层面上强化了哲学作为智慧之思这一规定,那么,分析哲学则通过将语言的逻辑分析作为"做哲学"的主要方式而突出了哲学作为概念活动这一形式层面的规定。以此为前提,文中同时提道:"分析哲学由强化形式层面的概念活动而导向了实质层面智慧之思的弱化。"王路教授对后一看法提出了质疑,认为它"给人一种感觉,似乎增强概念运作的工作与智慧追求是矛盾的"。这里既关乎特定论点的辨析,也在更广的意义上涉及如何理解分析哲学的问题。②

首先需要说明的是,前文提及的"分析哲学由强化形式层面的概念活动而导向了实质层面智慧之思的弱化",乃是就分析哲学自身的发展趋向而言,其着眼之点并非"概念运作"与"智慧追求"的关系。

---

① *Philosophy: The Big Questions*, Edited by Ruth J. Sample, Charles W. Mills, And James P. Sterba, Blackwell Publishing, 2004.
② 关于语言、概念以及分析哲学的相关问题,更具体的讨论可参见拙著《伦理与存在》第七章(北京大学出版社,2011),《道论》第五章、《成己与成物》第一和第二章(北京大学出版社,2011),以及拙作《分析哲学与中国哲学》(载《中国哲学史》2009年第4期)。

如我在上述文章及其他文、著中一再提及的,智慧之思与概念分析无法分离。一方面,智慧之思应经过概念分析的洗礼,另一方面,概念分析不能仅仅停留在形式的层面,而是需要有智慧的内涵。这里的智慧,包括对世界现实形态的把握以及价值层面真善美的追求。相对于此,分析哲学往往由强调概念的逻辑分析,进而将概念的这种运作本身作为哲学的主要乃至全部工作,与之相应,如何赋予概念分析以智慧的内涵,往往处于其视野之外。所谓"由强化形式层面的概念活动而导向了实质层面智慧之思的弱化",主要便是就此而言。

基于以上前提,我在前述文章(《如何做哲学》)中指出:"以语言的逻辑分析为主要取向,分析哲学在关注语言的同时,往往又趋向于限定在语言的界限之中,不越语言的雷池一步。这一意义上的概念的分析,常常流于形式化的语言游戏。分析哲学习惯于运用各种思想实验,这种思想实验常常并非从现实生活的实际考察出发,而是基于任意的逻辑设定(to suppose),作各种抽象的推论,从而在相当程度上表现为远离现实存在的语言构造。当哲学停留在上述形态的语言场域时,便很难达到真实的世界。"对以上看法,王路教授同样提出异议。

在王路教授看来,"分析哲学家们有一个共同的信念:人们关于世界的认识都是通过语言表达的,因而可以通过对语言的分析而达到关于世界的认识"。作为分析哲学的辩护者,王路教授本人也持同样的信念。然而,以上信念无疑需要分疏。对世界的系统认识,确乎常常与语言相联系①,但语言形式与世界本身仍需加以区分:语言固

---

① 在这方面,直觉、默会之知呈现某种复杂性,它们与语言的关联也非简单明了。为讨论的简捷,暂对此存而不议。

然可以成为把握世界的手段,但达到对象的手段不能等同于对象本身,对把握世界的手段的分析,也无法取代对世界本身的把握,正如科学研究可以借助某种实验手段来认识特定对象,但单纯地分析这些实验手段本身,并不足以理解这些实验手段所指向的对象。分析哲学在语言这一层面谈论存在,一方面表明它并未完全撇开存在,而是希望通过语言分析这一方式来把握存在;另一方面它试图把握的,又主要是语言中的存在,后者显然不能完全等同于现实的世界。诚然,在分析哲学的后期,也有不少关于世界或存在问题的讨论,分析哲学中的一些人物,甚至提出各种形态的本体论或形而上学的观念。然而,需要注意的是,当分析哲学讨论世界或存在、并试图建立某种形而上学时,它所关注的重心往往不是世界或存在本身,而是人们在谈论和表达世界或存在时所运用的语言以及这种语言所具有的含义。在斯特劳森的 *Individuals* 一书中,这一点便表现得很明显。斯特劳森在该书中区分了"修正的形而上学"和"描述的形而上学",在他看来,真正合理的进路是对形而上学作描述的研究。所谓"描述的形而上学",顾名思义,其特点不是研究世界或存在本身,而是讨论我们在研究世界或存在时所使用的概念之意义。这一辨析活动体现了对世界认识的形式化趋向。分析哲学中固然也有所谓"整体论"(holism),但此所谓"整体论"并不关心如何把握作为整体的世界或现实存在这一类问题,其注意之点主要指向在语言之域如何理解语言的相关方面,例如怎样将某个词的意义放在前后相关的语境之中,而不是孤立地就单个语词来理解,这种考察方式在总体上并未跳出语言的论域。王路教授在为分析哲学辩护时,曾认为"分析哲学既然是关于世界的认识,也就不会是局限于语言的",但从分析哲学的以上进路看,它确确实实表现出"局限于语言"的趋向。

与分析哲学相关的是概念的运用和分析,我在《如何做哲学》中,曾对哲学研究还原为哲学史、思想史、学术史的趋向提出异议,并对与之相关的哲学研究叙事化进路表示不赞同。王路教授首先对此表示疑惑:"不知道这种批评针对的是什么?"继而进一步就此提出质疑:"问题在于,无论什么史,不管什么化,难道不是以概念运作的方式进行的吗?由此也就看出,概念性思考并不是哲学独家的方式。用它大体描述一下哲学的方式也许没有什么,但是以它做论证依据则是会出问题的。"对于王路教授的疑惑,首先或可说明,哲学的叙事化并非无的放矢的忧虑,事实上,从历史上看,这早已不是一种新的现象。如我已指出的,对概念性思考的这种疏离,在逻辑上往往可能导向哲学的叙事化:哲学本身成为一种思想的叙事,而非对现实世界和观念世界的理论把握。

进一步看,概念的运用在某种意义上涉及不同领域和学科,在此意义上,王路教授认为"概念性思考并不是哲学独家的方式",这并非没有根据。不过,尽管不同学科都可能涉及广义的概念,但概念运用的方式却并不完全相同。大致而言,可以区分以智慧为指向的概念分析与基于知识立场的概念分析。在以上提及的还原趋向中,作为归宿的思想史、学术史研究既以历史领域中思想现象与学术现象为考察对象,又主要从历史传承中的文献出发,并以文本语义的诠释为把握相关学术思想的前提,这种考察固然有其学术的意义,但从认识的形态看,它更多地可归属于特定的知识之域,与之相关的概念运用,也首先侧重于历史的内涵。相对于此,在哲学领域,概念的运用不限于历史中某种特定的思想现象或学术现象,而是以现实世界中的具体存在或真善美的价值之境为指向,这一意义上的概念,同时包含智慧的内涵。

哲学在考察世界的同时,又总是不断进行自我反思,这种反思具体展开于"何为哲学""如何理解哲学"等追问之中。历史地看,一方面,无论是古希腊以来的西方哲学,抑或先秦以降的中国哲学,哲学的进路及其形态都呈现多样的特点;另一方面,作为哲学,这些不同的进路和形态又都关乎智慧之思,可以视为对智慧的多样探索。与智慧探索的多样性相联系,对哲学的理解,也可以体现不同的视域,当然,这种不同的理解视域,又无法离开哲学之为哲学的内在品格。

(原载《江汉论坛》2017年第8期)

哲学的二重品格

一

就其本来形态而言,哲学具有不同于特定学科的特点。如所周知,作为智慧的探求,哲学有别于多样、分化的知识形态。在相当长的历史时期中,哲学曾被视为科学之母,欧洲中世纪便往往把科学归为哲学的分支,并称其为"自然哲学"(natural philosophy)。直到20世纪,爱因斯坦依然认为哲学"可以被认为是全部科学研究之母"[①]。以哲学为"全部科学研究之母"是否确切,或可以进一步讨论,但这一看法多少也从一个方面展示了哲学与特定科学学科的区别:与科学意

[①] 爱因斯坦:《爱因斯坦文集》第1卷,许良英、范岱年编译,北京:商务印书馆,1976年,第519页。

义上的学科都有各自的界限不同,哲学的特点在于跨越不同学科的边界,从整体的维度理解世界之在与人自身的存在。从以上方面看,哲学无疑呈现了超乎学科性这一面。

然而,步入近代以后,随着科学的发展及知识系统的分化,多样的学科逐渐形成。与此相联系的是近代教育体制的演进和发展,尤其是大学中不同学科的设置和分化:大学开始成为研究与讲授不同学科(分科之学)的机构。当哲学融入分科化的大学教育系统之后,它本身也渐渐地衍化为大学之中一门具体传授的学科:作为大学所拥有的诸多专业中的一种,哲学也呈现为一种独特的知识系统,后者具体化于不同层面的专业设置、课程体系、研究范式,等等。可以看到,以近代以来知识的分化以及近代教育体制的演变为双重历史背景,哲学在某种意义上取得了知识化、学科化的性质:现在所说的学科意义上的哲学,便与近代以来上述演化过程有着内在关联。学科化的这种趋向更突出地体现于现代、特别是20世纪以来的一些哲学研究进路。以分析哲学而言,在注重概念辨析的同时,它也强化了学科意义上的研究规范、研究方式,而且,随着讨论内容的不断分化、发展,分析哲学在某种程度上由专业化进而表现出技术化的趋向,由此,它也同时具体地彰显了哲学的学科性或哲学作为知识形态这一特点。从总的方面看,近代以来,与哲学家的职业化趋向相应,哲学本身也开始呈现出专业化、知识化的走向,在现代的分析哲学中,哲学的这一特点得到了较明显的体现。

当然,今天在重新反思哲学的学科性时,可以对这种学科性有更广义的理解。一方面,我们需要充分注意近代以来哲学衍化过程中业已形成的现实形态:对于哲学已经在某种意义上取得学科化形态这一特点,无法以历史虚无主义的态度加以回避或漠视。另一方面,对哲学就其本原而言所具有的超越学科性这一面,同样应当加以正视。要而言之,对于哲学,既可从学科性这一面去理解,又应从超越学科性这一维度去看待;后者体现了哲学的本然品格,前者则折射了其历史的演化。

事实上,以上二重性在现代哲学的研究路向中,也一再呈现。如前文提到的分析哲学,便比较侧重于哲学的学科性路向。现代西方哲学中的另一显学,即现象学,则相对来说更多地体现了哲学超越学科性的特点。以海德格尔而言,在《何为物?》(*What is a thing?*)一书中,海德格尔曾将哲学与具体领域区分开来,在他看来:"哲学之中没有领域(field),因为哲学本身不是领域。类似劳动分工一类的东西,在哲学之中是没有意义的。学术之知(scholastic learning)在某种程度上与哲学无法分离,但它从不构成哲学的本质。"[①]"哲学不是领域"的具体所指海德格尔虽没有加以解释,但其涵义仍比较清楚,即主要侧重于把哲学与具体的知识领域区分开来。无独有偶,2007年初我在斯坦福时,曾与罗蒂就有关哲学问题做过若干次交谈。在谈到如何理解哲学时,罗蒂提出了一个更为直截了当的看法:"哲学不是学科(discipline)。"学科的特点是涉及具体的知识领域(area of knowledge),一旦以"学科"来讲哲学,便意味着将哲学等同于各种具体的知识领域。海德格尔有现象学的哲学背景,罗蒂则是先从分析哲学走出来,后来又对分析哲学作了种种批评,二者的哲学立场、背景有所不同,但从不同的立场与背景出发,却又不约而同地在"现代"的语境中将哲学与一般知识学科区分开来。这一现象表明,现象学和告别分析哲学或从分析哲学中走出来的哲学家,对哲学所具有的超越学科性这一点给予了更多的关注。

---

① M. Heidegger, *What is a thing?* trans. by W. B. Barton. Jr and Vera Deutsch, South Bend, Indiana: Regnery/Gateway Inc., 1967, p. 3.

顺便提及,海德格尔强调哲学与"学术之知"的分别,这主要从否定的方面指出了哲学不同于一般学科的特点。在以否定的方式提出以上论点的同时,海德格尔也从正面谈到了哲学的特点。在《存在与真理》(*Being and Truth*)一书中,海德格尔对哲学的内涵做了如下界说:哲学就是"无尽地追问指向本质和存在的存在之斗争"(the ceaseless questioning struggle over the essence and Being of beings)①。以更容易理解的语言来表述,即哲学涉及存在的本质与"存在的存在",而存在的本质以及"存在的存在"又与人自身实现或敞开这种本质和存在的过程相联系。按海德格尔之见,人的存在就是一个指向存在的本质及"存在的存在"的斗争过程,从另一个角度看,存在的本质及"存在的存在"之实现或敞开离不开人自身的作用。所谓"存在的存在",在海德格尔那里乃是相对于"存在者"而言。以上看法的值得注意之点,在于指出哲学并不仅仅是对存在及其本质的抽象思辨,而是始终与人自身实现或敞开存在本质(达到"存在之存在")的过程相联系。尽管海德格尔所谓"指向本质和存在的存在"具有明显的思辨性,但其中也以抽象的形式包含了通过人的存在过程以把握存在之意。将哲学理解为上述意义的无尽追问,同时也突显了哲学不同于对世界作知识性、学科性说明的特点。

二

哲学所包含的二重性,同时制约着我们在哲学领域的学与思。在哲学已取得某种学科形态的前提下,适当地关注哲学所具有的学科性,对今天的哲学研究来说无疑有其特定的意义。具体而言,注重

---

① M. Heidegger, *Being and Truth*, Indiana University Press, 2010, p.7, p.9.

学科性意味着重视哲学领域所要求的独特学术训练。在哲学领域的学习、研究过程中,这种学术训练显然不应被忽视。哲学思考、研究方面的基本训练,诸如注重逻辑分析、注重概念辨析、注重观点的论证,都是哲学研究过程所不可或缺的:唯有经过上述训练,才能澄清哲学的问题,以明晰的形式展现哲学的观点,通过批评、争论深化哲学的思考。此外,西方哲学从古希腊以来,中国哲学从先秦以来,都经过了漫长的演化过程,其中既蕴含着多方面的理论成果,也涉及历史事实层面的知识性内容,后者包括哲学家的生平、不同哲学理论出现的背景、前后或同时的哲学学派及人物之间的关系,等等,对哲学历史的知识性了解,对哲学思考同样十分重要,而这些内容首先与哲学的学科形态相关联。从这些方面看,注重哲学的学科性无疑具有不可忽视的意义。

在关注以上方面的同时,对于哲学所具有的超越学科性的特点,同样应给予充分的重视。如前所述,哲学作为智慧的探索,本身具有超越分门别类的知识性学科的性质。如果仅仅注重哲学的学科性特点,便容易将哲学理解为一种单纯的知识系统,甚而由此进一步把哲学视为技术性的形态,用中国哲学的话来表述,也就是由"道"而演化为"技"。在智慧的层面,哲学本来表现为对存在的本原性追问,亚里士多德已指出:智慧所指向的,是"原因和原理"[①]。从哲学的维度看,这里的原因和原理便涉及存在的根据、本原,对存在根据、本原的追问,与中国哲学所说的"技"进于"道"具有一致性。如果片面强调哲学的知识性和学科性,便可能使"道"的追求流而为"术"的操作,由此势必偏离哲学内在的本性。对重要的哲学层面的问题,如对世

---

① Aristotle, *Metaphysics*, 982a5, *The Basic Works of Aristotle*, Random House, 1941, p.691.

界整体性的理解,对人的自由的探索,对理想人格的规定,等等,都需要加以探讨。这些问题常常既涉及形而上之域,也关乎广义的认识论、价值论,等等,若从单纯的知识性、学科性的视野出发,则以上问题往往会被忽略。事实上,仅仅注重哲学的学科性、知识性,对智慧之道的探求每每容易被边缘化。总之,既注重哲学的学科性,也充分肯定哲学本身的超越学科性,是我们今天对哲学,包括中国哲学所应持的态度和看法。

哲学的学科性和超越学科性这一双重品格,不仅与近代以来知识的分化这一历史背景相联系,而且也和哲学本身的内在规定相关。前面已一再提到,哲学就其本来的意义而言,以智慧的探求为指向。智慧固然不能等同于知识,但也并非与知识完全相分离。从人把握世界与理解人自身的过程看,知识和智慧之间事实上呈现互动的关系。如果说,哲学的学科性特点更多地与知识这一层面相关联,那么,哲学的超越学科性则首先与智慧的探求相联系。就知识和智慧的关系而言,一方面,知识在把握存在的过程中,不能停留于自身,而应提升到智慧层面,唯有如此,才能达到真实的世界;另一方面,就智慧而言,不仅其形成过程并非游离于知识形态之外,而且它本身也需要不断地体现并落实到知识之域。知识与智慧之间的以上关联,在更深沉的层面规定和制约了哲学所内含的学科性与超越学科性的品格。质言之,知识和智慧的内在关联,构成了哲学具有学科性和超越学科性二重规定的内在根据;从另一方面看,确认哲学具有学科性和超越学科性,则同时隐含着对知识和智慧互动的肯定。

以上述看法为视域,对现代哲学中的分析哲学和现象学也应给予双重关注。分析哲学如前所述更多地体现了哲学所具有的学科性这一特点,与之相应,对分析哲学的关注,同时也意味着充分注意哲学所内含的学科性特点。具体地说,注重分析哲学,对提升哲学思考、研究、表达的规范性具有重要的意义。就总体而言,当代中国哲学对分析哲学似乎缺乏充分的注意,这也许与中国的哲学传统有关联。历史地看,在相当长的时期中,中国哲学对于形式逻辑显得相对忽视,对注重严密逻辑分析的路向也似乎难以形成认同感。与之相联系,概念的辨析、理论的论证常常呈现比较薄弱的形态。在哲学研究的领域,一些论著的概念往往未能达到必要的清晰性,给出的结论也每每缺乏充分的论证,它在思维形式方面构成了中国哲学的某种偏向。上述问题首先体现于哲学的学科性层面(表现为学科意义上的缺陷),克服以上偏向,相应地需要充分地关注以突出哲学的学科性为特点的分析哲学。

相对于分析哲学,现象学对哲学所具有的超越学科性特点更为侧重,与此相联系,它对哲学的内在问题,包括形而上学的问题也给予了更充分的关注。较之分析哲学在后来演化中所呈现的某种技术化路向,现象学对智慧层面的探索,具有更自觉的意识。以形上思维而言,尽管现象学流派中的哲学家,如海德格尔,对传统的形而上学也有各种批评,但他们并没有由此完全拒斥在实质的层面对形上问题的沉思,事实上,海德格尔在《存在与时间》中即提出了所谓"基础本体论"。前面已提到,哲学的研究不能仅仅限定在知识性、学科性的视野之中,相反,需要充分关注它所具有的超越学科的性质以及它所内含的探求智慧的内在趋向。在这一意义上,我们对现象学显然不应加以忽视。可以看到,与肯定哲学的学科性和超越学科性一致,对具有不同哲学侧重的当代主流哲学,应承认并把握其各自蕴含的哲学意义。

三

　　哲学的一般属性同时规定着哲学的特殊形态。作为哲学的独特形态,中国哲学在走向近代和现代的过程中,也面临以上问题。历史地看,中国哲学作为一种近代意义上的学科,其诞生过程与学科性和超越学科性的互动、纠结始终相互关联。近代或现代意义上的中国哲学学科,首先是以西方哲学为参照系统而形成的。在中国学术的近代演进中,胡适的《中国哲学史大纲》曾被视为近代意义上第一部中国哲学史著作,这部著作在某种意义上确乎初立了中国哲学史的范式,其基本形态则是参照西方哲学而构建的。事实上,作为学科的中国哲学无法完全割断和西方哲学的关系,在此意义上,谈中国哲学的学科而完全将其与西方哲学加以分离,是非历史的。然而,中国哲学在取得近代学科形态的同时,又展开为一个不断向传统回归的过程,其具体的内容表现为在近代及现代的哲学视域中,对传统智慧作更为深入的揭示和阐发。这样,一方面,中国哲学作为近代及现代学科的形成以西方哲学为参照背景,另一方面,取得近代学科形态的中国哲学在实质的内容上又不断回归中国传统的智慧之思,后者同时使之具有超越学科性的特点。向智慧源头的不断回归,意味着超越单纯知识化、技术化的路向,在这一过程中,既可以看到知识和智慧的互动,也不难注意到中国哲学和西方哲学的关联,这种互动和关联同时从理论与历史等侧面,折射了中国哲学的学科性和超越学科性之间的交错。在作为近代及现代学科的中国哲学的形成过程中,上述问题往往彼此纠缠在一起。

　　概要而言,中国哲学的性质与更广义的哲学性质相互联系,对其定位和理解既涉及它所内含的现代意义上的学科性,也关乎它在更深沉意义上的超学科性。当然,如上文所论,除了关注哲学层面知识和智慧之间的互动之外,具体地把握学科意义上的中国哲学也无法忽略中西哲学之间的互动这一历史前提:二者的互融,构成了作为近代和现代学科的中国哲学形成过程的独特形态。在肯定中国哲学所内含的学科性和超学科性特点时,我们既需要关注这二重品格背后所隐含的知识和智慧之间的互动,也不能无视中西哲学交融这一特定的历史背景。

(本文是作者于2012年1月在杭州举行的"中国哲学的学科化与现代转型"论坛上的发言,根据录音记录)

何为中国哲学

一

何为中国哲学？这一问题的实质内涵是怎样理解中国哲学。从更本原的层面看，如何理解"中国哲学"之后更普遍的问题，是如何理解"哲学"。事实上，如何理解哲学与如何理解中国哲学无法截然相分。

对哲学作一界说，并不是一件容易的事。历史地看，无论是中国哲学史上，抑或西方哲学史上，在不同哲学家那里，哲学往往呈现出不同的面目。从关注的问题，到言说的方式，哲学的形态也常常各异。然而，这并不妨碍我们从最宽泛的层面，对哲学的一般规定加以把握。这里，作为理解的出发点，首先涉及知识与智慧的区分。从否定的意义上看，哲学不同于知识。

知识与特定的学科、具体的经验对象、特定经验领域相联系,哲学则与一般的学科有所不同。从肯定的意义上看,哲学则可以视为智慧之思。当然,智慧沉思的具体内容在不同的哲学形态、不同的传统、不同的哲学家之中又呈现种种差异。以中国哲学而言,关于智慧的沉思每每与"性"与"天道"、"成己"与"成物"等问题联系在一起。

就其本来形态而言,哲学作为智慧之思,不同于经验领域的知识。知识在对世界分而论之的同时,也蕴含着对存在的某种分离,哲学则要求超越"分"或"别"而求其"通"。从哲学的层面看,所谓"通",并不仅仅在于哲学体系或学说本身在逻辑上的融贯性或无矛盾性,它的更深刻的意义体现在对存在的统一性、具体性的敞开和澄明。

具体的学科或知识系统往往具有相对确定的范式、范型,相对于此,哲学往往没有"一定之法"。"法"是与特定的学科、知识形态联系在一起的,对于不同于具体知识的智慧形态,我们很难对它颁布"一定之法"。历史地看,无论是西方哲学,抑或中国哲学,在其历史的演化中,都曾出现了不同的形态。以西方哲学而言,不仅不同时期(如古希腊、中世纪、近代等哲学)的哲学往往形态各异,而且同一时期的哲学系统(如海德格尔的哲学与维特根斯坦的哲学)在关注的问题、言说的方式等方面也常常互不相同,然而,这种形态的差异,并不影响它们同为哲学。所以如此的缘由之一,就在于哲学不像特定的知识领域或学科,可以用"一定之法"来限定。从以上前提看,以所谓"合法性"来讨论哲学,基本上没有触及问题的实质:对哲学而言,本无定"法",何来"合"法?

上述视域中的哲学,在逻辑上构成了理解中国哲学的前提。

二

　　与哲学及中国哲学的以上内涵相联系的,是哲学与历史的关系。海德格尔曾将哲学史理解为"史学认识与哲学认识的合一",这一看法似乎也注意到了哲学史发展中哲学与历史的联系。① 哲学史上曾出现过各种学说、体系,这些学说和体系在哲学史的研究中往往主要被理解为历史的存在。然而,按其本来意义,它们首先表现为历史中的哲学沉思,是出现在一定历史时期的哲学理论或学说。不管是先秦、两汉时期还是魏晋、隋唐、宋明时期,哲学家的思想在形成的时候,都是以那个时代的哲学理论、学说的形式出现;从孔子、老子、庄子、孟子、荀子,到朱熹、王阳明、王夫之,都是如此。随着历史的演化,这些理论、学说才逐渐凝结为历史的形态,成为哲学的历史。从中国哲学的演化来看,每一时代的哲学家总是以以往的哲学系统为前提、背景,并进而通过自己的创造性思考而形成新的哲学观念。相对于已有的、历史中的形态而言,这种新的观念系统首先具有哲学的意义;从两汉到明清,中国哲学家往往以注解以往经典的方式阐发自己的哲学思想,这种注释过程同时构成了其哲学思考的过程。另一方面,相对于后起哲学家的思考而言,每一历史时期的哲学系统又构成了哲学的历史。在哲学与哲学史的以上演变与互动中,历史上的哲学系统本身也具有哲学与哲学史的双重身份。由以上前提出发考察中国哲学,便可注意到,它既表现为在历史演化过程中逐渐凝结的不同哲学系统,是一种可以在历史中加以把握、考察的对象,又是在

---

① 参见海德格尔:《现象学之基本问题》,丁耘译,上海:上海译文出版社,2008年,第27页。

历史过程之中不断形成、延续的智慧长河;前者使之具有既成性,后者则赋予它以生成性。中国哲学的既成性意味着它具有相对确定的意义,我们现在所说的先秦哲学、两汉哲学、魏晋哲学等,都有着某种确定的内涵。与之相对,中国哲学的生成性则表明它本身是一个开放的、不断延伸和延续的过程,从而,我们不能把中国哲学限定在某一个人物、某一个学派、某一个时期之上,而应将其理解为开放的、不断延伸的过程。这个过程在今天并没有终结,它依然在进一步延续:就中国哲学的生成性而言,我们现在所作的哲学的沉思、所从事的哲学史研究不仅仅是对哲学史对象单纯的"史"的考察,而且也同时渗入中国哲学新的形态的生成过程。

　　作为历史中的哲学,中国哲学的研究相应地也可以由不同的角度切入。从中国哲学是"哲学"这一角度来看,对中国哲学的研究可以按哲学家的方式来展开;就中国哲学是存在于"历史中"的哲学而言,则又可以从历史学家的角度对它加以考察。当然,这里的区分是相对的。所谓"哲学家的方式"并不完全排除历史视域,相反,它同样需要基于历史的文献,面对历史的实际衍化过程;同样地,"历史学家的方式"也需要哲学理论的引导,否则这种研究就不是哲学领域的工作。可以说,历史学家的考察方式中隐含着哲学家的视域,而哲学家的进路中也渗入了历史学家的工作。然而,就侧重点而言,我们仍可以看到一些区分。从已有的中国哲学研究状况来说,确实存在着侧重于哲学与侧重于历史的不同研究方式。为什么会出现这种差异?这与中国哲学本身是历史中的哲学无疑具有相关性:如果说历史学家的进路较多地折射了中国哲学的历史维度,那么,哲学家的进路则更具体地体现了中国哲学作为哲学的内在规定。

三

步入近代以后,对中国哲学的理解,总是难以回避中西之学的关系问题。中国与西方哲学的相遇在近代已经成为一个基本的历史现象,对于二者之间的关系,则仍要从中国哲学本身是一个逐渐生成的、不断延续的过程这一角度去理解,唯有如此,才能更具体地把握其意义。现在谈"中西之学",往往着眼于空间性的观念:中学与西学首先被视为处于不同空间地域(东方和西方)中的文化思想系统。事实上,在这种空间形式的背后,是更具实质意义的时间性、历史性规定。后者与近代更广视域下中西之争和古今之辩的无法分离相一致:空间形式下中西关系的背后,实际上隐含着时间与历史层面的古今关系。

时下,人们每每将西方哲学影响下的中国哲学研究称之为"汉话胡说",这种表述无疑蕴含着对中国哲学研究现状的不满:20世纪以来,谈的虽是中国哲学("汉"话),但所说却是西方哲学的话语("胡"说)。然而,在这种批评的背后,似乎同时渗入了一种从空间之维理解中西哲学的趋向。就更实质的意义而言,我们与其将20世纪以来西方哲学影响下的中国哲学视为"汉话胡说",不如将其理解为"古话今说"。历史上,不同时代的哲学家都在对哲学作"今说";可以说,"今"本身就是一个具有历史性的概念。汉代有汉代之"今",魏晋有魏晋之"今",隋唐有隋唐之"今",近代有近代之"今"。近代之"今",同时可以视为中西哲学相遇之后的"今":从中国哲学的演化看,近代意义上的"今",便以中西哲学的相互碰撞、交融为其题中之义。就"今说"而言,两汉、魏晋、隋唐、宋明等时期的哲学家们在注释、解说以往经典时,便同时展开了不同时代、不同意义上的"今说",我们现在从事中国哲学的研究,实质上也是一种"今说"。每一时代都在不断地用他们那个时代的"说法"去"说"以往的哲学,并在如此"说"的同时使中国哲学本身得到新的延续。同样,我们这个时代也没有离开这一历史的趋向。当然,"说"的方式、"说"的具体内涵在不同时代、不同背景、不同个体那里又往往各有不同,汉儒"说"先秦经典的"说法"和佛教传入后宋明时期理学家"说"这些经典的"说法"往往不一样;宋儒对已往经典、哲学的"说法"与西方哲学"东渐"(进入中国)之后近代哲学家的"说法"也存在差异,但这不妨碍它们作为一种独特的"今说",如前所述,这样的"今说"同时也是中国哲学不断生成、延续的历史方式。事实上,从形式层面看,中国哲学的生成过程就是这样一个不断"今说"的过程。

以上述事实为前提,便不难注意到,我们今天以西方哲学为参照系统、运用西方哲学的一些概念系统、理论框架来诠释已往的哲学,这本身也是在新的历史背景下"今说"中国哲学的一种方式。这种"今说"同时也表现为中国哲学在现代进一步生成、延续的具体形态:在中西哲学两大系统相遇的历史条件下,中国哲学的延续往往很难与运用西方哲学的某些概念系统、理论框架对自身传统进行重新理解、阐发的过程相分离。从实质的层面看,参照、运用西方哲学的概念系统、理论框架作为"今说"的一种历史方式,本身也参与了在新的历史背景下中国哲学生成、延续的过程。事实上,每一时代都需要对以往哲学进行逻辑重构,并由此进而展开创造性的思考,而在中西哲学两大系统相遇的背景之下,这一过程同时取得了新的历史形式和特点。

要而言之,就中西哲学的关系来看,中西之辩并不仅仅是一个空间、地域性的问题,其背后内在地隐含着时间性、历史性的规定;将西方哲学影响下的中国哲学研究称之为"汉话胡说",未免将时间关系

(历史关系)简单地空间化了。对中西哲学的关系,如果过多地着眼于空间关系,往往会执着于文化和思想的地域性(东方或西方),从而遮掩其背后的实质含义。一般而言,时间性、历史性与绵延、统一相联系,空间关系则往往更多地突出了界限;时间关系空间化所导致的逻辑结果之一,便是抽象地在中西哲学之间划一判然之界。而就中国哲学而言,更有意义的是在时间意识中把握近代西学与中国哲学历史延续或历史绵延的关系。

从具体的方面看,中西哲学的关系涉及现在时常论及的"格义"问题。讲到"格义",应当注意的一个重要方面是语言和翻译的问题。中国近代以来所使用的不少所谓西方哲学概念,如主观、客观、主体、客体、经验、理性、唯物、唯心等,都以日文的翻译为中介,而日本学人在用这些概念翻译他们所理解的兰学、西学时,实际上又是以汉语为表达形式。翻译的过程决不是单纯的语义互释的问题,其中也包含着观念层面的理解,在理解的过程中,即有"格义"的问题。这样,就历史过程而言,首先是日本学人用汉语去"格"西方的"义",然后再反过来,这种翻译到中国的东西又构成了我们进一步去理解中国哲学的形式。不难看到,这里包含着两个层面的"格义"。同时,从语言的层面来看,所谓"古话今说"在某种意义上与古代汉语到现代汉语的转换、衍化过程呈现同步性。哲学总是涉及言说的方式,而言说的方式离不开语言,事实上,在中国近代,较哲学形态的变迁更具有本原性的变迁,是语言的变迁,后者包括外来语的大量引入。以语言的衍化而言,如果我们把这些外来语从现代汉语当中剔除出去,那么现代汉语也就不复存在。同样,在哲学的层面上,如果将所有西方哲学的观念、表述方式从近代以来的中国哲学中完全加以净化,也就不会再有现代意义上的中国哲学。从历史的角度看,正如我们不必像当初白话运动的反对者那样,对古代汉语向现代汉语的转换痛心疾首,我们也不必因西方哲学的概念形式渗入中国哲学的"今说"过程而过分地忧心忡忡。在警惕简单地以西方哲学去附会中国哲学、避免过度诠释等方面的同时,对中西哲学相遇背景下中国哲学的"今说",应当持理性而开放的立场。

四

如前所述,中西哲学的互动、交融实质上也就是中国哲学本身在新的历史条件下生成、延续的过程。中国哲学这一延续的过程与以往(近代以前)的生成、延续存在着深刻的差异,这种差异主要就表现在:中国哲学在近代以来的延续过程,同时也是中国哲学不断参与、融入世界哲学发展的过程。中国哲学在近代以前主要是在相对单一的传统之下发展的,这种发展在近代以后开始以新的形态出现;中国哲学融入世界哲学、参与世界哲学的形成与发展,便是近代以来中国哲学延续、发展的重要特点。历史地看,真正意义上的世界哲学的发生,只是在近代以后才成为可能。近代以前,中西两大文明系统基本上是在相互隔绝的状态下发展的,明清之际虽有过短暂的接触,但并没有形成实质性的交流,真正实质性的碰撞是从近代开始的。马克思曾指出:"世界史不是过去一直存在的;作为世界史的历史是结果。"①这一看法的内在涵义之一在于,应当将世界史理解为近代以前人类历史发展的产物。世界历史是这样,世界哲学也是如此。只有到了近代,各个文明系统才开始彼此相遇、有了实质性的交流,也只有在这样的背景之下,世界哲学才真正获得了可能性。近代以来

---

① 〔德〕马克思:《1857—1858 年经济学手稿》,《马克思恩格斯全集》第 30 卷,北京:人民出版社,1995 年,第 51 页。

的哲学衍化,在某种意义上便表现为一个不断走向世界哲学的过程。

中国哲学在近代以来的延续、生成过程,并没有隔绝于以上历史趋向。从经济、文化、政治等宏观背景看,历史已经从近代的地域性过程进入到一个完全意义上的世界范围,这一特点在今天所面临的全球化过程中,表现得尤为明显。经济的全球化使不同经济体之间愈来愈具有相互依赖的关系,信息化以及通信手段、交通工具、传播方式的发展,使不同地域的人们不再因空间距离而相互隔绝,而是彼此走近、真正成为同一地球村的居民,文化交流的扩展和深化,则使不同文化系统之间有了更为真切的了解。这些现象,都是以往所无法想象的。

另一方面,从哲学本身的演化来看,以西方而言,从古希腊哲学到现代的分析哲学、现象学,主要是在西方哲学与文化自身相对单一的传统下发生、发展的。中国哲学也是如此,除了佛教传入中国、对中国哲学产生了某种影响之外,基本上也是在一种比较单一的背景下形成的,这两大系统在近代以前没有什么实质性的交流。然而,如果今天还拘守某种单一的资源、单向的传统,那就既离开了历史的趋向,也缺乏理论上的合理性。在这方面,近代以来的中国哲学家似乎呈现了自身的某些优势,后者具体表现在:近代以来中国哲学家了解西方哲学的热诚,以及实质层面上对西方哲学的把握程度,往往超过了西方哲学家对中国哲学的理解意愿和实际把握。这里可以将专家层面的认识与哲学家层面的认识作一区分。以20世纪二三十年代的熊十力、梁漱溟辈而言,若从专家的角度来看,他们对西方哲学的了解似乎十分有限,康德哲学的前后演化、《纯粹理性批判》不同版本之间的具体差别,等等,他们也许并未十分深入地把握。但他们同时又以一种哲学家的直觉,比较深入地切入了西方哲学某些流派、人物的主要宗旨。从专家性的标准来看,熊十力、梁漱溟等哲学家对西方哲学的认识，或可提出不少批评，但从哲学家的理解来说，他们的一些看法，可能要比专家们更为深入。随着中西交流的发展，中国哲学家对西方哲学的理解也不断得到深化，后来的哲学家如冯友兰、金岳霖等，对西方哲学了解的深入程度已有实质性的推进，这种趋向今天仍在进一步的发展。对西方哲学的以上理解和把握，为中国哲学家运用多重智慧展开哲学沉思提供了可能，它同时也从一个方面使中国哲学在今天的生成、延续过程具体地展开为参与、融入世界哲学的过程。

（本文系作者2008年5月在举行于华东师范大学的"何为中国哲学"学术会议上的发言，由研究生根据录音记录）

作为哲学的中国哲学

从"哲学"的视域理解中国哲学,有其历史的背景,后者可以从中西两个具体的角度加以考察。从西方哲学的视域看,自黑格尔始,西方主流哲学对中国哲学便视之甚低。黑格尔在《哲学史讲演录》中曾提到中国哲学,但并未把中国哲学纳入他所理解的哲学之列。在他看来,孔子"是中国人的主要的哲学家",但他的思想只是一些"常识道德","在他那里思辨的哲学是一点也没有的"。《易经》虽然涉及抽象的思想,但"并不深入,只停留在最浅薄的思想里面"。① 黑格尔之后,主流的西方哲学似乎沿袭了对中国哲学的如上理解,在重要的西方哲学家那里,中国哲学基本上没

---

① 〔德〕黑格尔:《哲学史讲演录》第1卷,贺麟、王太庆译,北京:商务印书馆,1981年,第118—132页。

有进入其视野。这种趋向从当今西方著名大学哲学系的一些课程设置以及教学内容中,也不难注意到:欧美主要大学,包括哈佛大学、牛津大学、普林斯顿大学、剑桥大学,等等,其哲学系都没有设置"中国哲学"的课程,在这些学校中,中国哲学仅仅出现于东亚系、宗教系、历史系等非哲学专业的院系。这一现象表明,对主流的西方哲学来说,中国哲学算不上真正意义上的哲学。

另一方面,自哲学作为学科在中国现代形成之后,关于如何理解中国哲学便存在不同看法。晚近以来,中国哲学是否为"哲学"进而成为有争议的问题。这里可以简要地提及所谓"以中释中"之说。"以中释中"的本来含义是以中国的学术或中国的学问来解释中国的学术和学问,在"以中释中"的视野中,如果用"哲学"这样的范畴来讨论中国的学术和思想问题,便意味着将其西方化。从逻辑上看,这一主张所蕴含的前提是,"哲学"为西方所特有,从而,一旦运用"哲学"的概念、术语来分析中国的思想,便会使之失去本来的形态和内涵。在比较极端的"以中释中"论那里,同时可以看到一种倾向,即把哲学还原为哲学史、把哲学史还原为思想史、把思想史又还原为学术史。这种还原的背后,内在地蕴含着关于中国哲学是否为现代学科意义上之哲学的质疑。

以上两重背景,使如何理解中国哲学成为一个无法回避的问题。

一

对以上问题的具体回应,离不开对哲学本身的理解:"何为中国哲学"与"何为哲学"这两个问题密切相关。在具体讨论作为哲学的中国哲学之前,需要先对"何为哲学"作一概要的考察。大致而言,"哲学"的内涵,不能仅仅从某一特定的传统或特定的形态出发去界定,而应着眼于其深层规定以及普遍特征。从本原的层面看,作为把握世界的观念形态,哲学的内在规定体现于智慧的追问或智慧之思。这不仅仅在于"哲学"(philosophy)在词源上与智慧相涉,而且在更实质的意义上缘于以下事实:正是通过智慧的追问或智慧之思,哲学与其他把握世界的形式区分开来。这一意义上的智慧——作为哲学实质内涵的智慧,首先相对于知识而言。如所周知,知识的特点主要是以彼此相分的方式把握世界,其典型的形态即是科学。智慧不同于知识的基本之点,就在于以跨越界限的方式去理解这一世界,由此再现世界的关联性与具体性。

展开来看,智慧又表现为对世界的理解与对人自身的理解二重向度。关于世界的理解,可以从康德的思考中多少有所了解。康德在哲学上区分把握存在的不同形态,包括感性、知性、理性。他说的理性有特定的含义,其研究的对象主要表现为理念。理念包括灵魂、世界、上帝,其中的"世界",则被理解为现象的综合统一:在康德那里,现象的总体即构成了世界(world)。① 不难注意到,以"世界"为形式的理念,首先是在统一、整体的意义上使用的。对世界的这种理解,与感性和知性的层面上对现象的把握不同,在这一意义上,康德所说的理性,与"智慧"这种理解世界的方式处于同一序列,可以将其视为形上智慧。确实,从哲学的层面上去理解世界,侧重于把握世界的整体、统一形态,后者同时又展开为一个过程,通常所谓统一性原理、发展原理,同时便具体表现为在智慧层面上对世界的把握。

对人的理解也呈现类似的特点。关于人的存在,每每有不同的考察角度。人可以被理解为生物学意义上的对象:这一视域中的人首先是一种生命存在,后者使之与生物学这一具体知识领域相涉。

---

① 参见 Kant, *Critique of Pure Reason*, p. 323。

同时,人又具有社会品格,处于社会的关联之中,这一意义上的人,主要是社会学、政治学等特定学科的对象。此外,人还包含精神、意识,从而也可以从心理学的层面去把握。对人的以上理解,基本上仍停留在知识的层面,它们各有自己确定的对象和界限。相形之下,智慧的特点在于超越分而论之的知识视野和学科界限,从相互关联、多方面规定的统一的维度去理解人的存在,由此达到对人的具体把握。

从比较内在的层面上说,人不仅具有一般意义上的意识属性,而且包含内在的精神世界,与后者相联系的是理性、情感、意志、想象、直觉等心理的规定。在"智慧"的视野中,精神现象之间的彼此相关,并非仅仅表现为心理学意义上知情意的统一,而是同时渗入了价值内涵,并具体地体现于对真善美的追求;从智慧意义上去理解精神世界,意味着肯定知情意和真善美的内在统一,而非单纯地限定于某种片面的心理规定。除了通常意义上包含多重规定之外,精神世界还可以从更深沉的层面加以理解。具体而言,可以从人的精神境界和人的内在能力等角度去考察。精神境界的实质含义主要体现在两个方面,一是人的理想意识,二是人的使命意识。理想意识以"我应当追求什么"为内容;使命的意识则表现为"我应当承担什么"的追问。这一意义上的精神境界同时呈现为人的内在德性。与内在德性相联系的是人的现实能力。能力可以理解为人改变人自身以及改变世界的内在力量。从精神世界这一层面看,人的真实形态便体现为精神境界(德性)和内在能力的统一。事实上,真实的人格或自由的人格即表现为德性和能力的交融。

对世界和人自身的以上理解,与从知识层面分别地把握对象,其进路显然有所不同。进而言之,哲学同时表现为从本源性或根源性的层面追问人所理解的世界。科学追求真理,哲学则进一步追问何为真理;艺术追求美,哲学则进一步追问什么是美;道德追求善,哲学则进一步追问何为善。哲学的这种追问具有本源性、反思性的特点。从说明世界的层面看,知识(包括科学)的特点在于如其所是地把握对象及其规定和法则,智慧(哲学)则进一步追问这种把握过程是否可能以及如何可能。从人对世界的作用看,知识(包括科学)主要关注"是什么"的问题,哲学则进一步从价值的层面追问"意味着什么""应当成为什么"等问题。概而论之,从智慧的层面把握存在,可以理解为对宇宙、人生一般原理的本源性追问,后者具体展开为对世界之"在"与人自身存在的理解。这种追问和理解既构成了智慧之思的具体内容,又从实质的维度展现了哲学的内在品格。

从形式的方面看,哲学同时表现为运用概念的活动。哲学的重要特点之一,就在于用概念的方式展开智慧的追问或智慧的沉思。前面所提到的智慧与知识之辩,更多地从实质层面展现了哲学区别于科学的内在规定:在此视域中,哲学的特点在于超越知识的界限,以智慧的方式去理解世界。当然,这并不是说哲学与科学毫无关联,正如智慧与知识无法截然相分一样,哲学与科学也非彼此隔绝。但在不同于以知识的形式把握世界这一点上,哲学又确实有别于科学。哲学同时以概念的方式理解这一世界,在这一方面,哲学又不同于艺术:如所周知,艺术主要以形象的方式把握世界。与之相关的是形象性思维与逻辑性思维的分野。哲学当然也需要借助想象等方式,但从主导的方面看,它的特点在于以理论思维的方式把握世界,而以理论思维的方式把握世界,则是通过概念的运用而实现的。

历史地看,真正意义上的哲学家,其思想的创造性、独特性总是体现在其核心概念之中。西方哲学史上,柏拉图的哲学,便与他的"理念"概念密切相关,追溯得再早一点,前苏格拉底时期的哲学家巴门尼德,他的哲学则与"存在"等概念相联系。中国哲学同样体现了类似特点,以孔子而言,其思想系统便与"仁"这一概念无法相分,所谓"孔子贵仁",即有见于此。相对于孔子,《老子》哲学以"道""自然"等核心概念为主干。先秦的另一显学墨家,则以"兼爱"为核心概念之一,所谓"墨子贵兼"①,便涉及了其思想的这一特点。可以看到,无论是中国哲学,抑或西方哲学,哲学系统的独特之处或创造性内容,总是以其核心概念为具体载体。

运用概念的过程具体表现在两个方面,其一是概念的生成或构造,其二是概念的分析。所谓概念的生成或构造是指提出新的概念,或赋予某些已有概念以新的内容。哲学家在建构新的哲学体系时,往往或者提出新的概念,或者赋予已有的概念以新的内容,这一过程便表现为概念的构造或概念的生成。除了概念的生成和构造之外,运用概念的另一重要方面,是概念的分析。概念的生成首先是新的概念的形成或已有概念的引申和阐发(赋予其新的内涵);概念的分析则是对既成概念的逻辑分析,包括概念的界定、内涵的解释,等等。从消极或否定性的方面来说,概念的分析也包括对某些概念可能存在的问题、偏向的批评性考察,如揭示某种概念可能包含的歧义或不恰当甚至错误的内涵,等等。如后面将提及的,这一方面的工作,在当代分析哲学中得到了具体的展现。

哲学的研究和思考无法离开概念的运用。如上所述,从形式的层面上看,哲学活动即体现于运用概念的过程之中,后者既包括概念的构造、新概念的生成,也涉及既成概念的分析,这一点,从以往哲学家对哲学的理解中也不难注意到。在谈到哲学的特点时,康德曾指出,"哲学将自己限于普遍的概念","总是通过概念在抽象中考虑普遍",②这里所说的"普遍",涉及存在的统一性,如前面提到的"世界"

---

① 《吕氏春秋·不二》。
② 参见 Kant, *Critique of Pure Reason*, p.578, p.590。

这一普遍概念,便体现了现象的统一。在康德的视野中,通过概念考虑普遍,便包含对存在统一性的把握。同时,康德又认为:"至少就其意向(intention)而言,形而上学完全由先天综合命题构成。"由此,康德进而在更普遍的意义上将哲学与先天综合命题联系起来。① "先天"性规定着知识的普遍必然性,"综合"则表明认识具有新的内容。哲学作为先天综合命题,其"先天性"更多地侧重于形式层面的规定,与之相关的是逻辑分析;"综合性"则关乎新内容的生成与提出,与之相关的主要是概念的构造。在此意义上,"先天综合"同时指向形式之维的概念分析和内容层面的概念构造。当康德把哲学理解为先天综合命题、先天综合判断时,似乎同时也肯定了哲学的活动既涉及概念的分析,也关乎概念的构造。

广而言之,概念的运用同时展开于判断和推论的过程。正如知识通过判断而确立一样,哲学的观点也以判断或命题为表现形式。单纯的概念往往并未表明具体的哲学立场,唯有将概念运用于判断之中,哲学的观点才得到具体展现。仅仅说出"仁",尚未表达确定的哲学观点,唯有形成"仁者爱人""君子无终食之间违仁"等广义的判断,才展示了独特的哲学观念。进而言之,基于概念、通过判断而表达的哲学观念,其展开过程又离不开推论:无论是肯定某种观念,抑或质疑、否定某种观点,都需要给出理由、提出根据、经过论证。从形式的层面看,推论以一定的判断为前提,其结论也表现为某种判断,判断本身则涉及概念之间的联接,在此意义上,判断与推论都表现为概念的运用。

可以看到,哲学作为概念性的活动,总是离不开概念的运用,与之直接相关的,则是概念的构造和概念的分析。当然,在不同的哲学

---

① 参见 Kant, *Critique of Pure Reason*, p.578, p.55, p.591。

家和不同的哲学学派中,以上两个方面常常会有不同侧重:一些哲学家或哲学学派可能偏重于哲学的构造,另一些哲学家或哲学学派也许更侧重于哲学的分析。这一点,在当代哲学中也不难注意到。从世界范围看,20世纪初以来,当代哲学的主要思潮主要展现为现象学和分析哲学。现象学的重要特点在于侧重概念的构造,从胡塞尔开始,现象学便提出了一系列概念,如"意向性"(该概念虽不是胡塞尔先提出来的,但他赋予其以新的内容)、"纯粹的意识""纯粹的自我""本质直观""范畴直观""先验还原",等等。不过,在突出概念构造的同时,现象学对概念的分析往往没有给予同等的注重。由此,这一流派中的哲学系统常常呈现出思辨性、晦涩性:读现象学的著作每每有难以把握、理解困难之感,这与它们比较多地注重概念的构造,而对概念的分析有所忽略显然不无关系。20世纪以来另一重要学派是分析哲学,与现象学不同,它更关注概念的分析,对概念的构造则往往不像现象学那样注重,由此形成的趋向,是哲学的形式化、技术化,后者每每疏离了哲学作为智慧之思这一实质的方面。分析哲学对一些既成概念固然分析得细致入微,但似乎较少在实质意义上深化对世界和人本身的理解,这与它较多地注重概念的分析,而没有对实质层面的概念构造给予同样的关注难以相分。

以智慧为指向,哲学的沉思总是凝结为理论的形态。这种理论的形成,又与哲学的历史无法分离:哲学本身就是体现在哲学的历史发展过程之中,离开了哲学演进的历史过程,我们就无法回答"哲学究竟是什么"的问题。要真正理解哲学的内涵,便需要与哲学家展开"对话"。思考、理解哲学的过程,也可以被看作是回到历史之中、不断与历史中的哲学家对话的过程。这种对话,往往以诠释哲学家的思想为形式,通过以上过程,既深化了哲学理论的内涵,又从一个方面推进了对"哲学究竟是什么"这一问题的理解。

要而言之,在实质的层面,哲学表现为智慧之思,其特点在于跨越知识的界限,从统一、整体的维度把握世界。在形式的层面,哲学展开为运用概念的活动,后者可以视为理论思维实现的具体方式,其中既涉及概念的生成或构造,也关乎概念的分析、批判。综合起来,从把握世界这一视域看,哲学的特点在于通过概念的运用展开智慧之思,由此走向真实、具体的世界。哲学不仅说明世界和人自身,而且以改变世界与改变人自身为指向,并从价值目标、价值理想与实践方式等方面,为人的实践过程提供引导,由此展现其多方面的规范意义。

二

从以上前提考察中国哲学,首先面临如下问题:中国哲学是否具有前面论及的哲学品格和规定？如所周知,与 philosophy 对应的"哲学"一词,出现于近现代,尽管"哲"和"学"两词在历史上早已存在,但现代学科意义上的"哲学"概念,其出现则是晚近之事。从实质内容上看,哲学表现为智慧的追问或智慧之思,这一意义上的"智慧"也是现代概念,尽管"智"和"慧"作为文字古已有之,"智""慧"连用在先秦文献(如《孟子》)中也已出现,自佛教传入后,其使用频率更是渐见其多,但是哲学(philosophy)意义上的"智慧",仍是比较晚近的概念。然而,尽管"哲学"以及与哲学实质内涵相关的"智慧"等概念相对晚出,但这并不是说,在中国传统的思想中不存在以智慧的方式去把握世界的理论活动与理论形态。这里需要区分特定的概念与实质的思想,特定概念(如"哲学"以及与哲学实质内涵相关的"智慧"等)的晚出并不意味着实质层面的思想也同时付诸阙如。历史地看,在实质层面上以智慧的形式把握世界,很早已出现于中国思想的发展过程中。智慧的追问或智慧之思,并不仅仅为西方哲学所独有。

当然,把握世界的以上进路在中国哲学中有其独特的形式,后者具体表现为对"性与天道"的追问。中国古代没有运用"哲学"和"智慧"等概念,但却很早便展开了对"性与天道"的追问。从实质的层面看,"性与天道"的追问不同于器物或器技层面的探索,其特点在于以不囿于特定界域的方式把握世界。作为有别于器物之知的概念,"性与天道"很早就已出现:在先秦的文献如《论语》中便可看到"性与天道"的提法。诚然,孔子的学生曾感慨孔子关于言性与天道之论"不可得而闻也"①。但这并不是说孔子不讨论"性"和"道",毋宁说,这里所指的乃是:孔子对性与天道的论说总是联系人的存在和世界之"在",而很少以抽象、思辨的方式加以谈论。事实上,从《论语》之中,便可以看到孔子对性与天道的多方面考察,这种考察既以人的存在和世界之"在"为背景,又以区别于器物之知的形式具体展开。

总体而言,"性与天道"的追问表现为以不同于知识或器物之知的方式把握世界,分别来看,"天道"更多地与世界的普遍原理或终极性原理相联系,"性"在狭义上和人性相关,在广义上则关乎人的整个存在,"性与天道",合起来便涉及宇宙人生的一般原理。这一意义上的"性与天道",在实质层面上构成了智慧之思的对象。如前所述,智慧之思所指向的是宇宙人生的一般原理,关于"性与天道"的追问,同样以宇宙人生的一般原理为其实质内容。历史地看,从先秦开始,关于"性与天道"的追问,几乎伴随着中国哲学的整个发展过程。特别需要指出的是,中国哲学不仅实际地以"性与天道"的追问这一形式展开智慧之思,而且对这种不同于知识或器物之知的把握世界方式,逐渐形成了理论层面的自觉意识。至明代,学人已开始区分"辞章之

---

① 《论语·公冶长》。

习与性道之学"①,这里的辞章关乎具体之知(修辞、作文),与之相对的"性道之学"则超乎知识之域。明末的高攀龙进一步肯定"性道无穷,学问亦无穷"②,亦即将性道与学问联系起来,并把性道层面的追求(以性道为对象的学问)视为无穷的过程。

更值得注意的是龚自珍对"性道之学"的理解。作为哲学家,龚自珍有其独特的地位:他既可以被视为中国古代哲学的殿军,也可以看作是中国近代哲学的先驱,从而具有承前启后的意义。在中国古代哲学的终结时期,龚自珍已非常自觉地意识到"性道之学"(性与天道的追问)不同于知识层面的探索,这一点,从他所作的学科分类中便不难了解。龚自珍是生活在清代的哲学家,清代的学术趋向主要体现于乾嘉学派,在评价乾嘉学派的重要人物阮元的思想与学术时,龚自珍区分了不同的学科,这些学科分别表现为如下方面:训诂之学(包括音韵、文字)、校勘之学、目录之学、典章制度之学、史学、金石之学、九数之学(包括天文、历算、律吕)、文章之学、掌故之学,以及性道之学。③ 这里特别应当关注的是"性道之学",在龚自珍看来,"性道之学"的具体内容包括经学、理学、问学与德性等方面的思想,为学的过程,总是无法完全离开性与天道方面的思与问,即使是被视为主要关注形而下之域的汉学,也涉及以上问题:"汉人何尝不谈性道?"④相对于性道之学的训诂之学、校勘之学、典章制度之学,等等,属特定的知识性学科,如校勘之学涉及文本的校勘、整理,训诂之学主要关乎文字的理解,典章制度以历史上的各种具体规章、体制的考

---

① 朱宠瀼:《迩言·序》,《迩言》为宋人刘炎所著。
② 高攀龙:《会语》,《高子遗书》卷五。
③ 参见(清)龚自珍:《阮尚书年谱第一序》,《龚自珍全集》,上海:上海古籍出版社,1999年,第225—227页。
④ (清)龚自珍:《与江子屏笺》,《龚自珍全集》,第347页。

察为内容,这些知识学科在宽泛意义上可以视为器物之学或专门之学,与之相别的"性道之学"则不限定于特定的知识领域,而是以性与天道为追问的对象。质言之,器物之学以分门别类的方式把握对象,性道之学则关注宇宙人生的普遍原理。在器物之学与性道之学的分别之后,是知识与智慧的分野。对性道之学与器物之学的以上区分,表明龚自珍已自觉地意识到二者在把握世界方面的不同特点,而"性道之学"则与哲学意义上的智慧之思具有内在的一致性。不难看到,中国哲学不仅在实质上以性道之学的形式展开了智慧层面上对世界的把握,而且已对这一不同于器物之知、不同于专门之技的把握世界方式,形成了自觉的理论意识。

为了更具体地理解"性道之学"作为不同于器物之学或专门之学的特点,这里也许可简略回溯中国哲学如何把握"道"与"技"、"道"与"器"的关系。首先可以考察中国哲学关于"道"和"技"关系的理解。"道"作为普遍的原理,首先区别于"技"。从先秦开始,中国的哲学家已开始对"道"和"技"加以区分,并对此有十分自觉的意识,从《庄子》的"庖丁解牛"篇中便可看到这一点。"庖丁解牛"是《庄子》一书中的著名寓言,庖丁被描述为当时的解牛高手,他能够以非常娴熟、出神入化的方式去分解牛。在解牛之时,庖丁对牛的各个骨骼都观察入微,"手之所触,肩之所倚,足之所履",每一个动作都近乎舞蹈,相当完美;解牛过程发出的声音则如同乐章,非常悦耳。庖丁在解牛之后,常常"提刀而立,为之四顾,为之踌躇满志",表现出自我满足之感。一般人所用的解牛之刀一月就得更换,技术稍好一点也只能用一年,但庖丁的刀用了十九年,依然崭新如初。为什么他的解牛过程能够达到如此高超的境地?根本之点就在于:其"所好者道也,进乎技矣"①,也就是说,他已从具体的"技"提升到"道"的层面。"技"进于"道",这就是庖丁之所以能够达到如上境地的原因。在这里,庄子已自觉地把"技"和"道"区分开来:"技"是技术性的操作,涉及经验性的知识,"道"则超越于以上层面。

与之相近,儒家也对道和具体的器物作了区分。对于道,儒家同样给予了自觉的关注,孔子曾说"朝闻道,夕死可矣"②,其中便体现了对道的注重。儒家的经典《易传》进而从更普遍的层面谈到"道"与"器"的关系,所谓"形而上者谓之道,形而下者谓之器",便表明了这一点。在此,"道"与"器"之别,得到了具体的界定。"器"主要指具体的器物,属经验的、知识领域的对象,"道"则跨越特定的经验之域,对道的追问相应地也不同于知识性、器物性的探求,作为指向形上之域的思与辨,它在实质上与智慧对世界的理解属同一序列。可以看到,在中国哲学中,关于"性道之学"与"器物之学"或"器技之学"的分别,已有十分自觉的意识,这一意义上的"道"(与"技"和"器"相区别的形上之道),可以理解为世界的统一性原理和世界的发展原理,它与作为智慧之思的哲学所追问的对象,具有实质上的一致性。

在通过"闻道"而把握世界之普遍原理的同时,中国哲学也注重对人自身的理解,后者主要通过对广义之"性"的追问而展开。对人的理解在不同学派中有不同的特点,儒家关注所谓"人禽之辨",人禽之辨所追问的,就是何为人的问题。对儒家来说,人之为人的基本品格,就在于具有自觉的理性意识,这种自觉的理性意识又以伦理为其主要内容,从而具体表现为自觉的伦理意识,正是这种伦理意识,使

---

① 《庄子·养生主》。
② 《论语·里仁》。

人区别于其他动物,孟子、荀子等都反复地强调这一点。荀子曾对人与其他存在作了比较,认为人和其他存在区别的根本之点,在于人有"义"。所谓"义",也就是普遍的道德规范以及对这种规范的自觉意识(道德意识)。同时,儒家又把人的理想存在形态与多方面的发展联系起来,孔子所说的"君子不器",便意味着人不应当限定在某一片面,而应该形成多方面的品格。在荀子那里,这一观念进一步展开为所谓"全而粹":"君子知夫不全不粹之不足以为美也。"①"全而粹"就是得到多方面发展的人格。以上可以视为儒家在性道之学(哲学)意义上对人的理解。道家对人的看法,也关乎道的视域。在道家那里,道与自然相通,考察何为人的问题相应地离不开道和自然这一形上前提。当然,道家对人的理解,同时体现了与儒家不同的视域。在道家看来,自然的状态、人的天性是最完美、最理想的形态,真正意义上的完美人格,应该走向或回归这种自然的状态。

尽管儒道两家对于何为人、何为理想的人,有着不同的理解,但是在关心、追问以上问题方面,又有相通之处。对人的存在的这种关切,同样不同于器物层面的理解。从价值观的层面看,在儒道两家对人的不同理解背后,可以看到对仁道原则和自然原则的不同侧重。儒家把人之为人的根本特征理解为人具有自觉的伦理意识,与此相联系,在儒家那里,仁道的原则也被提到突出地位。道家将天性、自然看作是最完美的存在形态,相应于此,在道家那里,自然的原则也被视为最高的价值原则。就广义的价值系统而言,仁道原则与自然原则都不可或缺,儒道两家则分别展开了其中一个方面。

概而言之,以有别于知识、技术、器物之学的方式把握世界,构成了智慧之思的实质内容。西方的 philosophy,中国的"性道之学",在

---

① 《荀子·劝学》。

以上方面具有内在的相通性。当我们肯定传统的"性道之学"包含哲学的品格、具有哲学的意义时,并不是按西方的标准确立哲学的内涵,而是从哲学本身的内在规定出发,把握其特点。在这一理解中,不管是西方的 philosophy,还是中国的"性道之学",其共同的特点在于超越经验层面的知识、技术或器物之学,以智慧的方式把握世界。换言之,在智慧的追问或智慧之思这一层面,中国的"性道之学"与哲学呈现了一致性。

以上是就实质的内容而言。从形式的层面看,前面已提到,哲学同时表现为运用概念的活动——以概念的方式来展开智慧之思。在这一方面,中国哲学同样呈现出哲学的品格。如所周知,中国哲学很早就关注名言问题。名和言既涉及语言,也关乎概念,在此意义上,概念比较早地已进入中国哲学的视野之中。孔子提出正名的学说,后者既有政治学或政治实践的意义,又有认识论、逻辑等层面的哲学涵义。事实上,哲学论域中的性道之学与名言(概念)的运用一开始便无法分离。

中国哲学家对名言的运用,可以从名言的生成或名言的构造与名言的分析这两个方面加以考察。从名言的构造或概念的构造这一层面来说,真正有创造性的中国哲学家,总是通过提出新的名言(概念)来形成自己的哲学系统,并通过概念之间关联的阐述来展开自己的体系。在这一意义上,中国哲学中不同哲学系统的形成和其概念的生成或概念的构造具有一致性。前面提到,孔子提出了"仁"的概念,"仁"是孔子哲学思想的核心概念,除了"仁"这一概念之外,他还提出了"为仁之方",后者涉及如何贯彻"仁"这种理想或原则,所谓"忠恕"就是"为仁之方","忠"即"己欲立而立人,己欲达而达人","恕"则是"己所不欲,勿施于人"。作为"为仁之方","忠"与"恕"构成了仁道思想的重要方面。同时,孔子又具体地讨论"仁"和"礼"

"义"以及"知"之间的关联,如此等等。孔子以"仁"为核心的整个哲学系统,即通过上述概念的提出以及对这些概念之间关系的考察而具体展开。

老子提出"道可道,非常道;名可名,非常名"①,对"可道"之道与"常道"以及"可名"之名和"常名"作了分别,其中也体现了对名言的独特关注。具体而言,这里包含着形上意义中的"名"(常名)和日常意义上的"名"(可名之"名")的区分,它表明,不能用日常的概念、语言去把握形而上的原理。从具体内涵看,老子哲学的形成,也与他所提出的核心概念相联系,其核心概念主要便是"道""自然"。"道"可以理解为形而上的原理,"自然"则体现了价值的原则。以"道"为内涵的形上原理和"自然"所体现的价值原则,构成了老子哲学的主干,而其哲学的形成,则与"道""自然"等核心概念的提出,以及这些概念之间关系的讨论密切相关。

同样,墨子、孟子、庄子等中国哲学家,其哲学也与他们所提出的核心概念相关,以墨家而言,作为儒家之外的显学,其哲学思想便体现于墨子的"兼相爱""交相利"等概念之中,所谓"墨子贵兼",也有见于此。孟子提出"性善""仁政"等概念,由此展开其儒学思想;庄子通过"齐物""逍遥"等概念,建构了其思想世界,如此等等。在以上方面,都可以看到名言的生成在相关哲学系统形成中的意义。

在重视概念生成或概念构造的同时,中国哲学家也注意到概念的分析。尽管后者(概念的分析)没有得到充分的发展,但这并不意味着中国哲学家完全隔绝于概念的分析。事实上,从先秦开始,中国哲学的发展便与名言的分析无法分离。名言的分析首先体现于概念的界定,中国哲学家在提出概念时,常常对相关概念的内涵作多方面

---

① 《老子·一章》。

的解说。以孔子来说,在提出"仁"这一核心概念的同时,他也从不同的角度对"仁"作出界定,如以"爱人"解说"仁",肯定仁的核心内容就是爱人,以此彰显仁所内含的价值原则。此外,他还对"礼"的内涵加以界定,所谓"礼云礼云,玉帛云乎哉"①,便从一个方面体现了这一点。"礼"也是孔子的重要概念,对于"礼",是否可以仅仅从"玉""帛"这些器物层面去理解?孔子的回答是否定的。"人而不仁,如礼何?"②如果不以"仁"为内在规定,则"礼"便只是形式的东西,缺乏实质的内涵。这里便涉及"仁"与"礼"这些不同概念的辨析。

同样,《老子》一方面认为日常的语言很难把握形而上的原理,另一方面又从不同角度对其核心概念进行各种分疏,以"道"这一概念而言,《老子》便对其作了种种界定,如"视之不见,名曰夷;听之不闻,名曰希;搏之不得,名曰微"③,便属于这一类的界说:通过肯定"道"超越于视、听等感知活动,《老子》从一个方面突出了"道"与感性规定的分别。这些解说在宽泛意义上也可视为概念的分析。广而言之,哲学家展开其思想系统的过程,与他们对自身所用名言的具体分析、阐发紧密相联;可以说,名言的分析、阐发过程,同时也是他们哲学系统形成、发展的过程。无论是孔子以"仁"为核心的学说,抑或《老子》的道论,都体现了这一点。

中国哲学家对于名言(概念)的辨析,同时展开于不同学派、人物之间的相互争论之上。中国哲学家很注重彼此之间的讨论、论争,战国时期所谓"百家争鸣",即以不同学派之间的相互争论为内容。孟子曾有"好辩"之名,所谓"好辩",也与概念的辨析相关,其中包含对所批评对象相关概念的分析、评判。"辩"以"知言"为前提,孟子即

---

① 《论语·阳货》。
② 《论语·八佾》。
③ 《老子·十四章》。

肯定自己的所长为"知言",并对"知言"作了如下解释:

> 何谓知言?曰:诐辞知其所蔽,淫辞知其所陷,邪辞知其所离,遁辞知其所穷。①

诐辞、淫辞、邪辞、遁辞等都是名言的特定形式,其特点在于包含不同的偏向。在此,"知言"主要便表现为对这些各自内含偏向的名言作批评性的考察。事实上,哲学家之间的相互"争鸣",总是同时渗入名言(概念)的辨析。这一意义上的论争,每每也发生于同一学派。如荀子与孟子同属儒家,但荀子对孟子却有所抨击。在《非十二子》中,荀子即批评孟子:"案往旧造说,谓之五行。甚僻违而无类,幽隐而无说,闭约而无解。"这里不仅涉及观点的分歧,而且关乎概念的涵义:所谓"僻违而无类,幽隐而无说,闭约而无解",便是指孟子的相关概念表述晦涩(幽隐)、不合逻辑(无类)、缺乏论析(无说)。这种批评是否合乎孟子思想的实际状况,或可讨论,但其中确乎可以注意到对概念的批评性分析。

进而言之,在中国哲学的衍化中,很多新思想的阐发,往往通过注疏或注解的方式展开,如王弼的《〈周易〉注》《老子〈道德经〉注》,朱熹的《四书章句集注》、王夫之的《张子〈正蒙〉注》,等等,便是借注解以阐发自己的思想,这种注疏、注解的方式,也内在地包含名言(概念)的分辨和解析。佛教传入后,中国的一些佛教流派(如唯识宗),进而关注名相分析,后者更具体地以概念(名相)分析为其内容。可以看到,运用名言(包括名言的分析)来展开"性道之学",构成了中国哲学的重要特点,其中名言(概念)的运用既包括概念的生成和构造,也兼及概念的分析、明辨。在这一层面,中国的"性道之学"同样

---

① 《孟子·公孙丑上》。

体现了哲学以概念的形式把握世界这一普遍特征。

以名言的形式展开的"性道之学",其具体的内容涉及前面提到的多重问题。康德曾提出了四个问题,其中涉及哲学的不同方面,中国的"性道之学",也可从这些方面加以考察。首先是"我可以知道什么",与之相关的是认识论问题。通常认为中国哲学主要讨论伦理学或道德问题,对认识论不太注重,事实上,中国哲学也从独特的方面对认识论问题作了考察。以孔子而言,他曾提出一个著名的看法,即"知之为知之,不知为不知,是知也"①。这一表述的重点在于肯定无知和知的联系:自己知道自己处于无知的状态,这本身也是一种知,即自知无知。知和无知的这种统一,同时被理解为认识(知)的出发点。这一思想表明,中国哲学已较早地从"知"的开端,对认识论问题加以考察。认识论问题同时涉及认识的可能性、认识的界限等方面,中国哲学中的另一些人物从否定的方面对此提出质疑。庄子曾指出:"吾生也有涯,而知也无涯,以有涯随无涯,殆矣。"②这里便包含对认识界限的确认,与之相联系的是对超出知识的界限是否可能的质疑。在以上方面,中国哲学对知识问题的讨论既表现在关于认识如何开端的探讨,也表现在知识是否有界限、超出知识的界限是否可能等问题的追问。认识论问题的进一步考察,涉及能所关系。"能""所"概念的形成,可能与佛教的传入相联系,后来逐渐成为中国哲学家用来解释认识过程的重要概念。能所中的"所",不同于本然之物,而是与人发生关系、为人所追问和作用的对象,所谓"境之俟用者";"能"则是指能够具体运用相关对象之上,并产生一定的作用和效果的认识力量,所谓"用之加乎境而有功者"。在此,能与所紧密

---

① 《论语·为政》。
② 《庄子·养生主》。

联系在一起。从能所之间的关联看,一方面,"因所以发能",能知的作用要以所知的存在为前提;另一方面,"能必副其所",能知通过作用于所知而获得的认识,必须合乎所知。对"能所"关系的以上理解与哲学认识论意义上的主客体关系,具有实质上的相通性。可以看到,尽管中国哲学没有在现代意义上运用"主体""客体"等概念,但在实质的层面,同样涉及相关认识论问题。

康德提出的第二个问题是"我应当做什么",在这一问题的探讨方面,中国哲学展现了更为丰富的资源。中国哲学对道德哲学、伦理学的考察,具有深厚的传统。孔子很早就已提出"修己以安人"。"修己"首先与人自身的道德涵养相联系;"安人"则更多地关乎社会的安定、社会价值的实现。在孔子看来,人一方面应当按照仁道的原则来自我塑造、提升自己,这一意义上的"修己"就是改变人自身。另一方面,人又应承担社会的责任。对孔子来说,承担对自我的责任与承担对社会的责任不可相分,两者都是人"应当"做的:自觉地去履行对自我和社会的伦理责任,这就是孔子所理解的一般意义上的"应当"。道家对"应当"的理解更多地与天人之辩相联系,并以自然或天性的理想化为前提。由此出发,道家认为人"应当"做的,就是按自然的原则,维护、回归自身的天性,《老子》所谓"道法自然"、庄子所谓"无以人灭天",等等,强调的便是这一点。可以看到,尽管儒家与道家对"应当做什么"这一问题的理解有不同的侧重,但两者都涉及对相关问题的思考。

康德提出的第三个问题是"我可以期望什么",与之相关的终极关切问题,在中国哲学中同样有其独特的表现形式。孔子提出"志于道",亦即以道作为人追问、努力的方向。对孔子而言,人生的过程,应该始终朝向道、追求道。后来,宋明理学家进一步提出"为天地立心,为生民立命,为往圣继绝学,为万世开太平",其内在含义在于确立人在宇宙天地中的主体地位,关怀天下大众,延续文化的命脉,实现永久的安平。按儒家的理解,这就是人应当追求的终极目标。宽泛而言,以上观念也可以理解为与"我可以期望什么"相关的终极关切。在儒家那里,这一意义上的终极关切同时又和人的日用常行相互关联。中国人很少分割此岸与彼岸两个世界,而更趋向于把终极关切和现实存在中的日用常行紧密联系在一起。这一点,在《中庸》中有具体的体现。《中庸》提出"极高明而道中庸","极高明"表现为终极的关切,它与"志于道"意义上的终极追问相一致。所谓"道中庸",则强调应在日用常行中去实现终极意义上的关切。可以看到,中国哲学一方面包含着"我可以期望什么"这一问题所涉及的终极关切,另一方面在如何展开终极关切方面又有自身的特点,后者主要体现在肯定终极关切和日用常行的关联,从而与一般意义上的宗教走向有所不同。

最后,康德提出了"人是什么"这一综合性的问题,以"何为人"为内涵,这一问题首先涉及中国哲学所讨论的人禽之辨,其论域关乎对人的理解,这方面的具体内容前面已提及。在引申的意义上,对人的理解又与历史过程的关切相联系。在后一方面,中国哲学也表现出自觉的理论意识。儒家很早已形成深厚的历史意识和传统意识,历史意识的重要之点体现在肯定历史发展过程的延续性。孔子曾提及:"殷因于夏礼,所损益可知也;周因于殷礼,所损益可知也。其或继周者,虽百世,可知也。"[1]殷上承夏代、周继承殷代,其中既有延续,也包含着变革(损益),此后如有继周而兴的朝代,虽然百世,也可预知。这里肯定了历史可以预知,而历史可以预知的前提,则是其前后衍化具有延续性,而非断裂间隔、变迁无序。在肯定历史发展连续

---

[1] 《论语·为政》。

性的前提下注重以往察来,其中无疑包含着历史哲学的观念。

中国哲学在理解历史过程时,往往运用"势"和"理"这一类概念。柳宗元在考察封建制(有别于郡县制的分封制)起源的时候,便指出,"封建非圣人之意也,势也"①,封建制(分封制)的形成,并不是圣人个体意志的结果,而是历史大势使然。王夫之进一步从理论上对理势关系做了概括:"于势之必然处见理,势既然而不得不然,则即此为理也。"②这里的"势"与"理"彼此相关,但二者并非完全重合、等同,相对于"理","势"涉及多重方面,"理"所体现的,主要是"势"之中包含的必然趋向,所谓"于势之必然处见理",强调的也正是这一点。从理势统一的角度去理解历史的过程,显然在更深的层面上体现了历史哲学的思想。

在注重历史过程的同时,中国哲学很早就开始讨论礼法关系,关注人的存在过程中社会秩序的生成及其条件。先秦诸子之间的重要论争之一就是礼法之辩。后来儒家有内圣外王之学,其中的外王之学更多地涉及政治实践及其原则等方面的问题。就此而言,礼法之辩、外王之学,以及与之相关的王道理想、德治主张,都与宽泛意义上的政治哲学相涉。同时,在中国哲学中,伦理的问题与政治实践始终紧密相关,孟子将孔子的仁道原则展开为仁政主张,便具体地展现了这一点。从以上方面看,与"人是什么"相关联的问题既涉及历史哲学,也关乎政治哲学。中国哲学对这些问题的讨论,经历了绵长的过程。

从哲学的规范性层面看,中国哲学很早就把"明道"和"行道"联

---

① (唐)柳宗元:《封建论》,《柳河东集》第 1 册,上海:上海古籍出版社,2008 年,第 44 页。
② (清)王夫之:《春秋家说》卷九,《船山全书》第 5 册,长沙:岳麓书社,1992 年,第 238 页。

系在一起。"明道"主要是对性与天道的追问,它与说明世界、解释世界有着更多的联系;"行道"则意味着把"性道之学"化为人的践行,由此来改变世界、造就人自身。明道和行道统一,隐含着对性道之学(智慧之思)规范意义的肯定和关注。《中庸》进一步提出:"天命之谓性,率性之谓道,修道之谓教",这里的"教"内在地蕴含引导、规范之意,"性""道"与"教"的以上关联,也从一个方面展现了"性道之学"的规范性之维。

以上趋向可以通过对儒道两家思想的考察,作一简要的说明。如所周知,儒家很早就提出了"成己"和"成物"的观念,"成己"意味着成就人自身,亦即按照儒家的价值原则、价值理想来改变人;"成物"则是成就世界,包括自然层面对天地万物的变革,与此相联系的是"赞天地之化育""制天命而用之"、化"天之天"为"人之天",等等,这些观念都包含按照人的理想、价值理念去改变世界之意。同样,在社会领域中,儒家追求王道或外王的理想。王道理想的推行,意味着在社会政治领域实现世界的变革,这也属于广义上对世界的改变。在如上的改变过程中,"性道之学"层面对世界的理解、对宇宙人生原理的把握(明道),进一步化为引导改变世界与改变人自身的实际践行(行道)。在这里,"性道之学"或中国哲学所具有的引导意义和规范意义,得到了自觉的体现。

从形式层面上看,道家讲自然无为,似乎不很重视实际践行。然而,事实上,道家在实质层面同样对实践过程给予多方面的关注,而并不是无条件地否定"为"。道家所说的"无为",并非一无所为。在道家那里,"无为"往往被理解为特定的"为",所谓"为无为"[①],便是以"无为"的方式去"为",而不是完全无所作为。什么是以"无为"的

---

① 《老子·三章》。

方式去"为"？这里的"无为"，可以理解为完全合乎道或与道为一，与之相关的"为无为"，则是以合乎道的方式去"为"，后者即是道家所追求的"为"。这一意义上的"为"与"道法自然"的观念紧密相关，其中同样体现了对道的追问和理解（明道）与具体践行（行道）的一致性。在道家看来，道作为终极原理，同时构成了实践过程中应当遵循的普遍原则，"道法自然"意味着应当循道而行。不难注意到，道家对"性道之学"（哲学）所具有的规范意义，也在实质层面作了肯定，"性道之学"与行道过程，则相应地呈现相关性。

综合起来看，在不同于"技""器"层面的追问、以区别于器物之知的方式把握世界等方面，中国的"性道之学"与跨越知识界限的智慧之思具有一致的内涵。就此而言，中国性道之学显然是真正意义上的哲学。尽管在具体表述上，中国谈"性道之学"，西方讲 philosophy，但两者的实际指向则并无根本不同："性道之学"与哲学，都是智慧之思，其实质的内涵彼此相通。从形式层面看，哲学离不开概念的运用，其中既关乎概念的构造，也包括概念的分析。同样，性道之学也涉及名言的生成和名言的辨析。魏晋时期进一步提出辨名析理，"析理"以性道为内容，"辨名"则关乎名言（概念）的分析，由此，"性道之学"与名言（概念）之间的关联得到了更自觉的肯定。在具体的论域方面，以康德所提到的问题而言，中国的性道之学同样在实质层面上包含着对相关领域和问题的思考。从哲学何为这一层面看，中国的"性道之学"对智慧之思所具有的规范意义和引导意义，也给予了自觉的关注。从以上方面看，中国的"性道之学"显然包含着哲学的内涵，属于实质意义上的哲学。

三

在明了中国哲学作为哲学的同时,需要关注另一些相关的问题。首先是肯定哲学为智慧之思与确认智慧探索本身的多样性这两者之间的关系。如前面所论,哲学表现为对智慧的追问或以不同于知识的方式把握世界,这是其普遍的品格,无论"philosophy",抑或"性道之学",都具有以上特点。从具体展开过程看,智慧之思又表现为多样化、个性化的过程。历史地看,西方哲学的衍化经历了古希腊哲学、中世纪的经院哲学、近代大陆理性主义和英国经验论、德国思辨哲学、现代的分析哲学和现象学等发展形态,不同时期的哲学呈现出不同面貌,其论域的侧重之点、运用的概念也有历史层面的前后差异。就中国哲学而言,从先秦、两汉、魏晋、隋唐、宋元明清,到近现代,在不同的时期中,"性道之学"或哲学的发展也取得了不同的品格,具有多样的内涵和侧重之点。这样,一方面,中国哲学和西方哲学都以智慧的方式去理解、把握这一世界;另一方面,在历史发展过程的不同时期,二者又都呈现不同的特点。

不仅如此,在同一历史时期,不同哲学家的思与辨,也往往各有自身的特点。以古希腊而言,从前苏格拉底时期的巴门尼德、德谟克利特、毕达哥拉斯,到后来的柏拉图、亚里士多德,每一哲学系统都有自己的个性品格,其智慧探索的方式、侧重之点、理论立场,等等,也存在明显的差异。从中国古代哲学看,老子、孔子、墨子、孟子、庄子、荀子,其思想也面貌各异,有独特的个性。质言之,哲学之思一方面表现为智慧的探索,另一方面又展开为多样化、个性化的过程。

这种不同的形态和特点不仅仅体现于哲学发展的不同历史时期或同一时期不同的人物和学派,在宏观的层面,它也内在于不同的哲学传统。以中西哲学而言,如前所述,中国哲学与西方哲学都表现为以不同于分科之学或器物之知的方式把握世界,都涉及对世界和人自身的存在或性与天道的追问,但在具体的侧重上又呈现出不同的特点。从"性与天道"的追问看,比较而言,中国哲学也许更多地侧重于"性"或人的存在问题,西方哲学则相对地较为注重对"天道"、世界之"在"的追问。当然,必须强调,以上区分只具有相对意义:事实上,中西哲学都涉及"性与天道"、世界之"在"与人的存在。不过,在侧重点上,又确实可以看到二者所呈现的某些不同趋向。

从概念的运用看,中西哲学都关乎概念的构造和概念的分析。不过,比较而言,中国哲学固然既注重概念构造,也关注概念的辨析,但在概念的分析这一方面却显得相对薄弱。冯友兰曾区分形式的体系和实质的体系,从这一区分看,中国哲学更多地注重实质性的体系,而不是通过严密的、形式化的形态来展开自己的哲学系统。相对于此,西方哲学在比较早的时候就开始对形式的层面给予比较多的关注,与之相关的概念分析也显得更为细致。中西哲学的以上不同特点从一个方面解释了为什么中国哲学在很长的时期中不被视为真正意义上的哲学:从形式的层面看,中国哲学在概念的辨析、形式的系统方面,确实有别于西方哲学,这种差异在一定意义上构成了西方主流哲学家质疑中国哲学是否为哲学的原因之一。中国哲学在以上方面的相对薄弱,同时也为当代中国哲学为什么较为认同现象学提供了解释:相对于分析哲学,现象学更多地表现出对概念构造的注重,而在概念的分析这方面则未能给予同样的关注,在注重概念的构造、对概念辨析相对薄弱这一点上,中国哲学和现象学似乎呈现出某种相关性,从而,二者在理论上也容易相互趋近。

哲学同时具有规范性,在这方面,中国哲学和西方哲学也呈现相近的趋向:两者都肯定哲学或"性道之学"对成己与成物的引导意义。

但是,在"成己"和"成物"这两个层面上,两者又有不同的侧重。比较而言,中国哲学可能更多地侧重于"成己",或者说,对"成己"过程作了更多的考察,西方哲学则对"成物"这方一面作了更系统的研究。当然,需要指出,这并不是说中国哲学完全忽略"成物"、西方哲学纯然无视"成己",事实上,如前所述,成己与成物都构成了中西哲学的题中之义。不过,相对地看,两者在侧重点上又确乎呈现某种差异。

就中国哲学本身而言,肯定"中国哲学为哲学",首先意味着应当对中国哲学中与"性道之学"相关的内容给予高度的重视。如前所述,"性道之学"表现为不同于器物之知的智慧之思,关注以往哲学系统中所内含的"性道之学",其实质的意义便是把握其中的哲学内涵。从哲学研究的角度看,需要避免前面提到的"还原"趋向,即把哲学还原为哲学史、把哲学史的研究还原为思想史的研究、把思想史的研究还原为学术史的研究;如此还原的理论后果,往往是中国哲学的虚无化,"以中释中"的主张,便多少表现出如上理论偏向。

从形式的层面看,需要对概念的生成或构造和概念的分析给予同样的关注。概念的生成或构造更多地与冯友兰所说的"接着说"相联系,其意义在于推进哲学的思考、形成新的哲学系统。如果没有概念的生成或构造,哲学就难以发展,新的形态便无从形成,因此,对概念的构造、生成要给予高度重视。前面已提及,新的哲学系统的形成、对相关问题理解的推进,往往是通过概念的生成或构造而实现的。哲学研究不仅要"照着讲",而且也需要"接着讲",后者即离不开概念的生成或构造。同时,中国哲学又需要关注概念的分析。概念的分析包括概念的辨析、概念的界定,对概念之间关系的把握、对所提出之观点的论证,以及对既成概念的批评性考察,等等。可以看到,这一层面的概念分析,是就广义而言,包括概念的辨析、观点的批判以及逻辑的论证。

在中国哲学的研究中,概念的生成或构造和概念的分析不能偏执一端。若只有概念的分析,而无概念的生成或构造,则往往将导致智慧的遗忘。在遗忘智慧的背景下,哲学每每容易成为某种技术性、形式化的空洞形态,其中难以获得活生生的智慧内涵,当代的分析哲学常常表现出这一偏向。反之,如果仅注意概念的构造,而忽视概念的辨析,则可能将哲学变为思辨、抽象、晦涩的系统,使之无法真实地把握世界,当代的现象学在某些方面似乎趋向于此。要而言之,在中国哲学的研究中,实质与形式难以相分:实质之维的智慧追寻,内在地要求在形式层面达到概念生成与概念分析的相互统一。

(本文系作者2013年3月在浙江大学的讲演,根据录音整理,原载《社会科学》2013年第8期)

中国哲学:问题及其衍化

按其本义,哲学表现为对智慧的个性化、多样化探求。在中国哲学中,智慧之思具体展开于性与天道的追问,后者通过多样的问题而得到具体的展现。以中国古代哲学的历史发展为前提,现代中国哲学既从新的层面回到了智慧,又以新的形态延续了智慧的沉思。

一

中国哲学的历史演进包含着内在的思想脉络,把握以上脉络,则需要抓住一些基本的哲学问题,并由此深入地揭示不同的学派和人物如何通过各自的探索,层层推进对相关问题的理解。具体地说,可以从如下方面加以考虑。首先是个体性与普遍性、个体与整体的关系问题。在中国哲学的历史演进中,上述关系展开于不同的方面。从天道观或本体论、形而上的层面来说,这里涉及殊相和共相、个别和一般等关系。道家从《老子》开始就讲道和德的统一,所谓"尊道贵德","道生之、德蓄之",等等,都表现了这一点。儒家则很早就关注个体与群体的互动,宋明时期的儒学进一步提出"理一分殊",其中也涉及个体和整体、殊相和共相的关系问题。在道家关于"道"和"德"关系的讨论中,内在地隐含着对统一性原理与个体性原理的某种沟通。当《老子》强调"尊道而贵德"时,便已明确地表明了这一立场:"道"表现为存在的统一根据,"德"相对于"道"则更多地呈现为特殊的规定,"尊道"意味着由现象之域走向存在的终极根据,"贵德"则蕴含着对个体的关注;在"尊道贵德"之后,是对统一性原理与个体性原理的双重确认。以上问题在儒家的"理一分殊"说中也得到了体现。作为一个哲学命题,"理一分殊"有其复杂的内涵,它最早出自程颐,所谓"《西铭》明理一分殊,墨氏则二本而无分"①。这一语境中的"理一分殊"主要与道德原则及其作用方式相联系。朱熹对此作了引申,使这一命题同时具有本体论的意义。在解释太极与万物的关系时,朱熹指出:"二气五行,天之所以赋授万物而生之者也。自其末以缘本,则五行之异本二气之实,二气之实,又本一理之极。是合万物而言之,为一太极而已也。自其本而之末,则一理之实,而万物分之以为体。故万物之中,各有一太极,而小大之物,莫不各有一定之分也。"②太极是理的终极形态(所谓"一理之极"),由经验对象(末)追溯存在的本原,则万物源于五行,五行产生于阴阳二气,二气又本于太极,故太极为万物的最终本源;自终极的存在向经验领域

---

① (宋)程颢、程颐:《二程集》第1册,北京:中华书局,1981年,第609页。
② (宋)朱熹:《通书注·理性命》,《朱子全书》第13册,上海:上海古籍出版社、合肥:安徽教育出版社,2010年,第117页。

下推,则太极又散现于经验对象。在这里,"理一"意味着理为万物之本,"分殊"则表明理在多样的事物之中规定着特定的对象,二者从不同方面体现了理的普遍制约。在中国哲学中,一些哲学家比较注重统一、整体的一面,一些哲学家对个体更为关注,另一些哲学家则试图扬弃两者之间的张力。在这一过程中,对个体与整体、个别与一般关系的理解也逐渐趋于深化。

从人道观来说,个体和整体的关系涉及己和群、自我和社会等问题。这些问题的讨论既指向历史观,也关联认识论。需要注意的是,中国古典哲学的理论表述并不像以往一些流行之论所理解的那样,似乎知识论、伦理学、逻辑学、自然观等都界限分明。就现实的形态而言,在中国哲学中,以上问题并非截然相分。以人道观中关于个体和群体关系的讨论而言,其中便既内含人生观、伦理学的问题,也关乎历史观的问题。我们在具体地把握时,需要注意中国哲学已有的概念、命题中所包含的多方面涵义:它们往往并非仅仅涉及某一领域(如认识论或本体论等)。事实上,更多情况下,这些问题往往交错在一起。当然,充分把握这一特点,并非易事。总之,一方面,要揭示中国哲学中不同概念、命题背后所隐含的哲学涵义,不能笼统、混沌地只是用现代汉语来复述这些概念;但另一方面,又不应忽视中国哲学讨论这些问题的特殊性、复杂性,避免用简单切割的方式来处理。

作为中国哲学的重要学派,儒家不仅在人道观的领域确认群与己的统一,而且也从人格培养的角度具体地涉及以上问题:孔子所谓"志于道,据于德",便肯定了人格培养中普遍的理想(道)与个体的内在根据(德)之间的统一。进而言之,中国哲学中个体和整体的关系也体现于名实关系之中,如名学对所谓"别名"与"共名"的区分,便关乎以上关系。可以看到,个体与整体的关系这一类问题不仅在不同学派中各有体现,而且其问题的内涵也有多样维度。对个体与整体、个别与一般关系的讨论，具有重要的哲学意义，这一点在中国现代哲学中同样得到了某种确认。广而言之，在西方哲学中，从古希腊开始，共相与殊相的关系便受到了各种关注。柏拉图以普遍的理念为真实的存在，强调的是共相，亚里士多德以第一实体为最基本的存在，而第一实体便表现为个体。这种不同的侧重之后，便是对个体与整体关系的不同理解。后来欧洲中世纪的唯名论与唯实论之争、近代哲学中经验论与唯理论之辩，都在不同意义上延续了以上问题的讨论。中国古代哲学对技与道、器与道以及群与己等关系的讨论，既折射了哲学的普遍问题，也展示了自身对问题思考的特点。

中国哲学所展开的第二个基本的问题，是理性和非理性的关系。这里不谈理性与感性而讲理性与非理性，是为了更具体地展现中国哲学的特点。非理性既包括感性，也涉及情、意、直觉、想象等方面，中国哲学中如道家、禅宗对直觉便非常关注，这些现象显然不是理性和感性的概念所能涵盖的，而是涉及更广意义上理性和非理性的关系。从总体上看，在对道的追求中，理性和非理性往往错综复杂地交织在一起，这里既有理性与感性之辨，也有理性与直觉、想象、意志等规定的互动。

上述问题的体现形式同样是多方面的。在考察如何知物、如何明道时，中国哲学史上的一些哲学家比较注重其中的理性方面，一些哲学家相对侧重于感性的方面，孔、墨的分野便比较明显地体现了这一点。另一些哲学家往往对非理性中的直觉更为关注，如《老子》提出"为道日损"，认为唯有将已有的知识经验加以消解，才能把握道，而与之相关的把握存在的方式具体表现为"静观玄览"，其涵义与直觉有更多的联系。

在人格培养和伦理学领域中也涉及以上问题。中国哲学肯定情和意，但亦非无视理性。以儒学而言，在理解道德实践和人格时，儒学中的一些人物一方面注重道德行为与人格培养中"恻隐之心"等情感的作用,后者即属狭义理性(认知层面的理性)之外的方面,另一方面又关注义、礼的引导,后者则涉及价值层面的理性规范,它赋予行为以自觉的性质。孟子一方面讲"大体"、重"心之官",另一方面又以"恻隐之心"等情感为仁之"端"。"心之官"更多地与"大体"相联系,体现了理性的规定,"恻隐""羞恶"则都与情感相关,其中涉及伦理行为的动因、道德品格的培养等问题。以上问题往往并非仅仅限定于某一个方面,而其中的理性则相应地涉及不同层面。从现代哲学的视域看,围绕这些问题而展开的讨论常常关乎不同的哲学领域,如认识论、伦理学、本体论,等等,而理性与非理性(情意等)的关系则每每交错于其中。

　　理性和非理性的关系同时关联着对人自身的理解。对人的理解,与"何为人"这一问题相联系,后者也涉及多重哲学领域。作为具体的存在,人之为人的主要规定是什么?在中国哲学的一些学派和人物那里,理性的规定被看作是人之为人的最主要方面。前述儒家的"人禽之辨",便将伦理理性(仁、义等)看作是人的本质属性。另一些哲学流派,如墨家,则将人的耳目之官、感性的规定,放在更为重要的地位。可以看到,各家各派对人的理解往往存在不同偏向,而到了一定的历史阶段,在一些哲学家那里,则试图扬弃对人的单向度理解,克服理性和非理性的对峙,从一定的层面确认理性和感性、理性和非理性在人之中的统一。明清之际的王夫之,便多少表现了如上意向。

　　可以看到,理性和非理性的关系体现于知物与知人的过程,便展开为大体和小体、心之官和耳目之官等问题的辨析;体现于道德领域,则关涉人格的培养和完善的道德行为,其中也涉及理性和情意之间的关系:在人格培养中,仅仅用理性说教的方式去进行外在灌输,还是同时"动之以情",通过情感沟通等方式加以引导;从行为方式看,仅仅是服从、遵循外在之礼或普遍之理,还是同时也注重个体的内在意愿,等等。

中国哲学所涉及的第三个基本方面,是相对和绝对的关系。冯契先生在他的《中国古代哲学的逻辑发展》中也将其作为一个重要的方面。相对和绝对的关系既展开于对世界的认识,也体现于人的实践过程,从能知与所知的关系看,注重绝对性的哲学家往往以独断论或绝对主义为其立场;而注重相对性的哲学家则常常会表现出某种怀疑论、相对主义的倾向,二者的论辩相应地首先表现为怀疑论、相对主义和独断论之间的区分。在人的实践过程中,这些问题也每每得到不同层面的体现。儒家很早就讨论"经"和"权"的关系。"经"和"权"之辩背后所蕴含的就是相对和绝对的关系问题。"权"意味着承诺和容忍行为准则、价值原则的相对性,肯定不同的时间、地点、条件对人的行为的制约,并相应地注重对具体情景的分析,而"经"则更多地突出原则的绝对性。

从总的方面看,可以从以上诸种问题,来考察中国哲学的不同学派、人物、思潮在中国哲学演化过程中各自呈现的意义,具体分析不同的理论侧重如何使之成为哲学史演化的不同环节,而它们本身又是怎样被扬弃和克服的。如此,具有内在脉络的演化过程就可能被揭示出来。如果忽略这些基本环节,往往就会流于对个案的琐碎描述和材料罗列。

除了具有普遍意义的哲学问题之外,中国哲学史还包含一些具体的论题,诸如"天人之辩""礼法之辩""王霸之辩""名实之辩""有无之辩""形神之辩""力命之辩""心物、知行之辩""道器、理气之辩",以及"博学"和"坐忘"、"性"和"习"、"道问学"和"尊德性"等关系的论辩。这些具体问题与上述哲学基本论题相互关联,可以看作是一般的哲学问题在中国哲学中的具体体现,在从普遍的视域和层面考察中国哲学史时,需要特别关注这些体现中国哲学独特品格的论题。

这里同样也有双重维度:一方面要注重中国哲学所特有的诸种概念、命题,另一方面应进一步揭示这些命题、概念之后隐含的哲学内涵,二者都非常重要。中国哲学独特的哲学论题背后究竟包含怎样的哲学意义?对此显然需要进行恰当的分析,如果缺乏关于以上问题的深入而实质的讨论,便常常容易导向有历史而无哲学。但同时,也不能忽视一般的哲学问题在中国哲学史中的具体表现形态,否则将导致有哲学而无历史。总之,哲学史的研究既要提供有历史的哲学,又应再现哲学的历史。

综合起来,一方面,要关注中国哲学的独特性,包括中国哲学史上的哲学家对问题的提法、表达问题的形式、讨论问题时所运用的概念、术语所具有的特点,等等。如果不充分地注意这些独特性,就容易把中国哲学史变成冠以中国哲学之名的西方哲学史。另一方面,则应深入地揭示中国特有的表述方式、概念、命题系统背后所隐含的哲学意义。就后一方面而言,在具体分析中无疑需要运用诸如本体论、认识论、逻辑学、伦理学、历史观、历史哲学这样一些哲学理论、哲学范畴。以为一旦运用这些哲学理论、哲学范畴就意味着把中国哲学西方化,显然未能把握问题的实质。这里重要的是分析是否确切,而不是要不要进行上述方面的分析。如果仅仅满足于思想材料的罗列,便无法展现具有时代意义的中国哲学史。

二

步入近代以后,中国哲学的形态出现了重要的转换。中国近代哲学和中国古代哲学在讨论问题的内容、风格以及形态上既有历史的承继性，又呈现出多方面的差异。秦汉以降，中国古代哲学演化的社会背景基本上处于相对稳定的形态，这一特点也体现于中国古代哲学。近代以后，时代发生了剧烈的变化，这种变化同样也折射于中国近代哲学之上。

考察中国近代哲学，需要充分注意它与古代哲学的不同特点。冯契先生在著述中国古代哲学与中国近代哲学时，曾分别以《中国古代哲学的逻辑发展》与《中国近代哲学的革命进程》为题，"逻辑发展"和"革命进程"便反映了两个时代的不同特征。从中国近代哲学发展的背景看，应关注两个方面，一个方面涉及观念，这一层面主要与"西学东渐"相联系，后者对中国近代哲学的内容与形式都产生了实质性的影响，可以说，西学东渐和中西哲学间的互动构成了考察中国近代哲学的重要前提。第二个方面关乎社会的变迁。关于近代社会的变迁，有诸如"三千年未有之大变局"之类的表述，这也从一方面反映了近代时期社会变化的剧烈。近代社会变迁的历史内容表现为从前近代或前现代不断地走向近代或现代。这种变迁本身又包括器物、制度、观念等不同层面。相应于"师夷之长技以制夷"的是器物层面的变化，变法、维新所追求的是制度层面的变化，与价值观、世界观以及社会历史观相联系的则是观念层面的变化。在近代和现代社会的历史演进中，这些变化的脉络可以从不同的方面加以把握。

从哲学本身看，需要进一步注意两个方面。首先，从内容上说，如前所述，冯契先生曾以"革命进程"概括中国近代哲学的演化，所谓"革命进程"，可以从哲学考察方式、问题的转换以及哲学内容的变革等角度去理解。近代以来，哲学考察方式、哲学问题的转换和哲学内容的变革是显而易见的。以"天道观"而言，传统哲学对世界的理解更多地带有思辨性、直观性，相对而言，近代哲学对世界的理解则更多地与实证科学的认识成果相关联,尽管其中不乏牵强、附会之处,而且其所理解的科学与真正意义上的实证科学往往也有距离(如19世纪末、20世纪初,中国哲学家常常还运用"以太"等概念,并以此来解释传统哲学的某些观念),然而,对实证科学的关注,毕竟使其哲学具有了某种近代形式。在人道观上,关于个体和社会的关系,近代哲学对个体权利每每给予了具体的肯定,对人格的多样化也表现出较多的注重,其中蕴含着从单一的"成圣"到成就多样的平民化人格等思想变迁,这些方面都从不同角度体现了哲学内容的变革。

其次,从形态上看,中国近代哲学表现为不断走向近代和现代,亦即由古典形态转换为近代和现代的形态。对于这种内在趋向,我们也可以从两个方面加以分析。一是形式的方面,在这一层面,以上变化更多地表现为从注重实质体系向同时关注形式体系的转化。在"五四"之后的那些专业哲学家那里,这一点表现得十分明显。冯友兰曾区分了"实质的体系"和"形式的体系"。实质的体系固然也有一个核心观念(或宗旨),但这种核心观念(或宗旨)并不是通过形式化的方式来展开,中国古代哲学的不同系统,主要便表现为这样一种实质的体系。到了近代,很多哲学家已经注重从形式方面来展开其哲学体系,如前所述,五四以后的专业哲学家便对此做了自觉的努力,在冯友兰、金岳霖等哲学家那里即不难看到这一点。与此相关的是注重逻辑分析。从总体上看,中国传统哲学对形式逻辑往往注意不够,体现在哲学上,便是在逻辑分析方面显得相对薄弱。从实质体系到形式体系的转换以及注重逻辑分析是相互联系的,它们从形式方面体现了中国哲学走向现代的具体特点。第二个层面体现于哲学问题的讨论和哲学领域的分化。中国古代是在天道观、人道观这一类总的概念、范畴之下讨论对世界的认识和对人自身的认识。这里当然也涉及本体论、伦理学、认识论、逻辑学等问题,但这些问题的讨论都是在广义上的天道观、人道观和对道的追问等视域之下展开的。到了近代以后,哲学的领域、讨论的问题开始渐渐分化。以传统的天道观而言,其近代形态便开始与本体论、宇宙论相关联;人道观则具体地展开为伦理学、历史哲学、政治哲学等论域;传统意义上的知行之辩,开始走向现代意义上的认识论,名实之辩则转换为现代意义上的逻辑学,如此等等。哲学论域的不断分化和哲学逐渐走向现代形态,在中国近代往往呈交错的形态。要而言之,在中国古代哲学中,多样的哲学问题常常涵盖、凝结在道的追求这一总体形态之下,到了近代以后,这些问题的讨论开始以现代的方式,展开于不同的领域。

从总的发展过程看,中国哲学的智慧追寻发端于先秦,在现代哲学中发展到一个新的阶段。以冯契先生的"智慧说"而言,作为现代中国哲学的系统,"智慧说"在形式和实质上都上承了中国哲学的智慧历程,并从一个侧面表现了中国哲学在智慧之思上的绵绵相继。从更广的意义说,中国现代哲学与中国古代哲学存在着历史的联系,现代中国哲学既从新的层面上回到了智慧,又以新的形态延续了智慧的沉思。通过回溯中国哲学的智慧历程,我们既可以看到中国古代哲学与中国现代哲学展现为一个统一的过程,又不难注意到其中的逻辑脉络和时代变迁。

(原载《哲学分析》2010年创刊号)

认同与承认

一般而言，研究的范式和研究的对象总是相互关联，对象的存在形态，同时规定了我们用什么方式去把握这个对象。从中国哲学的研究看，在讨论用什么方式来把握中国哲学这个问题的同时，对中国哲学本身的存在形态需要有一个大致的理解。在宽泛的层面上，我们也许可以从"形式"和"实质"二个维度来理解中国哲学的特点。从形式的方面看，中国哲学表现为既成形态和生成过程的统一。作为历史中的对象，中国哲学无疑已经取得了既成的形态，现在所讨论的哲学史对象（从先秦到近代的各种学派、学说、体系等等），都已在历史上完成，在此意义上，它们确乎表现为既成的形态。但另一方面，这种形态同时又处于一个生成的过程，其内涵在历史的演化中往往不断深化、扩展。质言之,既成性和生成过程的统一,构成了中国哲学的历史特点。

从更实质的层面来说,这里又涉及哲学的历史与哲学的理论之间的关系。作为既成的、已经完成的形态,中国哲学同时也获得了历史的品格。但另一方面,与它的生成性特征相关联,中国哲学也包含自身的理论内涵。事实上,中国哲学史中的各种学说、体系在成为历史中既成的对象之前,首先表现为一定历史时期哲学家们理论探索的产物。换言之,它首先是理论形态,然后才成为历史中的对象,并获得历史品格。按其本来形态,何为中国哲学与如何研究中国哲学这两个问题总是彼此相关,这种相关性在逻辑上即基于中国哲学的历史形态和它的理论内涵之间的内在联系。中国哲学的以上特点,决定了我们在研究、把握中国哲学的时候,既需要历史的视界,也需要理论的视域。

自中国哲学取得现代的学科形态后,在胡适、冯友兰等对中国哲学的疏理、阐释中,都可以看到历史与理论两重视野的交错、渗入。当然,对具体的哲学家、哲学史家来说,其研究的进路可以有所侧重,有的也许偏重于历史的视角,有的则可能着重于理论内涵的探讨。但在总体上,似乎难以把两者截然分开:在中国哲学的研究中,我们需要的是"有历史的哲学"和"有哲学的历史"。

以上理解的前提,是以中国哲学为"哲学"。从逻辑的角度看,在把中国哲学理解为一种哲学之前,似乎可以进一步追问:中国哲学究竟是不是哲学? 如果是,又是何种形态的哲学? 这样的追问,事实上涉及承认问题。"承认"之所以会成为问题,与中国哲学所面临的现实状况,包括世界范围之内主流哲学形态对中国哲学的理解相关联。如前所述,黑格尔在他的《哲学史讲演录》中已经提到中国哲学,但是他对中国哲学的评价并不很高。对中国哲学的这种理解,现在依然得到了某种延续,对于主流的西方哲学系统来说,中国哲学仍然没有进入他们的视野:他们并不认为中国哲学是"哲学"这个共同体中的成员。

"承认"之成为问题,从根本上说涉及对哲学的理解:哲学究竟是什么?怎么样的观念系统才算是哲学?哲学除了共同的品格之外是不是还可以具有多样的、特殊的表现形态?对于西方哲学的主流来说,他们所承认的哲学似乎就是一种单一的形态,那就是西方自古希腊以来、在历史演化中逐渐取得现代形式的哲学。除此之外,像中国哲学这样的系统,就不能归入他们所理解的"哲学"之列。对哲学的这种理解显然有其片面性。关于哲学,当然可以有不同的理解,也可以给出不同的界说,事实上,到现在为止,"哲学究竟是什么"依然还是一个见智见仁的问题,具有不同哲学背景的哲学家对哲学往往有自己的理解。但是,一般或宽泛意义上的共识,仍可以达到。如前面一再提到的,作为不同于知识的思想形态,哲学首先表现为智慧的追求,在智慧之思这一层面,哲学无疑体现了其共性或普遍的品格:不管什么样的哲学形态,都可以看到它不同于经验知识的特征,在最宽泛的层面上,我们可以将其理解为与知识形态不同的智慧追求或智慧之思。

在确认哲学的以上品格之后,进一步的问题是:智慧之思是不是可以通过多样的形式呈现出来?从现实形态来看,对这个问题无疑应该给予肯定的回答。哲学既具有共通、一般的品格,同时也呈现多样、多元的特点,具有个性化的形态。事实上,即使西方哲学,在其发展与演化的过程中,也展现出多样性:无论就流派而言,抑或从历史时期看,西方哲学的不同系统都显现了各自的特点。前文已提到,中国哲学很早就区分了为学与为道,为学涉及经验领域的对象,为道则以性与天道为指向,后者属于广义的智慧之域。作为关于性与天道的智慧之思,中国哲学无疑也应理解为哲学的一种独特形态。

广而言之,智慧之思或哲学样式的多样性和差异性,往往体现于形式与实质等方面。从哲学的形态看,尽管在侧重之点上,中国哲学与西方哲学确乎有不同特点,但正如侧重某一方面并不意味着排斥另一方面一样,不能因为侧重的不同而完全否定其中某种形态为哲学。在肯定中国哲学在智慧之思上的独特趋向的同时,没有理由不承认它的哲学品格。

与"承认"相关的另一个问题是"认同"。认同的问题之所以发生,与近年中国哲学界本身的学术倾向相关。进入21世纪以后,随着经济、政治等方面的发展,中国学界中本土意识的滋长,已变得越来越引人瞩目。在这一背景之下,中国哲学到底是不是哲学便在另一重意义上成为问题。对具有较强本土意识者而言,中国的学问应该用中国的概念来解释,中国以往的思想、学问、学术能不能纳入"哲学"的范畴,本身可以提出疑问。这一问题背后的逻辑前提是:"哲学"这一概念来自西方,"哲学"形态也源于西方。既然"哲学"发端于西方,则中国的相关思想一旦被归入"哲学",便意味着把"中国"的思想西方化了。这里无疑涉及认同的问题。对认同的以上质疑看上去似乎与前面提到的承认截然相反,但两极相联。承认,是以西方哲学为唯一范式而发生的问题,认同,则是本土意识的提升和强化之后形成的问题,尽管立场不同,但二者又有相通之处,这种相通性具体便表现为对"中国哲学是否可以被视为哲学"这一问题的质疑。

如果说,承认涉及哲学形态的多样性,那么,认同则更多地关乎哲学的普遍性。中国哲学尽管以"性道之学"这种独特的形态呈现,但是就其从智慧的层面追问世界、追问人自身存在的意义而言,它无疑又归属于"哲学"这种把握世界的方式。以认识世界而言,虽然中国哲学没有运用"主体""客体"这样的概念,但关于能、所关系的讨论,显然亦具有认识论的意义。能、所关系与"主体""客体"尽管不能简单对应,但前者所内含的认识论意义,与后者并非毫不相关。这一事实从一个方面表明,中国哲学之中包含着具有普遍意义的哲学内容,从而既无必要、也不应该将其完全隔绝于"哲学"的形态之外。片面地用某种本土意识把中国哲学与"哲学"这一形态分离开来,既显得过于狭隘,也无法真切地把握中国哲学的内涵。按其实质,所谓"认同",也就是肯定中国哲学中包含作为"哲学"的普遍内涵,而非自我划界、自我悬置、自我隔绝,使中国哲学游离于哲学这一共同体之外。与"认同"相联系,需要将中国哲学所内含的哲学意蕴,以现代的学术形式展示出来,使之成为在世界哲学的视域中可以理解、讨论、批评的对象,并进一步参与世界哲学的建构。

与认同和承认的统一相应,一方面,需要充分地肯定每一种哲学形态的个性特征,承认的背后,是对个体性、特殊性的确认:承认的实质就是尊重多样性。在考察中国哲学时,需要特别关注其中问题的具体内涵、表达问题的特定形式、讨论问题时所运用的名言和概念所包含的独特意义、意味和独特理论洞见,等等。这一层面的"承认",既意味着肯定哲学可以取得多样的形态,也意味着充分地注意以上的独特性。另一方面,不能忽视中国哲学作为一种哲学形态所内含的普遍意义,认同的背后,是对普遍性的确认:认同的实质,便是自觉地意识到并充分地肯定中国哲学所具有的普遍理论意义。在探讨、研究中国哲学的时候,既要充分注意它的个性品格和特殊形态,又应对中国哲学中具有普遍意义的理论内涵给予高度的重视。

承认与认同的统一,并不仅仅是考察以往哲学的视域。如前所述,中国哲学既是一种历史的形态,又处于历史的生成过程之中,这一过程今天依然在延续,它具体地表现为中国哲学在当代的建构与发展。以中西哲学的互动为背景,中国哲学的这种建构与发展,同时具有世界哲学的意义,后者意味着超越单一或封闭的传统、运用人类在不同文化背景下所形成的多样智慧资源,进一步推进对世界的理解和哲学思考本身的深化。随着中西哲学的相遇,不同传统中形成的观念、思想的相互激荡、彼此影响逐渐成为可能。就认同的层面而言,哲学沉思的对象以及面临的问题往往有相通之处,但从承认之维看,思考与解决哲学问题的进路、方式又可以表现出不同的特点。通过相互碰撞、对话与沟通,无疑可以使哲学的思考获得多方面的资源,并进一步深化对世界的理解和把握。

哲学按其本义表现为对智慧的个性化、多样化的探求。以承认与认同的统一为进路,历史的反思与理论的沉思、世界哲学的视域与个性化的探索、普遍的问题与多元的智慧在中国哲学的当代延续中呈现不断互动的形态。这种互动将既赋予中国哲学以普遍的意义,又使之具有独特的个性品格。

(原载《文史哲》2010 年第 1 期)

中国哲学的当代演进:反思与展望

一

自20世纪50年代以来,中国哲学经历了衍化和发展的过程。这种哲学变迁当然并非凭空而起,它乃是以整个中国近代哲学演进过程为其历史前提:20世纪50年代以来的发展与此前中国近代哲学的过程彼此关联。与之相联系,考察20世纪50年代以来的哲学历程,首先需要简略回顾整个近代中国的哲学演化过程。大致而言,中国近代哲学的衍化呈现为两重形态,其一,借用冯契先生的看法,其演进表现为哲学的革命进程,其二,中国近代哲学又呈现走向现代的趋向。

从哲学的革命进程看,中国近代哲学展开为多重方面。在人道观上,中国传统哲学首先关乎对历史的理解。以历史观而言,传统哲学对历史的理解往往与变易观念相联系,同时,其特点往往在于通过回溯过去以指向理想之世。到了近代,变易的历史观开始与进化论相结合,面向过去的回溯,转换为对未来的展望。由进化论,又进一步演化为唯物史观,从社会经济的变动考察历史过程,成为新的历史视域。人道观同时涉及何为人、何为理想之人等问题,后者所指向的,是理想人格的学说。从主流的方面看,传统的理想人格主要以圣人为形态,而人格的培养则以"成圣"为目标。比较而言,中国近代更多地追求人格的多样形态,包括平民化的自由人格。

从天道观上说,传统意义上的天道观的特点是基于直观和思辨,通过理气关系、道器关系、心物关系等辨析,以构造某种思辨的系统。近代以来,对自然、世界的认识越来越趋向于基于科学发展的理解。思辨的形而上学,开始转向对现实世界的理解和把握。辩证法与唯物论的结合,则赋予宇宙观、世界观以新的内涵。

从认识论上说,传统的知行观主要涉及对个体日用常行以及伦理践行和伦理原则的思考,到了近代以后,知行之辩开始转向以广义上的实践为基础的认识理论,认识的对象也不再限于日常生活和人伦关系,而是同时指向更广的世界。基于实践的这种认识理论,可以看作是对仅仅关注日用常行、伦理践履的一种超越。进一步,认识论上的知行之辩与心物之辩,逐渐引向"能动的革命的反映论"[①]。

就哲学的现代走向而言,近代哲学的演化过程首先表现为实质

[①] 冯契:《中国近代哲学的革命进程》,上海:华东师范大学出版社,1997年,第22页。

意义上的体系开始向形式的体系转化。实质体系主要侧重于围绕某个核心观念展开相关哲学思想，形式体系则注重在形式化的系统中，通过概念的重重辨析、理论的层层推演而展开较为严密的哲学构架。中国哲学在古典形态下主要侧重于实质体系。到近代以后，形式化的体系开始得到较多的关注，实质意义上的古典哲学逐渐趋向于注重形式系统的近代形态。

与以上转换相联系，传统的天道观开始转化为现代意义上的本体论或形而上学理论；传统的知行观则演化为现代意义上的认识论，后者注重考查认识所以可能的条件，认识过程展开的不同环节，包括感觉、概念、推论，等等；与知行之辩相关的名学，则开始转化为现代意义上的逻辑学。相应于以上过程，传统意义上的人道观进一步展开为现代形态的伦理学、历史观，其中的治道或所谓"外王之道"，则逐渐转换为现代意义上的政治哲学。如此等等。

中国近代哲学的以上趋向，包括前面提到的革命进程与现代走向，在20世纪50年代以来的演化过程中并未中断，事实上，它在某种意义上依然得到了延续。就哲学的革命进程而言，1949年以后，哲学革命延续的重要表征是马克思主义哲学逐渐在哲学的各个领域中占据主导地位，后者可以看作是中国近代哲学革命的深化。到了20世纪70年代末，出现了关于真理标准问题的讨论，这既是近代哲学革命的进一步延伸，又展现为哲学革命新的形态，而实践是检验真理的唯一标准的再次确认，则是其积极的成果。在理论层面上，这样的讨论也许没有提供很多新的看法，但在实践上又确实产生了重要影响：它在某种意义上成为开始于20世纪70年代末的社会变革的先导。恩格斯曾经提到，哲学革命可以成为政治革命的先导。哲学变革与社会变革之间的关系，也可以看作是哲学革命进程的延续与深化。

就哲学的现代走向而言,20世纪后半叶以来,伦理学、美学、逻辑学、认识论等哲学的分支,在不同层面上都得到了现代意义上的具体考察。在20世纪50年代,先后有关于形式逻辑、美学等问题的讨论,在中国哲学方面,也有对中国哲学中的不同人物,如孔子、老子、庄子等人物的研究。到20世纪末,中西哲学的互动再度成为引人瞩目的景观。纵观20世纪的思想衍化过程,可以看到一个值得关注的现象:20世纪初,随着西学东渐的推进,中西哲学之间开始了某种互动的过程;20世纪中叶以后,随着马克思主义哲学主导地位的确立,西方哲学逐渐走向沉寂,然而,到了20世纪80年代以后,中西哲学的交流、互动再次成为一种引人关注的历史现象。这一时期,中国哲学的研究与西方哲学的研究呈现某种同步的现象,西方主流的现象学、分析哲学不仅都在中国哲学中得到传播,而且在各个方面得到了比较深入的研究和探讨。

进一步看,20世纪50年代后,哲学的革命进程与哲学的现代趋向之间往往呈现互动的格局。以中国哲学的研究而言,一方面,古典的中国哲学得到了系统性的、现代意义上的梳理,在专题的研究和不同观点的争鸣中,出现了各种形式的中国哲学论著,这可以看作是中国哲学走向现代的具体成果。但另一方面,尤其是在20世纪70年代末以前,哲学的近代走向同时也受到了哲学革命进程中某些教条化的影响,如以两军对战(形而上学与辩证法、唯心主义与唯物主义)作为梳理哲学史的模式,后者深深地影响着前30年对哲学史的研究。在这里,哲学的革命进程与哲学的现代走向在另一种意义上呈现相互关联的形态。

在这段时期,各个具体领域中,也出现了多样的研究成果,中国哲学史、西方哲学史,各个哲学的分支,都可以看到不少研究论著。同时,在哲学理论方面也有较为个性化的研究,后者同时以较系统的理论建构的形式呈现,这方面至少可以举出两个代表,即冯契和李泽厚。冯契提出"智慧说",其内容集中地体现在他的《智慧说三篇》中。《智慧说三篇》由三部相互联系的著作构成,这三部著作即《认识世界和认识自我》《逻辑思维的辩证法》《人的自由和真、善、美》。冯契对认识论作了广义的理解,认为它不应限于知识论(the theory of knowledge),而且应研究智慧的学说,要讨论元学(形而上学)如何可能、理想人格如何培养等问题。这里既涉及具体经验领域的知识,又涉及关于性与天道的智慧,元学与知识论统一于广义的认识论。冯契肯定,逻辑思维能够把握具体真理:人能够在有限中认识无限,在相对中揭示绝对,而这一过程即表现为从知识到智慧的飞跃。就对象而言,通过如上飞跃,自在之物不断化为为我之物;就主体而言,精神由自在而自为,自然赋予的天性逐渐发展为自由的德性,从而达到理想的人格。从无知到知、又从知识到智慧的飞跃,既是知识论的问题,又是元学或本体论的问题;以广义的认识论为基础,冯契先生对知识论与本体论作了沟通,并由此展示了统一本体与现象、名言之域与超名言之域的独特思路。

李泽厚不仅构建了历史本体论,而且提出了许多为人所熟知的命题。如经验变先验,即经验形态的知识,可以提升为一种普遍的概念形式;历史建理性,即在历史的发展过程中,在运用工具的活动中可以逐渐形成理性知识并提高人的理性能力;心理变本体,即人的心理趋向可以沉淀为人的内在心理本体。肯定心理本体的理论意义之一,在于回应现代哲学中消解本体的哲学趋向。在现代哲学中,实用主义便往往由注重特定的问题情境、将概念加以工具化而表现出对哲学意义上的精神本体的消解。从现实的认识和实践过程看,内在的本体是不可忽视的,中国传统哲学(特别是宋明理学)中对工夫与本体的关系讨论,也涉及这一方面。在中国哲学的语境中,本体指涉的是内在的意识结构,它以价值取向和知识观念为内容,其意义不同于形而上学意义上的实体。对中国哲学而言,工夫的展开需要以精神本体为内在依据。从实质的层面看,心理变本体之说在某种意义上可以视为对中国古典哲学以上思想的现代提升。

从以上方面看,在20世纪50年代以来的哲学演进中,中国哲学确实取得了多方面的积极成果。

二

然而,如果撇开纷繁多样的哲学衍化现象,从更为内在的深层面考察20世纪50年代以来哲学发展的趋向,便可以看到,尽管哲学的演进取得了引人瞩目的成果,也出现了一些具有创造意义的哲学系统,但总体上,这一过程中仍然存在着需要加以反思的趋向。具体来说,这种趋向表现为如下几个方面:

首先是哲学向哲学史的还原。从总体上看,20世纪50年代以来,无论是中西哲学还是马克思主义哲学,其关注的重点始终主要是哲学的历史而非哲学理论本身。马克思主义哲学虽然通常被视为哲学原理,然而,对马克思主义哲学的探讨仍然主要关注历史上马克思主义者的观点,包括马克思主义经典作家的相关思想,而对马克思主义本身的理论内涵,却缺乏较为系统的、创造性的探讨。从更广的视域看,哲学领域中包含的问题,往往古老而常新:古希腊、中国先秦时期所提出的问题,在后世都不断地被审视并重新加以讨论,可以说,每个时代都以不同的方式关注以往的哲学问题并对此作出新的理解。从本体论上看,中国哲学主要以性与天道方面的论题为关注之点,西方哲学则常常指向何物存在、如何存在等问题,这些具有形而上学意义的问题,都是哲学研究之域题中应有之义。但是,在哲学向哲学史还原的格局之下,这些理论问题却难以在新的历史背景中得到深入的探讨。从伦理学层面看,何为善,如何理解道德实践,道德中的德性和规范关系如何定位,道德实践的主体、自由人格如何培养,等等,这些根本性的问题也没有得到十分系统的讨论。在认识论上,虽然对某些认识环节已有若干考察,但是在创造性地对认识过程的研究和把握方面,仍显得比较薄弱,一个显而易见的事实是,20世纪50年代以来,没有出现一部类似于康德的《纯粹理性批判》的认识论著作。

如果对20世纪50年代以来的中国哲学与现代西方哲学,尤其是分析哲学,作一比较,便可发现一个饶有趣味的现象:较之20世纪50年代以来中国哲学表现出来的将哲学还原为哲学史的倾向,现代西方的分析哲学呈现相反的立场,即趋向于将哲学史还原为哲学。分析哲学对哲学史的问题往往并不十分关切,其关注之点主要指向当代分析哲学共同体中所提出的问题,如果涉及哲学史,也常常是因为需要解决当代哲学关切的问题。可以看到,分析哲学的总体取向是关注其所谓的哲学问题而疏离于哲学史,这种将哲学史还原为哲学的倾向与中国近20世纪50年代以来将哲学还原为哲学史的趋向,表现为不同的哲学进路。从哲学之思看,两者都呈现各自的偏向。

人的存在和世界之"在",都包含多方面需要探究的问题。对这些问题的考察首先需要以哲学史为背景:离开哲学史的反思,便无法对宇宙人生的根本问题作出有推进意义的把握。哲学不能从无开始,它总是以历史上的哲学家的研究成果为出发点,并表现为相关思考的延续和展开。另一方面,哲学的研究又始终不能遗忘对哲学理论问题本身的关注。如果把哲学的理论问题推向边缘,仅仅关注历史上的哲学家的工作,便容易限定于对历史材料的罗列梳理而缺乏对问题本身的深层理论思考。就此而言,无论是将哲学史还原为哲学,还是把哲学还原为哲学史,都需要加以扬弃。

20 世纪 50 年代以来哲学发展中的第二问题,是哲学趋向于专业化、学科化。对哲学二级学科的关注,构成了引人注目的哲学现象。伦理学、逻辑学、西方哲学、中国哲学、科学哲学或自然辩证法,等等,都作为二级学科而彼此相分,一般哲学系中建立的教研室,也是基于二级学科的划分。二级学科的这种区分,是哲学学科化、专业化的外在体现,而哲学的学科化与专业化,则关联着哲学的知识化。如所周知,哲学的本来形态,表现为智慧的追问和智慧之思,作为现代汉语的"哲学"是对西语 philosophy 的翻译,而 philosophy 则涉及智慧。中国古代哲学虽然没有"智慧"这一现代术语,但它以性与天道的考察为指向,性道之学可以视为"philosophy"的中国古典形态,其实质的内涵也指向智慧的追求。与智慧相对的是知识,知识与智慧展现为把握世界的不同方式:较之知识对世界的考察各有其界,智慧体现了跨越知识界以理解世界的进路;哲学之所以必要,也在于它以智慧的方式追问、思考世界。然而,当哲学趋向于学科化、专业化之时,其以智慧追求的方式把握世界这一内在意义便会逐渐退隐,哲学本身则容易由此被降低为知识。事实上,这种现象在 20 世纪 50 年代的哲学衍化中便不难注意到,就哲学研究者而言,常常只能看到某种二级学科的专家,如中国哲学史专家、西方哲学史专家、伦理学专家、认识论专家,等等,却很少有一般意义上的哲学家。从研究学会的角度看,可以看到各种二级学科的学会,如现代西方哲学学会、伦理学学会、逻辑学学会或者中国哲学史学会,等等,却没有形成统一的哲学学会。以哲学研究刊物来说,虽然有《哲学研究》这样的综合性刊物,但其中仍然以分门别类的方式,如西方哲学、中国哲学、马克思主义哲学,对其中的论文进行分类。在这样的构架下,一些本来属于一般哲学理论问题的研究,也往往被人为地归入某种二级学科中。作为智慧的探索,哲学按其本义与知识相对,当哲学被还原为知识时,哲学之为哲学的根本特征就会被模糊。与哲学的专业化、学科化相关的是中国哲学、西方哲学、马克思主义哲学的分离:后者可以看作是哲学的学科化、专业化的自然延续与展开。在这种分化中,中、西、马的区分也逐渐演变为壁垒分明的界限。

以上的学科化的现象与哲学的本来品格显然存在距离。如前面提到的,按其本质,哲学本身具有超越学科的性质:以智慧的追求为指向,表明哲学既不同于特定学科,也不能限于某一具体的学科之中。然而,随着近代大学的形成,哲学逐渐成为大学中的一个学科,哲学也由此取得了学科性的特点,这是一种历史发展过程中出现的现象。从更广的世界哲学的演进过程看,哲学的专业化、学科化趋向,也有哲学自身衍化的内在根源。近代以来,世界哲学的演化经历了几次重要的转向,首先是所谓哲学的认识论转向,20 世纪初以来,又出现了哲学的语言转向,这一类转向同时意味着哲学侧重于或偏向于存在的某个方面。哲学本来表现为以跨越界限的形式把握世界的观念形态,无论是侧重于认识论,抑或偏向于语言哲学,都可能导致遮掩哲学的以上品格。20 世纪 50 年代以来中国哲学中出现的学科化、专业化偏向,从一个方面折射了世界范围内哲学的以上历史演化过程。

以上趋向主要表现为多样的思想现象。如果更为深层地考察以上现象产生的内在根源,便可注意到,其出现与知性思维方式的泛化密切相关。"知性"这一概念首先与德国古典哲学相联系:德国古典哲学至少从康德开始,便已区分感性、知性与理性。从思维方式的角度看,知性的特点在于或者把过程截断为一个个片段,或者将整体划分为不同的部分。在 20 世纪 50 年代来以来的哲学衍化过程中,上述知性思维方式以不同的形态表现出来。

在20世纪50年代至70年代的30年中,引人注目的现象是辩证法形式下的知性思维。从形式上看,这一时期辩证法得到了推重,不仅马克思主义的辩证法,而且黑格尔的辩证法也得到了关注。然而,在实质的层面,知性思维的方式却往往大行其道。各种形式的划界,如两军对战,亦即划分唯物与唯心、形而上学与辩证法,成为重要的思想景观。这样,形式上的推崇辩证法与实质上的侧重知性划界,往往并存,这种现象显然疏离于真正意义上的辩证法:真切地贯彻坚持辩证法,便应该扬弃这种简单的、非此即彼的划界方式。同时,辩证法本身也往往被公式化,一些概念、范畴每每被形式化地套用,几对范畴、几大规律彼此区分清楚、界限分明,这种划分也从一个方面体现了知性思维的方式,辩证法的内在精神则由此逐渐趋于消退。20世纪60年代曾有关于"合二为一"与"一分为二"的争论,"合二为一"被视为形而上学的观念而受到批判,"一分为二"则被看作是需要加以坚持的辩证原则。按其本来意义,辩证法既应讲"一分为二",也需要谈"合二为一",二者彼此相关。片面强调"一分为二"而拒斥"合二为一",实质上偏离了辩证法而趋向于知性思维。

在20世纪末以来的几十年中,知性思维取得了另一种形态。步入20世纪80年代以后,黑格尔的哲学渐渐处于被遗忘的状态,其辩证法思想也很少有人问津。与拒斥黑格尔的哲学相应,辩证法不仅备受冷落,而且成为被质疑的对象。相应于疏远辩证法的立场,知性成为普遍接受的思维方式,在各种形式的划界、区分中,便不难看到这一点。以心物、主客关系的讨论而言,一谈到西方近代哲学,便常常批评所谓笛卡儿以来的西方近代哲学观念,后者主要被概括为执着于主客、心物的两分,对这种近代哲学的否定,则每每与推崇主客合一、心物不分的哲学观念相联系。事实上,"合"本身需要加以分析:"合"既可以指未分化的"合",也包括分化之后重建之"合"。分化之前的"合"往往表现为浑沌、朦胧的状态,尚未经过理性分析的洗礼,从理论上看,不经历分化的过程,思维便将单纯地停留在朴素、直观的状态。在这一意义上,我们固然不能仅仅停留在"分"之上、将"分"绝对化,但从"分"构成了超越浑沌、朦胧的状态而走向更深沉之"合"的前提这一方面看,它在逻辑上又有其必要性。

进入21世纪以后,随着社会经济的发展,对传统文化的认同感也不断增长,相应于此的是向中国传统思想的回归,在国学热、儒学热等现象中,便不难注意到这一点。与以上现象相呼应,在研究方式上,执着于中国哲学自身传统等主张也随之而生,后者的核心是要求在中国哲学的探索中剔除一切域外的概念和理论,纯粹从中国哲学自身的角度理解中国哲学。事实上,在走向世界哲学的历史背景下,哲学思考需要多元的智慧之源,对哲学传统的理解,也应有多重的思想参照系,不同的哲学传统作为文明传统发展的多样成果,既构成了当代哲学思考的思想资源,也是深入阐释各自思想观念的重要背景。相对于此,执着于中国哲学自身传统的主张却趋向于不同哲学传统之间的划界,它从研究方式的层面,体现了知性思维的趋向。

知性思维的方式的多重呈现,构成了20世纪50年代来哲学演进中无法忽视的方面。从认识世界与认识人自身的维度看,以知性思维的泛化为哲学思考的进路,显然难以真正达到真理性的认识。未来哲学的发展,无疑应当超越以上趋向。

具体而言,需要通过史与思的统一、不同哲学传统之间的融合以及对辩证思维的认同,以在更高层面上回到智慧之思。前面提到的认识论转向、语言哲学转向,往往使哲学偏向一端,史与思的统一、不同哲学传统之间的融合以及对辩证思维的认同,则意味着扬弃这种转向所内含的理论偏向,由此以更深沉的方式确认哲学作为智慧之思的本来形态。进一步看,智慧的探求本身又展开为一个多样化、个性化的过程,就此而言,回归智慧并不是走向千人一面的形态。恰好相反,回到智慧与智慧的多样化、个性化探索具有内在的一致性。

(本文系作者2019年10月在"思想与时代:新中国哲学70年"学术会议上的发言记录,原载《探索与争鸣》2020年第2期)

中西之学与世界哲学

一

关于中西哲学之间的关系,可以从不同的层面加以理解。在相对静态的意义上,中西哲学往往首先被置于同异关系之中,从严复、梁启超、章太炎到梁漱溟,都不同程度地表现出这一特点,在尔后的比较研究中,依然可以一再看到如上趋向。这一类的比较研究对于具体把握中西哲学各自的特点,无疑具有积极的意义,然而,仅仅停留于此,似乎也容易流于平面的、静态的罗列。

与静态的、平面的比较有所不同的,是互动的视域,后者意味着从相互作用的层面理解中、西哲学之间的关系。这里首先涉及西方哲学对于中国哲学研究的意义,后者本身又可以从不同的方面考虑。对中国古典哲学的理解,往往涉及多方面的背景,在中西哲学相遇之后,西方哲学便提供了一个重要的参照系。以先秦《墨辩》(《经上》《经下》《经说上》《经说下》《大取》《小取》)而言,其中的不少观念、思想长期以来素称"难解",梁启超便曾列举了八点难读之处。《墨辩》之难读,当然有各种原因,其中很重要的一点在于它涉及不少科学的、逻辑的问题。近代以后,不少思想家,如梁启超、章士钊、胡适、谭戒甫等以西方亚里士多德以来的形式逻辑系统为参照背景,从一个新的角度解读这一经典,号称"难读"的《墨辩》之意义也随之逐渐清晰。可以设想,如果没有以上的参照背景,《墨辩》中的一些内容恐怕到现在仍会如同"天书",其意义难以获得确切的理解。

另一方面,无论是中国哲学,抑或西方哲学,在其发展过程中都会形成自身的某些问题,这些问题可以是比较具体的、特殊的,也可以是普遍层面的。以中国哲学而言,如冯友兰等已注意到的,从宽泛的、普遍的层面来看,较之西方哲学,它更多地展现为一种实质的体系,而在形式的系统方面显得相对薄弱。此所谓"形式的系统",包括概念的辨析、论点的逻辑推论等。历史地看,中国哲学家的体系都有内在的宗旨,其思想、观念都围绕这一宗旨而展开,但这种哲学系统内在的逻辑关联常常未能在形式的层面得到展示。同时,中国古典哲学系统中的概念、范畴固然有其深沉、丰富的涵义,但这种涵义也往往缺乏形式层面的清晰界定。对古典哲学的诠释,总是涉及概念的辨析、理解以及哲学观念的系统把握,在回顾、反思中国古典哲学的过程中,如果借鉴西方哲学注重逻辑分析的研究进路,显然不仅有助于在实质的层面理解传统哲学的意义,而且将促进我们从形式的层面阐明其概念、范畴的内涵,并进一步把握其内在的逻辑关系。

同样,西方哲学也在不同的方面涉及如何解决自身衍化中出现的理论张力等问题,而在解决这些问题的过程中,也需要以不同的哲学系统为其参照背景。以伦理学而言,休谟从实质的方面突出了情感在伦理学中的地位,相对而言,康德的伦理学则更多地注重伦理学的形式方面,其道德哲学常常被视为形式主义的伦理学。与《纯粹理性批判》中注重感性的作用有所不同,康德的《实践理性批判》对经验、感性等实质的内容,往往更多地持疏离、悬置的立场,后者也从一个侧面表现了伦理学上的形式主义的倾向。后来舍勒(Max Scheler)对康德的伦理学提出了很多批评,并提出非形式的价值伦理学,将价值作为伦理学关注的中心之一,但在注重价值等实质方面的同时,舍勒似乎对形式的方面有所忽略。以"实质"超越"形式",在逻辑上便蕴含着对形式规定的某种疏离和贬抑。形式与实质的对峙在20世纪分析哲学与存在主义哲学中得到了另一种意义上的延续。相对而言,分析哲学更多地着眼于元伦理学,后者主要侧重于从形式的层面对道德语言作逻辑的分析,存在主义的系统则更多地将伦理学与人的自由、价值、存在意义等联系起来,亦即以实质的方面为主要关注之点。如何解决形式、实质之间的张力?这里当然涉及多方面的理论问题,而不同的哲学传统也可以对解决以上问题提供不同的视域。在中国哲学的传统中,便可以看到另一种进路。自先秦以来,儒家系统的哲学家一直注重"仁""义"的统一。"仁"更多地关注人的存在意义,其中内在地体现了对人的价值关怀,"义者,宜也","宜"即"应当",引申为当然之则、规范系统,作为当然,"义"同时涉及形式的方面。对传统儒学而言,"仁""义"之间有着内在的关联,孟子便指出:"仁,人之安宅也;义,人之正路也。旷安宅而弗居,舍正路而不由,哀哉!"①"安宅"隐喻稳定的基础、根据,"正路"意味着正确的方向(正

---

① 《孟子·离娄上》。

确大道),具有引导的意义。在这里,以确认人的存在价值为内容的仁道,构成了道德系统的基础,而以"应当"这样的规范形式表现出来的"义",则显示了其行为导向的作用。如前所述,作为当然或应然("宜")的体现,"义"有其形式的方面,"仁"则以确认人的价值与存在意义为内容,从而更多地呈现实质的涵义,与之相应,肯定完美的道德行为是"仁""义"的统一,意味着道德实践中形式的规定与实质的规定不可偏废。"仁"与"礼"的统一也表现出同样的趋向。"仁"与"礼"的统一是早期儒家非常重要的观念,所谓"人而不仁如礼何"①,便强调"仁"和"礼"不能分离。"礼"既指政治、伦理的体制,也表现为规范系统,后者亦具有形式层面的意义。总起来,从道德哲学的角度看,仁与义、仁与礼的统一所蕴含的是如下观念:形式层面的一般规范应以实质的仁道观念为根据;仁道观念本身则又应通过普遍化为行为规范而为行为提供导向。不难看到,在中国传统哲学(首先是传统儒学)的视域中,伦理学中形式的层面与实质的层面并不存在非此即彼的冲突关系,毋宁说,二者更多地展现为内在的统一。这种"仁"和"礼"、"仁"与"义"相互融合的思路对于扬弃西方伦理学史上形式和实质的对立显然提供了富有启示意义的思路和思想资源,它从这一方面表明:中国哲学对回应西方哲学的问题具有不可忽视的意义。

当然,哲学之思并不仅仅限定于历史的回顾以及对哲学史演化中各种问题的反思,在更本原的意义上,哲学同时面临如何说明、把握现实世界和人自身存在的问题;中西哲学本身都试图以不同的方式提供对世界的理解和说明,并以理论性的沉思和建构为指向。就是说,思考、解决历史中的问题,彼此提供参照背景,最后总是引向如

---

① 《论语·八佾》。

何说明、把握世界的问题。从这方面看,中、西哲学之间的关系既不能停留于单纯的同异比较,也不应限于相互参照以应对各自的问题,而应当指向建设性的理论思考,并进一步通过这种理论思考以更深入地把握我们所面对的世界。相对于以往的哲学演化过程,以中西哲学的互动为背景而展开的哲学沉思,在历史与逻辑二重意义上都具有世界哲学的意义。① 在这里,中西之学与世界哲学同时形成了内在的关联。

二

世界哲学可以从不同的层面加以理解。将哲学理解为"世界哲学",首先与历史已成为世界的历史这一更广的背景相联系。马克思曾指出:随着资本主义生产方式的发展,"人们的世界历史性的而不是地域性的存在同时已经是经验的存在了"②。与之相联系,世界哲学意味着超越地域性的、特定的文化背景和文化传统,从"世界"的角度来理解、看待这个世界本身。从以往的历史衍化来看,中、西哲学系统在存在境域以及文化传统上都有自身的限定,这种不同的文化空间、历史背景往往在相关的哲学思考中留下自身的特定印记。如所周知,在古希腊的城邦中,城邦认同具有某种优先性,如何使一定

---

① 自中西哲学相遇、交汇以后,中国的哲学家便开始从不同的方面关注世界哲学的问题,如胡适在20世纪初所作的《中国哲学史大纲》(上卷)中已提及,随着中西哲学的相互影响,未来可能发生一种"世界的哲学",冯友兰也从中国哲学与西方哲学的关系这一角度,对"未来世界哲学"予以了自觉的关注。在20世纪的后期,冯契先生进一步肯定了中西哲学交融的历史涵义,认为中西方哲学在中国土地上的合流,"是一件具有世界意义的大事"(冯契:《中国近代哲学革命的进程》,上海:华东师范大学出版社,1997年,第723页)。

② 〔德〕马克思、恩格斯:《德意志意识形态》,《马克思恩格斯选集》第1卷,北京:人民出版社,1995年,第86页。

的城邦成员之间在政治、经济等方面形成公正的关系,构成了哲学家关注的重要问题,柏拉图在《理想国》中将正义作为中心论题,即体现了这一点。相形之下,在早期中国的宗法关系中,人首先表现为家族的成员,与这种基本的身份认同相联系的,是孝、慈等社会要求,仁义等观念亦可追溯于此(原始儒学以孝悌为仁之本,便体现了这一点)。这里已可看到不同的存在境域与背景对哲学思考的制约。从某种意义上说,在历史成为世界历史之前,人们拥有不同的世界,相对于此,在历史成为世界历史之后,人们则开始走向同一个世界。"世界哲学"意味着在共同的世界之下,展开对世界的思考和理解。当然,在近代以前,似乎也出现过某种超越特定地域的观念,如中国思想史中的"天下"观念,便包含普遍的内涵。不过,在传统哲学中,"天下"这一观念往往又与"夷夏之辩"相联系,而"夷夏之辩"在地域与文化上都蕴含着对世界的分别与划界,与之相涉的"天下"概念,也仍有其历史视野的限定。

世界历史主要从存在的背景上,规定了哲学的"世界"向度。就哲学本身而言,走向世界哲学,同时意味着回归哲学的本原形态。哲学从其诞生之时即与智慧的追求无法分离;作为把握世界的方式,智慧不同于知识:知识主要指向经验世界之中各种特定的领域和对象,智慧则要求超越经验领域的界限,把握作为整体的世界。黑格尔曾指出:"哲学以思想、普遍者为内容,而内容就是整个存在。"[①]以"整个存在"为指向即意味着超越知识对存在的某一方面、某一层面的理解。撇开其对存在的思辨规定,这里已注意到了哲学与整个存在之间的关系。按其本义,哲学确乎以扬弃知识的界限而达到对世界的

---

① 〔德〕黑格尔:《哲学史讲演录》第1卷,贺麟、王太庆译,北京:商务印书馆,1959年,第93页。

整体性理解为其内在特点。历史地看,由于受到地域性以及不同文化传统和文化背景的制约,超越知识的视野而从整体的、统一的层面把握世界哲学进路,往往也有其自身的限度。然而,在历史越出地域的限制而走向世界历史、特别是今天逐渐走向全球化的背景之下,存在背景方面的限制也在某种意义上得到了扬弃,这就为真正超越特定的界限(包括知识的界限)而走向对整个存在的理解,提供了更为切实的历史前提。同时,近代以来,随着知识的不断分化,学科意义上的不同知识形态逐渐取得了相对独立的形态,并愈来愈趋于专业化、专门化。知识的这种逐渐分化既为重新回到智慧的本原形态提供了可能,又使超越界限、从统一的层面理解世界显得愈益必要。就理性思维而言,知识的分化往往使人容易以知性的方式来把握世界,事实上,以知性的思维方式理解存在与近代以来知识的不断分化过程常常呈现同步的趋向。在经历了知识分化的过程之后,如何真正回到对世界的整体性的、智慧形态上的把握?这是今天的哲学沉思无法回避的问题,而回应这一问题的过程,同时也是走向世界哲学的过程,在此意义上,所谓"世界哲学",也可以理解为智慧的现代形态,或者说,现代形态的智慧。这里,似乎可以对初始的、未经分化的智慧形态与近代以来经过分化以后而重新达到的智慧形态作一区分,"世界哲学"便是经过分化之后,在更高、更深刻的层面上重新达到的智慧形态。从以上方面看,世界哲学显然不仅仅是一个空间的概念,而是同时包含着时间性、历史性的内涵。

  作为智慧的形态,哲学既超越知识的限度而表现出普遍的向度,又内在地包含着价值的关怀,与之相联系,世界哲学意味着从更普遍的人类价值的角度,理解世界对人的意义。宽泛而言,无论是作为智慧的早期形态,抑或现代的智慧形态,哲学在某种意义上都是"以人观之",这里的"以人观之"是指站在人的存在背景或与人相关的前提之下展开对世界的认识和理解,这一意义上的"以人观之"与"以道观之"并不彼此冲突:所谓"以道观之",无非是"人"从道的维度把握("观")世界。"以人观之"有不同的"观"法,在人受到地域、文化传统等条件的限制之下的"观"与这些限定不断被超越之后的"观"是不一样的。近代以来,在历史走向世界历史的背景下,哲学逐渐有可能在一种比较普遍的、人类共同的价值基础和前提下,提供关于世界的说明,包括澄明世界对于人所呈现的意义。这里,特别值得注意的是康德的有关看法。康德没有谈到"世界哲学",但却提到了"世界概念"(world concept)下的哲学。在《纯粹理性批判》中,他特别对与哲学相关的"世界概念"做出了如下解释:"世界概念在这里就是那涉及使每个人都必然感兴趣的东西的概念。"[①]这里,"每个人"包含普遍之意,它意味着从整个的人或者人类整体的角度去理解存在。在《逻辑学讲义》中,他进一步指出,"在世界公民的意义上",哲学领域可以分别提出四个问题。在这里,"世界公民"与"每个人"在含义上具有相通之处,"每个人"存在于"世界"之中,而"世界公民"则是"世界"的成员。康德所说的四个问题具体包括:"我能知道什么?""我应当做什么?""我可以期待什么?""人是什么?"康德特别强调,前三个问题都与最后一个问题相关,可以说,"世界公民"的最后落实点是对人的理解("人是什么?"),它意味着从普遍的人的视域来理解世界。[②] 另一方面,在"世界概念"之下谈哲学问题,康德也涉及了哲学在价值的、实践层面的意义,他虽没有直接、明了地表达这一点,但是从他的具体论述之中仍可看到相关的思想。在谈到哲学性质

---

① 〔德〕康德:《纯粹理性批判》,邓晓芒译,北京:人民出版社,2004年,第634页。
② 〔德〕康德:《逻辑学讲义》,许景行译,北京:商务印书馆,1991年,第15页。

时,康德认为,"就世界概念来说,哲学是关于人类理性的最后目的的科学"①。"目的"与价值问题相联系,"理性最后的目的"这一提法意味着将哲学对世界的把握与价值问题联系在一起。康德同时对"世界概念"下的哲学与从学术或学院(scholastic concept)这一概念下理解的哲学做了区分。在他看来,从学术或学院的角度去理解哲学,主要涉及"技术"(skill),而从"世界概念"之下去理解哲学,则与"有用性"(usefulness)相联系。② 如果说"目的"主要在抽象层面上涉及价值问题,那么"有用性"则更具体地指向价值之域。按其内涵,技术性更多地涉及较为形式化的方面,20世纪的分析哲学在某种意义上表现出将哲学引向技术化的趋向,而与之相联系的是对形式的、逻辑的方面的关注。尽管分析哲学出现于康德之后,但在一定意义上,他似乎预见到哲学在过度学院化之后,容易逐渐衍化为技术化的、形式化的系统。与之相对,他所提及的"世界哲学"则涉及"有用性"的问题,后者("有用性")更具体地关涉世界对人所具有的价值意义,或者说,哲学对于人和世界的价值作用。正是在此语境下,康德同时指出:"哲学家不是理性的艺术家,而是立法者。"③所谓"立法",即涉及哲学之外的领域,在康德那里,以上观念更多地表现为从人如何把握世界("人为自然立法")的角度去理解哲学的现实作用,它从认识世界的层面,突出了哲学的规范意义。就哲学与世界的关系而言,哲学的这种规范性隐含着从更普遍的层面加以理解的可能。概而言之,康德对"世界概念"下的哲学之理解具体展开为两个方面:即从普遍的人类价值的角度去理解世界对于人的意义,以及强调哲学对人的规范意义。

---

① 〔德〕康德:《逻辑学讲义》,第14页。
② Kant, *Logic*, Dover Publication, 1988, pp.27-28.
③ 〔德〕康德:《逻辑学讲义》,第14页。

类似的观念在马克思那里也可以看到。在形成"世界历史"概念的同时,马克思也提出并阐发了"世界概念"下的哲学、"世界哲学"等思想。按马克思的理解,"任何真正的哲学都是自己时代的精神上的精华,因此,必然会出现这样的时代:那时哲学不仅在内部通过自己的内容,而且在外部通过自己的表现,同自己时代的现实世界接触并相互作用。那时,哲学不再是同其他各特定体系相对的特定体系,而变成面对世界的一般哲学,变成当代世界的哲学。"①与康德相近,马克思也把这种"世界的哲学"与"世界公民"联系起来:"哲学思想冲破了令人费解的、正规的体系外壳,以世界公民的姿态出现在世界上。"②上述意义上的世界哲学,内含着扬弃地域及文化传统的限定、从普遍的层面理解世界之意。与"工人没有祖国"③、解放全人类或"人的解放"④等观念前后相联,这种普遍的哲学视域同时包含了一种超乎特定地域、民族的普遍价值关切。

在从世界公民、世界历史的角度规定哲学内涵的同时,马克思也谈到了哲学的规范意义。早在其思想发展的初期,马克思已指出,"在自身中变得自由的理论精神成为实践力量,作为意志走出阿门塞斯冥国,面向那存在于理论精神之外的尘世的现实",这是一种"哲学的内在规定性和世界历史性。这里我们仿佛看到这种哲学的生活道路的集中表现,它的主观要点"⑤。在这里,哲学的"世界历史性"与

---

① 〔德〕马克思:《〈科隆日报〉第 179 号的社论》,《马克思恩格斯全集》第 1 卷,北京:人民出版社,1995 年,第 220 页。
② 同上。
③ 〔德〕马克思、恩格斯:《共产党宣言》,《马克思恩格斯选集》第 1 卷,第 291 页。
④ 〔德〕马克思:《〈黑格尔法哲学批判〉(导言)》,《马克思恩格斯选集》第 1 卷,第 16 页。
⑤ 〔德〕马克思:《德谟克利特的自然哲学和伊壁鸠鲁的自然哲学的差别》,《马克思恩格斯全集》第 1 卷,第 75 页。

哲学的"实践力量"呈现内在的关联性,二者的这种联系在以下表述中得到了更具体的展示:"世界的哲学化同时也就是哲学的世界化。"①"哲学的世界化"涉及在普遍的层面上对于世界的理解、把握;"世界的哲学化"则意味着蕴含于哲学之中的普遍价值理想在世界之中得到真正实现。上述思想后来在马克思那里得到了进一步的展开,从马克思的如下名言中,便不难看到这一点:"哲学家们只是用不同的方式解释世界,问题在于改变世界。"②在这里,康德通过"理性立法"而确认的哲学的规范性,已由认识过程中对世界的说明,进一步转换为以实践的方式变革世界。不难注意到,从康德在"世界概念"下确认哲学视域的普遍性,到马克思在世界历史的背景下肯定"哲学的世界化";从康德在"理性立法"的形式下触及哲学的规范性,到马克思将哲学的规范性与改变世界联系起来,其间既包含视域的扩展和转换,又存在某种历史的联系。

在"历史完全转变为世界历史"的背景下③,人类的共同价值、普遍利益逐渐变得突出,人类的认同(肯定自身为人类的一员)的问题也较以往的历史时代显得更为必要和可能。尽管经济、政治、文化、意识形态等领域各种形式的差异、冲突依然存在,但这种差异和冲突本身又内在于全球化的过程之中,其化解无法离开普遍的、全球的视域。从总体上看,以全球化为历史前提,经济的盛衰、生态的平衡、环境的保护、社会的稳定与安全,等等,愈益超越地域、民族、国家之域而成为世界性的问题,人类的命运也由此愈来愈紧密地联系在一起。

---

① 〔德〕马克思:《德谟克利特的自然哲学和伊壁鸠鲁的自然哲学的差别》,《马克思恩格斯全集》第1卷,第76页。
② 〔德〕马克思:《关于费尔巴哈的提纲》,《马克思恩格斯选集》第1卷,第57页。
③ 〔德〕马克思、恩格斯:《德意志意识形态》,《马克思恩格斯选集》第1卷,第89页。

普遍伦理、全球正义等观念和理论的提出,既从不同的方面表现了普遍的价值关切,也具体地折射了人类在不同层面上走向一体化的趋向。如上所述,世界哲学在植根于以上历史背景的同时,也表现为从人类普遍价值的维度考察世界对于人的意义;这种意义不仅通过对世界的说明得到呈现,而且在改变世界的历史实践中不断得到现实的确证。

世界视域下的普遍视域,同时与哲学自身的建构与发展相联系。从后一方面看,世界哲学进一步涉及哲学衍化的多重资源与多元智慧问题。这一意义上的世界哲学意味着超越单一或封闭的传统,运用人类在不同文化背景下所形成的不同智慧形态,进一步推进对世界的理解和哲学思考本身的深化。随着历史成为世界历史,"过去那种地方的和民族的自给自足和闭关自守状态,被各民族的各方面的互相往来和各方面的互相依赖所代替了。物质的生产是如此,精神的生产也是如此。各民族的精神产品成了公共的财产。民族的片面性和局限性日益成为不可能,于是由许多种民族的和地方的文学形成了一种世界的文学"①。这里的"文学"一词德文是"Literatur",泛指科学、艺术、哲学、政治等方面的著作,②与之相涉的"世界文学",其形成也相应地以不同的文化传统为思想资源。就哲学而言,在相当长的时期中,中国哲学、西方哲学都是在各自的传统下相对独立地发展的,而在历史成为世界历史的背景下,哲学第一次可以在实质的意义上超越单一的理论资源和传统,真正运用人类的多元智慧推进对世界的理解。

从哲学理论的建构看,不同哲学传统的彼此相遇不仅为哲学的

---

① 〔德〕马克思、恩格斯:《共产党宣言》,《马克思恩格斯选集》第 1 卷,第 276 页。

② 参见同上书,第 276 页编者脚注。

发展提供了更为丰富的思想之源,而且也在更广的空间之下为不同观念、思想的相互激荡、彼此影响提供了可能。历史地看,哲学的问题往往有相通之处,但思考与解决哲学问题的进路、方式则可以表现出不同的特点。以存在的追问而言,中西哲学便呈现不同的趋向。古希腊的哲学通常从泰勒斯讲起,根据哲学史的记载,泰勒斯在仰望天上的星辰时,曾忽略了地下之路,以致跌落坑中。这一记载颇有寓意:关注天上、忘却地下,似乎隐喻着离开形下之域而沉思存在,这种形上进路后来以更理论化的形式得到体现,巴门尼德以存在为第一原理,便表现了这一点。相对于此,中国哲学展示的是另一种路向。在中国哲学的早期经典《易传》中,"仰则观象于天"和"俯则观法于地"便呈现内在的联系,较之关注天上、忘却地下,"观象于天"和"观法于地"的统一,显然在隐喻的意义上更趋向于形上与形下的沟通,后者在中国哲学尔后的发展中具体地展开于日用即道、体用不二等传统。可以看到,不同的哲学传统在追问、理解世界的过程中,确乎表现出不同的侧重,而通过相互碰撞、对话与沟通,无疑可以使哲学的思考在"世界"的视域下获得多方面的资源,并进一步深化对世界的理解和把握。

当然,不能简单地将世界哲学归结为某种单一的哲学形态,也不应把它独断地理解为囊括全部哲学、其大无外的系统。单一、独断的哲学形态不是世界哲学的真正涵义。相反,世界哲学与哲学的个性化、多样化具有内在一致性。在步入世界历史的背景之下,不同的文化传统、生活境遇下的哲学家们所做出的哲学思考依然会具有个性化的特点,世界化与个性化并非相互冲突,毋宁说,世界化的思考正是通过个性化的进路而体现的。在走向世界哲学的过程中,每一哲学家所处的背景、所接受的传统,等等,都将既表现在他对问题的独特意识和思考之中,也体现于他对不同哲学资源的理解、取舍之上,其思考的结果也相应地会呈现出个性化的特点。就其现实性而言，哲学的世界化与哲学的多样化、个性化是同一过程的两个方面。

从历史上看，西方哲学、中国哲学在其发展过程中，都曾经出现多样的形态。以历史时期为视域，同为"西方哲学"，在历史的演进中有古希腊哲学、中世纪哲学、近代哲学、现代哲学之分；进而言之，在同一个时代，如近代，斯宾诺莎、莱布尼茨、洛克、休谟等哲学也呈现出不同形态。同样，中国哲学在历史时期上有先秦、两汉、魏晋、隋唐、宋元明清等区分，在同一时期，如先秦，孔子、墨子、庄子、孟子等思想形态也各有特点。在世界哲学的概念之下，哲学的多样性、个体性并不会消失。一方面，在"历史完全转变为世界历史"的背景下，哲学家已有可能超越特定地域、单一的传统，从普遍的视域出发，运用多重理论资源，对世界作出更深刻的说明和更合理的规范；另一方面，他们对问题的理解、解决问题的进路和方式，等等，仍将具有个性的特点。事实上，哲学按其本义即表现为对智慧的个性化、多样化的沉思，这种沉思不会终结于某种形态，而是展开为一个无尽的过程。在世界哲学的概念下，哲学的这种品格并没有改变，世界性与多样性、开放性、过程性将在世界哲学的历史发展中不断达到内在的统一，而中国哲学与西方哲学也将在这一过程中相互融合并呈现各自的独特意义。

（本文系作者2008年6月在"中西哲学比较研究中的前沿问题研讨会"学术会议上的发言记录，原载《社会科学》2008年第10期）

超越非对称:中西哲学互动的历史走向

一

中西哲学之间的关系,展开为一个历史变迁和衍化的过程。在早期,中国哲学(首先是其中的儒学)除了先后传播于周边区域,如朝鲜半岛、日本、越南等东亚或东南亚地区之外,对世界的其他区域并没有形成实质性的影响。在这一历史时期,中国哲学和世界其他文化传统(包括西方文化)之间,主要表现为空间上的并存关系,而没有内涵上的实质交流和互动。

到了明清之际,情况开始发生某些变化。从中西文化之间的相互关系看,明清之际是非常值得关注的一个时期。这一时期,早期来华的传教士开始把西方文化,即古希腊以来欧洲的哲学思想、宗教思想和科学思想,包括基督教(天主教)思想介绍、引入到中国。与此同时,他们也逐渐将中国古代的若干典籍,首先是儒家的经典,翻译、介绍到西方世界。17世纪的时候,《大学》《论语》《中庸》《孟子》都已被比较完整地翻译成拉丁文,并渐渐为当时主流的西方思想家们所关注。

这一时期中西文化交流中值得注意的特点在于,中国哲学与欧洲文化或西方文化之间存在某种不平衡或不对称的关系,这种不平衡或不对称表现在:当传教士把中国的典籍以及其中包含的文化、思想观念介绍和引入欧洲的时候,当时主流的思想界及其代表性人物给予其以相当的关注,然而,中国的哲学家却未能对西方主流的文化和思想予以同等的关注。在欧洲,这一时期主流领域的思想家和哲学家如莱布尼茨、伏尔泰、孟德斯鸠、狄德罗以及莱布尼茨的后学沃尔弗,等等,都开始对中国哲学的思想内涵加以关注。莱布尼茨便对中国哲学予以很高的评价,认为在"实践哲学方面",欧洲人不如中国人,而且,"中国哲学比古希腊人的哲学更接近于基督教神学"[①]。考虑到莱布尼茨时代基督教神学在欧洲仍具有独特的地位,这一评价无疑是相当高的。莱布尼茨同时认为,中国的伦理学要比西方更完善。他的后学沃尔弗进一步指出:"自身包含有基础的东西就是真,自身不包含有基础的东西就是伪。运用这块试金石来判断,中国哲学的基础有其大真。"[②]基于以上看法,沃尔弗肯定:"中国人的哲学基础同我个人的哲学是完全一致的。"[③]这里体现了从理论的层面对

---

① 〔德〕莱布尼茨:《致德雷蒙先生的信:论中国哲学》,《中国哲学史研究》1981年第4期。
② 〔德〕沃尔弗:《关于中国人道德学的演讲》,〔德〕夏瑞春编:《德国思想家论中国》,陈爱政等译,南京:江苏人民出版社,1995年,第33页。
③ 同上书,第45页。

中国哲学的认同和推崇。

18世纪法国启蒙思想家同样表现出对中国哲学(包括儒学)的多方面肯定。伏尔泰指出:"中国的儒教是令人敬佩的。毫无迷信,毫无荒诞不经的传说,更没有那种蔑视理性和自然的教条。"①这里无疑有见于中国哲学(包括儒学)内在的理性精神。比较而言,孟德斯鸠更多地着眼于政治和法律领域,认为儒学以"和而不同"作为治国原则,体现了"伟大的天才"智慧。② 在肯定中国哲学与文化方面,狄德罗展现了相近的立场。对他而言,"中国人历史悠久、智力发达,艺术上卓有成就,而且讲道理,善政治,酷爱哲学;因而,他们比亚洲其他各民族都优秀。依某些著作家的看法,他们甚至可以同欧洲那些最文明的国家争辉。"③他同时肯定了中国哲学的智慧,认为这种智慧会"冲破一切羁绊"④。

以上提及的,都是当时主流的西方思想界的人物。他们的共同特点,在于不仅对中国文化给予了相当的关切,而且对其普遍的意义作了肯定。尽管这些思想家和哲学家对中国哲学和中国文化的具体内涵也许没有其后人了解得那样详尽,但对中国哲学的主要趋向与主导观念,却已有不同程度的把握。他们对中国哲学的积极评价,便基于这种把握。

反观那一时期的中国思想界和哲学界(包括儒学之域),其中的一些代表人物对于传教士介绍的西方思想观念固然也给予了某种关

---

① 〔法〕伏尔泰:《哲学辞典》,王燕生译,北京:商务印书馆,1991年,第331页。

② 〔法〕孟德斯鸠:《论法的精神》下册,张雁深译,北京:商务印书馆,1982年,第302页。

③ 〔法〕狄德罗:《中国人的哲学》,《中国哲学》第13辑,北京:人民出版社,1985年,第378—379页。

④ 同上书,第400页。

切,但是这种关切首先指向科学与技术的层面。即使对天主教思想表现出某种认同和肯定的徐光启,也将主要的兴趣放在几何学等科学知识之上,他所提出的"欲求超胜,必须会通"①,也主要指向科学领域。以亚里士多德的哲学而言,徐光启时代的中国哲学家感兴趣的,主要是其中与几何学比较接近的、形式层面的逻辑学(名理学),对其形而上学、伦理学,则很少问津。较之徐光启,方以智对西学有了更进一步的了解,他区分质测之学与通几之学,其中质测之学与物理学等自然科学相涉,通几之学则与哲学相关,方以智对质测之学及其意义作了多方面的肯定,并认为质测与通几无法相分,既不能以质测否定通几,也不能以通几否定质测:"不可以质测废通几,岂可以通几废质测?"②然而,关于中西之学的总体特点,方以智的观点是:西学"详于质测,而拙于言通几"③。这一看法意味着西方固然在自然科学方面有所长,但在哲学上却不如中国传统的性道之学(在方以智那里,通几之学与中国传统的性道之学属同一领域)。类似的情形也见于王夫之。王夫之认为:"盖格物者,即物以穷理,惟实测为得之。"④这一看法无疑受到西方实测之学的影响,但在哲学层面,却几乎很难看到王夫之对西学总体上的正面评价。

可以注意到,明清之际重要的中国思想家,从徐光启、方以智到王夫之,对西学都已有不同程度的接触,但他们所关注的主要还是西学中技术性的层面,如历法、数学、实测之学,等等,对于哲学层面的普遍思想内涵、价值观念,在总体上并没有给予实质上的肯定。相对

---

① (明)徐光启:《历书总目表》,《徐光启集》卷八,北京:中华书局,1963年,第374页。
② 方以智:《药地炮庄》卷之一《齐物论》,北京:华夏出版社,2011年,第148页。
③ 方以智:《物理小识·自序》,北京:商务印书馆,1937年,第1页。
④ (清)王夫之:《船山全书》第12册,长沙:岳麓书社,1992年,第637页。

于莱布尼茨、沃尔弗、伏尔泰等对中国哲学普遍内涵的关注和实践哲学等方面的推崇,中国哲学家显然没有在这方面给予西学以同样的关切。这里的原因当然是多方面的,包括由于缺乏专业哲学家的介绍和阐释,西方哲学难以展示系统的图景,从而妨碍了中国哲学家对西学的理解;同时,价值观方面的差异,也容易使中国思想家对外来文化保持某种距离,等等。由此形成的结果之一,就是前面提及的,中西文化之间在这一时期形成某种不平衡或不对称:西方主流思想家对中国文化的重视超过了中国主流思想家对西方文化的重视。

二

步入近代以后,情况开始发生不同的变化。从 19 世纪中期开始,中国文化与西方文化之间的互动,经历了新的衍化过程。这一时期,中国思想家首先所注重的是器物,与之相关的主张则是"师夷长技以制夷",尔后逐渐关注西方的"制度",最后则开始突出"观念文化"层面的西学。在观念文化这一层面,以"中体西用"为先导,西学最初在价值之维仍处于边缘地位,这一文化立场可以视为明清之际思维趋向的某种延续。然而,自 19 世纪后期开始,中国一些主流思想家开始深入于西学之中,逐渐了解西方文化的内在精神,并从不同层面趋向于认同西方文化的价值观念、接受西方主流的哲学思想。尽管其中的一些人物在价值观上往往站在儒学立场上对西方文化做某种批判,但从思想系统来看,近代思想家已开始以不同的方式运用主流的西方哲学的思想资源来建构自身的思想体系。这是一个值得关注的变化。

从总体看,中国近代真正称得上具有创造性的思想家,其共同特点在于不仅上承了传统的中国哲学,而且也以不同的方式接受了西方思想的诸种观念。以20世纪以来中国哲学的演进而言,从梁漱溟、熊十力,到金岳霖、冯友兰,都在不同程度上关注西方哲学,并受其影响。尽管其中一些人物并不是以专家的身份来了解西方文化,他们对西方哲学的具体细节、历史变迁也不一定十分了解,然而,在实质性的层面,他们却把握了西方哲学和西方文化的主导性观念,并以此作为建构自身体系的重要思想资源。诚然,在价值取向上,中国现代的一些哲学家(特别是上承儒学的哲学家)对西学仍有种种的批评,但即使这种批评,也构成了其形成自身思想系统的一个环节:通过对西学的这一类批判性回应,相关哲学家的思想系统从形式和内容上都取得了不同以往的形态。可以说,如果没有西学的东渐、缺乏西方哲学的背景,就不会有现代形态的中国哲学。

这种情况较之明清之际显然发生了明显的变化,后者具体表现在:主流的中国思想家开始对西方文化中带有普遍意义的思想资源加以认真关注,这种思想资源在得到认同以后又以不同的形式参与了现代中国哲学思想体系的建构过程。

然而,在西方,人们看到的则是另一种情形。从技术性的层面来说,明清之际以后,西方对中国文化的翻译和介绍无疑更为精致、细化,如某种中国的经典,常常会有十几种、甚至数十种的译本,对于中国文化的典籍、思想、学派等方面的了解程度,也开始远远超过了明清之际的传教士以及欧洲近代的思想家。但是,从19世纪以后,一直到晚近,都不难注意到一种现象,即:中国文化和中国哲学逐渐衍化为汉学研究的对象,对中国文化(包括儒学)的研究、介绍,也相应地主要限定于汉学家之域,17、18世纪主流的思想家莱布尼茨、沃尔弗、伏尔泰等关注中国哲学、中国思想的现象,自19世纪之后已难得一见。

不难注意到,虽然在细节上西方汉学家对中国典籍文化的了解已非明清之际的传教士可比,但是西方主流思想家却不再把中国哲学作为真正的哲学来理解。汉学家们的研究,侧重于中国文化中学术性的层面和领域,他们主要不是把中国哲学作为对人类思想文化的建构具有普遍意义的对象,而是更多地关注文化的差异。在相当程度上或实质的层面,其研究类似于文化人类学家对早期原始文明的考察。就哲学领域而言,自黑格尔始,西方主流哲学家便以比较轻视的眼光看待中国哲学。黑格尔在《哲学史讲演录》中虽然提到中国哲学,但却并未把中国哲学纳入他所理解的哲学之列。在他看来,孔子"是中国人的主要的哲学家",但他的思想只是一些"常识道德","在他那里思辨的哲学是一点也没有的"。《易经》虽然涉及抽象的思想,但"并不深入,只停留在最浅薄的思想里面"①。这种看法在此后的主流西方哲学中以不同的方式得到了延续。

尽管晚近以来,随着留学西方(欧美)的一些中国学人进入西方的学术领域,包括哲学界,中国哲学开始在不同层面进入某些西方高校的学科领域,西方的一些思想家们、哲学家们也逐渐对中国哲学给予了某种关注。但是,这种"进入"和"关注"主要仍然停留在西方非主流的哲学和思想领域,而没有走进和融入西方哲学的主流。在这方面,一个显而易见的事实是:中国哲学,包括儒学,始终没有进入重要的西方高校的哲学系中,它们依然主要在历史系、宗教系、东亚系等学科,除了夏威夷大学等少数的哲学系讲授中国哲学,主流的大学如哈佛、耶鲁、斯坦福、剑桥等,都没有把中国哲学作为哲学来看待。同样,西方主流的思想家、哲学家,也没有真正地把中国哲学作为其建构自身体系必不可少的资源。晚近人们往往津津乐道海德格尔如

---

① 〔德〕黑格尔:《哲学史讲演录》第1卷,贺麟、王太庆译,北京:商务印书馆,1981年,第118—132页。

何重视道家哲学,其哲学与中国哲学的道怎样具有相关性,等等,然而,如果深入地考察其哲学的内在逻辑脉络,则不难发现,这种推测显然言过其实。事实上,海德格尔的哲学本质上仍源自西方哲学传统,尽管包含了其中非主流的方面。与海德格尔同属现代西方现象学的梅洛·庞蒂,以更为明晰的形式表达了关于中国哲学的看法:"人们有这样的感受:中国哲学家没有像西方哲学家那样懂得理解或认识观念本身,他们没有向自己提出过对象在理智中的发生,他们不寻求去把握对象,而只是在其原初的完满中唤起它。"①依此,则中国哲学似乎尚未达到西方哲学的高度:相对于西方哲学,中国哲学仍处于较低的层面。当然,近来西方的一些哲学家们确实开始注意中国哲学,并试图以此作为自身哲学思考的参照,如斯洛特(M. Slote)在研究情感伦理学之时,便对中国的阴阳观念等给予了很多关注,但这种理解还处于比较表层或外在的阶段,尚未真正深入中国哲学思想的深层内涵之中。

　　这里,可以看到与明清之际不同的另一种不平衡或不对称。在明清之际,西方主流思想家们对中国思想和哲学的普遍意义给予了相当的关切,而中国的主流哲学家和思想家,却在注重西方的实测之学的同时,或多或少将西方的哲学思想置于比较边缘的地位。然而,19世纪之后,中国思想家热忱地了解西方思想,并将其作为普遍的思想资源加以运用,而西方主流的思想家和哲学家,却既不深入了解、也不具体关切中国哲学,更遑论以之为建构自身体系的思想资源。

　　以上是中西思想和哲学在新的历史背景下呈现的另一种不平衡或不对称的现象,如果这种不对称状况没有根本的改观,那么,即使

---

① 〔法〕梅洛·庞蒂:《哲学赞词》,杨大春译,北京:商务印书馆,2000年,第109页。

试图通过翻译、介绍等形式让中国思想走出去,依然是无济于事的。这里的关键是,以上一厢情愿的"走出"方式,并不能使中国思想和哲学进入主流的西方思想,成为他们建构自身体系的必要资源。也就是说,当中国的哲学思想作为人类文明普遍成果这一点没有得到深层面的认可,中国文化、中国哲学走出去便只能停留在表面的热闹之上,而很难获得实质性的内涵。

三

中国哲学真正进入西方主流哲学的视野,可能会经历一个漫长的过程,这一过程的展开并不取决于热切的倡导、标语口号式的呼喊。事实上,就翻译工作而言,西方和中国的学人在这几百年中已取得了引人瞩目的成绩,但中国哲学的研究却至今依然主要止步于汉学圈,没有真正进入主流的西方思想世界。中国的哲学如欲真正走进西方主流的哲学,首先便必须把中国哲学中真正具有普遍性意义的思想内涵,以西方主流的思想所能理解和认可的形式呈现出来。也就是说,应该使中国哲学在西方主流哲学的视域中不再是某种特殊乃至"异己"的存在的形态,而是人类文明中普遍性的思想成果。唯有如此,中国哲学才可能逐渐走进西方哲学思想的内在领域。

从具体的历史过程来看,这里至少涉及两个方面。首先是通过切实的研究,以展示中国哲学(包括儒学)在解决哲学演进过程(包括西方哲学的演进过程)中出现的诸种问题方面所具有的独特思想价值,这种价值如果能够真正得到体现,则中国哲学所具有的普遍性品格也相应地将得到承认。从广义上的哲学发展过程看,不同的哲学传统中所提供的思想资源确实可以为解决历史中和当代的各种理论性问题提供多样的启示,如果能够在这些方面切切实实地做一些具体的研究工作，无疑将有助于主流西方哲学发现和承认中国哲学所具有的内在价值。令人欣慰的是，近来一些学人，包括海外的学人等，已经开始注意并从事这一方面的工作。就内在的层面而言，哲学领域中的比较研究，不能停留在同异对照和罗列之上，而是应该进一步以中外之学共同面临的普遍性问题为对象，探索在解决这些普遍性的哲学问题上，中国哲学与西方哲学分别可以提供什么，从而为思考相关问题提供更为宽广的视域。

以德性伦理而言，对德性伦理的批评之一，是德性伦理仅仅关注自我德性的完善，对他人德性的完善则未予关注。以关心他人为例，通过关切、帮助他人，行为者自身的德性得到了彰显，但在这一关系中，被关切的对象主要是受惠者，其内在德性如何完善的问题则未能落实，这种单向性的关联，似乎同时也赋予德性伦理以某种理论上的片面性。然而，如果引入中国哲学的视域，对以上问题便可能获得不同的理解。从孔子开始，中国哲学便注重"己欲立而立人，己欲达而达人"[①]，其中所蕴含的，并不仅仅是一种对他人的外在关切或行善式的照顾，而是意味着推动他人在道德上自我完成、自我完善，在此意义上，德性伦理并非仅仅停留在德性主体自身的完美上，而且同时指向他人的完美，包括让他人靠自身的力量完善起来。这一思路，对德性伦理学所遭遇的批评，至少可以提供一种角度的回应。

另外，知和行之间脱节，常常成为伦理学讨论的一个重要问题。"知而不行"与伦理学上所面临的"意志软弱"，也有理论上的关联：明知其善，却未能去行，虽知其恶，却依然去行。对这一问题，可以从不同的视野去考察，中国哲学在这方面则同样也提供了独特的进路。中国哲学在较早的时期便区分了身心之知与口耳之知。荀子已指

[①]《论语·雍也》。

出:"君子之学也,入乎耳,著乎心,布乎四体,形乎动静,端而言,蠕而动,一可以为法则。小人之学也,入乎耳,出乎口,口耳之间,则四寸耳,曷足以美七尺之躯哉。"①这里的"学"与广义之知相联系,所谓"君子之学",也就是中国哲学所理解的人应当具有之知,而"布乎四体,形乎动静",则既涉及"身"(四体),又关乎"行"。与之相对的小人之学,则仅仅限于口耳之间,未能引向以自我完善(美其身)为指向的践行。王阳明对此作了更具体的考察。在谈到广义的知行关系时,王阳明便区分了口耳之学与身心之学:"世之讲学者有二:有讲之以身心者;有讲之以口耳者。讲之以口耳,揣摸测度,求之影响者也。讲之以身心,行著习察,实有诸己者也。"②"口"引申为说,"耳"则借喻为听,在言说过程中,说与听都首先涉及话语意义的辨析,其目标首先在于达到语词层面的理解。此时,主体常常耳听而口说,所谓入乎耳而出乎口;其所说所听,并未化为内在的德性和人格。唯其如此,故虽在语义的层面能明于理,但仍不免做悖于理之事。与这种口耳之知相对,身心之知已经化为人的内在意识,成为人在精神层面的具体构成,并与人自身同在。当知识不再表现为对象性的了解,而是化为自身存在的内在部分并与行为者融为一体之时,人的所作所为、举手投足,便会处处受到这种内在之知的制约,从而避免仅仅在观念的层面有所知而在行动层面上却付诸阙如。从荀子到王阳明,对口耳之知和身心之知的如上区分,无疑为回应知行之间的脱节以及与之相关的意志软弱问题,提供了一种哲学视野。

以上这一类的思想资源,在中国哲学中体现于多重方面,如果能够把这些对于解决哲学问题具有普遍意义的独特视野充分地揭示出

---

① 《荀子·劝学》。
② (明)王守仁:《传习录中》,《王阳明全集》,上海:上海古籍出版社,1992年,第75页。

来,那么,至少有助于使西方哲学逐渐比较深切地了解并关注中国哲学对思考哲学问题所具有的意义。历史地看,中西哲学往往面临共同的哲学问题,在解决这些问题方面,中国哲学究竟可以提供什么东西?真正通过切实的研究工作,把中国哲学在这方面的价值充分凸显出来,显然将从实质的方面推进中国哲学走向世界。

进而言之,不同的哲学传统,都是人类文明发展过程中形成的思维成果,这种成果是人类的共同财富,它们同时构成了今天哲学思考和建构的资源。从哲学建构和发展的层面看,中国哲学显然不能仅仅停留在解题的层面,而是需要一方面立足于自身的思想传统,另一方面又以开放的视野面对西方哲学的思维成果,以多重的智慧资源建构自己的体系。在这一过程中,中国传统的哲学(包括儒学),便是需要关注的重要方面。晚近以来,冯契、牟宗三等哲学家以自己的创造性研究,对性与天道、宇宙人生等根本的问题,作出了自身的独特思考,形成了具有个性特点的哲学系统。这种哲学思考和建构既是传统中国哲学的延续,又使之获得了当代新的形态,可以说,它从理论建构的层面,彰显和突出了中国哲学的普遍意义。如果这样的哲学研究继续深入地、持之以恒地加以推进,那么,中国哲学在建构哲学思想系统、深化对世界和人自身的认识这些方面所具有的意义,也将得到真正的确认。由此,中国哲学也将不再仅仅在文化人类学意义上限定于某一特定的文化圈之中,而是同时展现其普遍的品格和创造性的内涵,并真正融入包括西方主流文化在内的世界文化过程之中。

从中西哲学的互动看,正如19世纪以来,西方哲学逐渐成为近代中国哲学发展的重要背景并构成中国哲学所运用的重要资源一样,中国哲学也应当进入主流西方哲学家的视野,成为其哲学思考的重要背景。只有当主流的西方哲学,包括其中真正重要的哲学家们,都以中国哲学为哲学思考和建构的必要理论资源,并以不了解中国哲学为其哲学思维的缺憾,中国哲学才能够真正实质性地走进世界哲学的领域,而中国哲学自身通过创造性的研究以展示其普遍而深沉的哲学意义,则是实现如上转换的基本条件之一。以明清之际和近代以来中西哲学之间两度经历不对称的关系为背景,这一意义上的"进入世界哲学",意味着中西哲学相互承认、彼此肯定,既各美其美,也美人之美。唯有基于以上前提,中西哲学之间的关系才能在经历不同意义上的非对称关系之后,超越这种非对称性,真正走向合理的互动。

当然,哲学是对智慧的多样化、个性化的探索,而非千人一面。每一个哲学家都是从其自身所处时代、个人的背景、兴趣、积累、理解、对世界的感悟等出发,形成自己新的思考。同样,不同的哲学传统在彼此互动的过程中,也不会由此失去自身的特点。在走向世界哲学的过程中,中国哲学依然将呈现自身的个性品格。

(本文系作者于2018年8月在银川举行的"国际儒联学术委员会会议暨多元文化与儒学文化民族化论坛"上的发言记录,原载《华东师范大学学报2018年第6期》)

哲学对话:视域的交融

马克思主义哲学、中国哲学、西方哲学曾各有自身的话语系统,长期不相往来。当哲学还停留在中、西、马等不同学科的彼此分界时,其本身便难以摆脱近于知识的分化形态,后者与哲学跨越知识界限的内在旨趣显然难以相容。从以上前提看,中国哲学、西方哲学、马克思主义哲学对话的实质指向,在于走出学科界限、展现哲学作为智慧之思的内在意蕴。哲学所指向的是现实世界,这一现实世界既不同于本然形态的存在,也有别于哲学家思辨构造的超验对象,在探索这一现实世界的过程中,马克思主义哲学、西方哲学、中国哲学一方面展现了不同的视域,另一方面也形成了多样的思维成果。从不同哲学传统彼此交融的方式和进路看,这里同时涉及会通问题,而中国哲学、西方哲学、马克思主义哲学之间的会通,则首先应该理解为一个历史过程。

一

马克思主义哲学、中国哲学、西方哲学之间的关系与互动,逐渐成为哲学界所关注的问题。中、西、马之间的相互沟通之成为问题,缘于20世纪50年代以来三者在学科上的分化。对这一思想现象,当然可以从不同方面加以理解。从哲学自身的发展看,值得思考的问题是:为什么中、西、马的学科分化经过几十年,现在要将它们放在对话、交融的视野中来考察?稍作考察便不难发现,这与哲学本身的性质难以分离。哲学(philosophy)一开始便与智慧结下了不解之缘,作为智慧之思,哲学不同于各种特定的知识门类,其进路体现于跨越不同界限,从整体、统一的视域来理解世界。即使是自身研究方式有所限定的分析哲学,其中的一些人物也无法完全无视哲学的这一指向。塞拉斯(Sellars)便肯定:"哲学的目标如果抽象地概括,就是理解最广意义上的事物如何在最广的意义上相互关联。"①质言之,以有别于知识的方式来把握相互关联的世界,构成了智慧之思或哲学追问的内在旨趣,也正是在这里,展现了中国哲学、西方哲学、马克思主义哲学对话的内在意义。

具体而言,当哲学还停留在中、西、马等不同学科彼此区分的形态时,其本身便类似各自相分的特定知识门类,呈现分化的格局。事实上,在中国哲学、西方哲学、马克思主义哲学各不相属、相互分离

---

① Wilefrid Sellars, *In the Space of Reason*, *Selected Essays of Wilefrid Sellars*, edited by Kevin Scharp and Robert Brandom, Harvard University Press, 2007, p.369.

时,它们同时也往往呈现为哲学领域某种专门的知识形态,并越来越限定于各自特定的界域之内。在相当长的时期,中、西、马往往各有自身的话语系统,彼此不相往来,其情形类似20世纪以来现象学与分析哲学的分野。不难看到,这种划分形式已渐渐远离了哲学跨越知识界限的内在旨趣、消解了哲学作为智慧之思的本来意蕴。从以上背景看,中国哲学、西方哲学、马克思主义哲学对话的实质指向,在于跨越学科界限、回到哲学作为智慧之思的原初形态。

当然,从历史角度看,中国哲学、西方哲学、马克思主义哲学在作为不同的观念传统分别演化的过程中,也形成了各自丰厚的思想资源,其中既有相近或者相通之处,也存在彼此差异之点。今天重新思考哲学问题,包括马克思主义哲学本身发展的问题,充分关注哲学的不同学科在相对独立的形态下形成的多样理论资源,无疑具有重要意义。从哲学的演进看,多样的理论资源本身可以成为多样的智慧之源,中、西、马各自形成的思想资源经过会通、交融,将从思想之流的层面,构成推动哲学发展的内在动力。

二

在如何通过中、西、马对话和沟通以推进哲学的发展这一问题上,当然也可以有不同的理解与不同的侧重。除了在一般的层面上对此加以探讨外,这里更实质的方面,关联着基于现实世界的具体哲学问题。不难注意到,此处重要的不是空洞地呼喊"中、西、马之间应当对话和沟通"之类的口号,而是在对具体问题的思考研究中,展现中、西、马不同的理论背景,以此从更广的视域推进对相关问题的理解。

从普遍的层面看,中国哲学、西方哲学、马克思主义哲学之间的沟通,也有其内在的意义。20世纪以来,哲学领域中值得注意的现象首先表现为对语言和意识的关注。语言的关注与分析哲学相联系,对分析哲学而言,哲学的工作无非是改变语言的形而上运用,回到其日常的用法。较之以语言为指向的哲学趋向,另一种哲学进路更多地与意识相关,后者以现象学为重要代表。海德格尔与胡塞尔尽管在不少问题上存在差异,但在注重意识这一点上,又呈现相通之处,他的基础本体论以"此在"为关注重心,所讨论的具体问题则关乎个体在心理层面的感受和体验,包括烦、操心、畏,等等,这一类生存感受或体验直接或间接地都涉及意识之域。对不同意识现象的分析和考察固然也有助于推进对人自身存在的理解,但赋予意识以终极意义,同时也表现出思辨化、抽象化的趋向。与以上进路相对,哲学所指向的应当是现实的世界,这一现实世界既不同于本然形态的存在,也有别于哲学家思辨构造的超验对象,在探索这一现实世界的过程中,马克思主义、西方哲学、中国哲学既展现了不同的视域,也形成了多样的思维成果。

马克思主义所理解的现实世界,首先不同于"自在之物"等以往思辨哲学构造的超验存在。对马克思主义而言,人自身是在历史实践中生成的,这种历史实践的最本源形态,便是劳动。劳动既创造了人,也改变了外部世界。基于人的历史实践而形成的现实世界,不同于本然意义上的存在。马克思主义的这一看法,在一定意义上也可以视为对西方哲学反思总结的结果:马克思主义哲学并不是凭空产生的,它既是哲学革命的产物,也批判地吸取了西方哲学发展的成果。另一方面,在马克思之后,西方哲学关于现实世界的思考本身也在继续,其中亦可以看到与马克思主义类似的某种探索。海德格尔关于存在的看法,便从一个侧面体现了这一点。海德格尔不满于以往的形而上学,并试图建立与之不同的所谓"基础本体论",后者以此在为核心。撇开其思辨的形式,则所谓"此在"实质上也就是人的个体存在。基于"此在"(人的个体存在)的这种基础本体论,确乎不同于传统形而上学视域中的超验存在或本然存在。这里从一个侧面涉及了马克思主义哲学与现代西方哲学的关系。一方面,二者确有一些共同之处:马克思主义基于人的存在以理解现实世界,海德格尔也未离开人自身存在来考察外部存在,在联系人的存在以理解世界这一点上,二者无疑表现出某些相通之处。但另一方面,马克思主义以历史实践为前提,更多地把人视为类的、社会性的存在,这一哲学传统所理解的世界也更多地展现了现实的内涵。与之不同,海德格尔主要关注个体生存以及个体生存过程中的内在体验和感受,如烦、操心、畏,等等。这一事实表明,在关注马克思主义与海德格尔等现代西方哲学对话时,应当避免将马克思主义海德格尔化。

在对世界及其原理的理解上,中国哲学同样很早就形成了"道不远人"的看法。在中国哲学看来,人所面对的世界,并不是本然形态的存在,当人追问或沉思对象时,这种对象总是已与人形成了某种联系。人与道的关系,是中国哲学所关注的中心问题之一,而其立论的基点,则是道非超然于人:"道不远人。人之为道而远人,不可以为道。"① 这里的道,即形上视域中的存在根据和法则,对中国哲学而言,道并不是与人隔绝的存在,离开了人的为道过程,道只是抽象思辨的对象,难以呈现其真切实在性,事实上,作为存在根据和法则的道,其意义本身展现于人的形上视域。同时,中国哲学强调"赞天地之化育""制天命而用之",所谓"赞天地之化育",并不是人帮助自然过程的完成,而是指通过人的活动使对象世界(天地)由本然的存在("天之天")转化为打上了人的印记的存在("人之天"),从而合乎人

---

① 《中庸》。

的合理需要并获得价值的意义,其中蕴含着现实世界基于人的存在及其活动的观念。就其肯定人所处的世界并非本然的存在而是与人的参与息息相关而言,以上看法与马克思主义哲学也有一致之处。当然,在中国哲学中,"道不远人""赞天地之化育"的观念,尚未以历史过程的具体考察为前提,其中仍包含某种思辨内容。

从哲学的层面理解人所面对的真实存在,无疑需要把目光转向人生活于其间的现实世界。在这一层面,可以看到中国哲学、马克思主义哲学、西方哲学既存在相通之处,又同中有异。深入地考察三者的具体关系,揭示其中蕴含的不同哲学智慧,无疑将推进对存在的理解。

同样,在对人的理解上,中国哲学、西方哲学、马克思主义哲学也既有交集,又存在不同进路。马克思主义哲学更多关注人的社会性以及人类社会演进的历史规律性;中国哲学一方面在价值观上表现出群体关切,另一方面又关注个体人格、德性、精神境界;马克思主义哲学之外的西方哲学,则更多地关注于个体存在、个体权利,直到现代,依然可以看到此种趋向:罗尔斯的《正义论》以正义为讨论对象,而正义的核心问题,便关乎个体权利。

进而言之,在人与物的关系上,不同的哲学传统都以各自的方式肯定人的内在价值,反对人的物化。马克思主义哲学反对拜物教,批评人的异化,追求人的解放,其中包含着对人的内在价值的肯定。中国哲学中,儒家注重人禽之辨,要求将人与其他存在区分开来,强调天地之中人为贵;道家则主张不以物易性,反对以外在的名利,取代人的内在天性。儒道的这些看法,都从不同的方面确认了人的价值。同样,在近代以来西方哲学的演进中,康德在追问何为人的同时,又肯定人是目的,反对将人视为手段,其中所突出的,也是人之为人的内在价值。

人的存在与现实世界的生成，离不开人自身的活动。关于人的活动对人与现实世界的意义，不同的哲学传统展现了不同的侧重。马克思主义哲学强调的是制造工具与运用工具的实践活动的本源性，西方哲学，包括其实践哲学，则主要关注政治、伦理的活动，中国哲学，特别是其中的儒学，则更为注重人的伦常活动以及与之相关的日用常行，包括洒扫应对的日常活动。人类生活和人类实践本身包含不同方面，对人的活动这些看法，可以说分别涉及其中一个方面。

在如上的不同理解中，同时可以看到对现实世界与人的真实存在的多方面探索。如果限定于其中一个侧面，无疑容易引向对世界和人的片面理解。以人的存在而言，单纯注重其中社会性的规定，可能便会导致对人的个体性，包括个体人格、个体权利的某种忽略，反过来，仅仅强调个体权利，则可能漠视人的社会性、道德上的人格境界。同样，以个体德性、精神境界为主要关注之点，忽略其后更广义上的社会性，也会引向对人的抽象理解。马克思主义哲学、中国哲学、西方哲学作为不同的哲学传统固然主要关注于人的存在及其活动的某些方面，但这些方面同时表现为存在的真实规定，它们综合起来，即涉及人的存在及现实世界的多方面性。可以看到，分而论之，中国哲学、马克思主义哲学、西方哲学都各自积累了丰厚的思想资源；合而言之，这些不同的探索则趋向于真实的世界。在这一意义上，中、西、马对话并不仅仅表现为主观层面的要求，而是最终指向现实世界与人的真实存在。事实上，对以上不同哲学传统所积累的思想资源进一步加以反思和总结，确乎有助于更真切和深入地理解世界和人自身。当然，中国哲学、西方哲学、马克思主义哲学之间的沟通和对话，不能停留于空泛的议论，而是需要最后落实于对哲学和时代具体问题的研究。

三

从不同哲学传统彼此交融的方式和进路看,这里同时涉及会通问题。中国哲学、西方哲学、马克思主义哲学之间的会通,首先应该理解为一个历史过程。具体而言,在不同历史时期,会通具有不同的内涵,思想的交融,也是在不同的层面上历史地实现的。事实上,以往的历史上已展示了这一点。以佛教与中国文化的关系而言,佛教本是外来宗教,传入中国后,经过了近千年的历史衍化,它才逐渐实现了与中国文化的会通。这种会通的历史形式和实现方式,同时呈现多样性。在宗教的层面,经过从魏晋南北朝到隋唐的演进,最后出现了中国化的佛教——禅宗,后者既是外来佛教的发展,又融合了中国的思想传统。在哲学的层面,以三教合流为历史趋向,宋明理学站在儒家立场上,实现了中国传统哲学与包括外来佛教在内的其他思想的某种会通。不管是哪种形式的会通,其现实形态都是在历史过程中形成的。较之佛教,西方哲学和马克思主义哲学进入中国的历史还不算很长,中国哲学与二者的会通,也将经历一个漫长的过程。

另一方面,哲学的会通不仅仅存在于中、西、马之间。广而言之,在任何一种哲学传统的内部,也同样存在着会通问题。就西方哲学而言,现象学与分析哲学的两极对峙,便成为20世纪以来引人瞩目的景观,而如何扬弃两者的这种对峙、实现思想的内在交融,则构成了西方哲学进一步发展所无法回避的问题。从更高的哲学视域来看,仅仅为某一种趋向辩护或拘守某种哲学系统,本身都表现为一种偏向,合理的立场在于超越和扬弃简单对峙。

就内容而言,如前所述,哲学可以视为智慧之思;从形式的层面看,哲学活动则主要表现为概念运用的过程,后者首先与逻辑分析相关。与之相联系,智慧的追求和逻辑的分析是哲学不可分离的两个方面。以中国哲学的概念来表述,这里同时涉及"道"和"技"的关系。智慧的追求近于中国哲学所注重的"道"的追问;逻辑的分析,包括概念的界说和辨析、观点的论证,等等,则更多地与中国哲学所说的"技"相关联。20世纪以来西方的分析哲学和现象学,可以说各自抓住了其中一个方面。现象学比较关注"道",事实上,一些论者每每将现象学系统中的相关思想(如海德格尔的哲学)与中国的天道加以比较,也反映了现象学与"道"的追问之间的相关性。比较而言,分析哲学对逻辑分析给予了更多的关注,其中所涉及的首先是中国哲学所说的"技"。两者各有所长,也各有所偏。哲学研究应该关注宇宙人生根本性的问题,这是哲学不同于科学、艺术之处,如果哲学不追问天道、宇宙人生这样的大问题,那么,哲学之思的意义又何在? 但是,另一方面,以上追问又必须建立在可靠的基础之上,后者既涉及现实的背景,又关乎严密的逻辑分析。

从世界范围看,尽管一些哲学家试图沟通现象学和分析哲学,但总体上,两者彼此隔绝的状态没有根本改变。与之类似,从中国的哲学界看,专注于现象学研究与倾心于分析哲学,也构成了不同的哲学趋向。从事分析哲学研究的,往往限定于特定论题的细密分析,对哲学领域的大问题则不甚关注;从事现象学的研究,则常常沉溺于哲学思辨,而未能把概念的严密分析、观点的逻辑论证放在应有的位置之上,两者各有自身的局限。在从世界哲学的角度扬弃现象学和分析哲学对峙的同时,也需要使当代中国哲学超越道与技、思辨哲学与逻辑分析的分离。

要而言之,哲学思想的推进离不开多元的哲学智慧。在单一的传统之下,思想资源往往会受到内在的限制。当代西方哲学家大都没能超脱古希腊以来的西方哲学传统,不断地在古希腊到现代西方哲学的单一传统里兜圈子。源于现象学的海德格尔尽管对中国的道家哲学有过兴趣，但其根底仍是西方的传统，他之研究前苏格拉底的思想、考察康德和尼采哲学，等等，都体现了这一点；分析哲学在将古希腊以来注重逻辑分析的传统发挥到极致的同时，又陷入了思想的碎片化。不接纳其他文明的思想资源，其发展潜力无疑将受阻。分析哲学自限于"语言"的牢笼，现象学则陷入了"意识"之域，近年来成为"显学"的政治哲学、伦理学则既囿于特定的社会领域，又以古希腊以来的政治伦理传统为主要思想之源，其进路相应地受到不同意义上的限制。

比较而言，近现代以来，熊十力、梁漱溟、冯友兰等中国哲学家已比较注意运用多元智慧。他们也许并不十分精通外语（如熊十力），但这并不完全妨碍其对西方哲学的了解。这里有必要对"了解"作一区分：一为专家式的了解，一为哲学家式的了解。从专家式的了解来说，熊十力关于西方哲学的了解可能没有那么细致"到位"，但是他有一种哲学家的直觉，能够从整体的方面把握西方的哲学观念，后者不同于细节性的表述。梁漱溟的情况也有类似之处。冯友兰则曾留学美国，对西方哲学有更细致、更深入的理解。这些哲学家既对西方哲学有不同程度的了解，又对中国自身的传统有深厚的底蕴，他们也因此能够在不同的哲学传统和多元智慧中进行创造性的哲学思考，由此形成具有独特品格的哲学系统，这些系统在哲学史中的具体创造意义，也许有待于未来的进一步验证，但其研究进路的历史意义，则是显而易见的。

从中国哲学与西方哲学的关系看，中国哲学既不应妄自尊大，也无须妄自菲薄。妄自尊大，意味着不能真正深入地把握和理解西方哲学从古希腊到现代的发展历程及其思维成果；妄自菲薄，则常常引向对西方哲学亦步亦趋的迎合。从当代西方哲学的发展过程看，在罗尔斯、蒯因、诺齐克、罗蒂等哲学家谢世之后，真正能称为哲学家的，愈来愈有限。哲学领域固然有不少专家，他们在一些具体领域，如伦理学、语言哲学、科学哲学等方面，可能确实做出了非常出色的工作，然而，不能将专家简单地等同于哲学家。专家既有所长，也有自身的限度，与之相联系，从事哲学研究，无须刻意地迎合当代的一些西方学者，以其研究范式或写作风格为圭臬。事实上，从"道"和"技"的关系看，现代西方哲学每每或者以"道"消解"技"，或者将"道"引向"技"，智慧的关切和逻辑的分析由此彼此相分。从中国哲学、西方哲学、马克思主义哲学的相互关联看，在注重三者互动的同时，也需要在更本原的层面超越"道"和"技"的分异。

（本文系作者于2017年1月在北京大学未名论坛的演讲记录，原载《甘肃社会科学》2017年第4期）

中国哲学与"世界性百家争鸣"[①]

20世纪以来,中国哲学的发展,乃是以世界哲学的历史衍化为其前提,这种背景使哲学思想的建构与哲学观念的论争,同时具有超乎特定时空的意义。如所周知,近代以前,世界范围内不同的哲学传统,大致限于一定的时空之域,其中的哲学观念和哲学论争,主要发生于相关的文化空间,其意义也以自身的文化传统为限。步入近代以后,随着历史走向世界历史,不同文化传统之间开始彼此相遇,并逐渐形成实质性的关联。在此背景下,哲学建构以及哲学的论争即使发生于中国,也开始具有世界的意义。冯契先生在20世纪

[①] 本文的研究纳入国家社会科学基金重大项目"伦理学知识体系的当代中国重建"(项目编号:19ZDA033)、江苏省"公民道德与社会风尚协同创新中心"以及山东省"曾子研究院"研究项目。

未曾指出:中国哲学在现代"正面临着世界性的百家争鸣"①。历史地看,20世纪以来的中国哲学既呈现世界性的意义,也以某种方式参与了世界范围内的百家争鸣,而如何更为深入、更为自觉地通过参与这种争鸣以发展自身,则是中国哲学进一步演进所面对的问题。

一、中国现代哲学:融入世界哲学与参与世界性的百家争鸣

首先值得关注的,是20世纪20年代科玄论战。这一论战主要展开为科学主义与形而上学之间的交锋,论战的双方分别是所谓科学派与玄学派,玄学派以张君劢为主将,科学派的领衔人物则是丁文江。论战发端于人生观,由此又进而涉及社会文化的其他领域。科玄之战的导因是张君劢关于人生观的论述。在题为"人生观"的讲演中,张君劢对科学与人生观作了严格的区分,认为科学是客观的,人生观则是主观的;科学为论理学(逻辑学)所支配,人生观则源于直觉;科学是分析性的,人生观则是综合性的;科学为因果律所支配,人生观则以意志自由为前提;科学基于现象之同,人生观则基于人格之异。在以上区分的背后,是如下信念,即科学有其自身的限度,不应当越界侵入人生观。与玄学派严于科学和人生观之分并强调科学的界限不同,科学派的注重之点首先在科学的普遍有效性。按科学派的看法,科学的作用范围并无限制,从物理对象到人的意识,无不处于科学的制约下,人生观也同样未能例外。较之玄学派侧重于科学与哲学的划界,科学派更多地肯定了科学与哲学的相关性。

---

① 冯契:《中国近代哲学的革命进程》,上海:华东师范大学出版社,1997年,第722页。

外在地看,以上论争发生于20世纪初的中国,似乎与中国之外的世界没有多少关联。如果情形确实如此,则这一论争便只是发生于一定的思想传统之中,其意义与先秦时期的百家争鸣,也无根本的不同。然而,作为中西哲学已经相遇之后展开的哲学论争,科玄论战已折射了世界范围内哲学的变迁。科玄论战以人生观为其主题,作为对人生之域的一般看法,人生观内含着普遍的价值取向。相对于玄学派对人的存在价值以及更广意义上人本主义或人道主义原则的肯定,科学派在将人对象化(物化)的同时,又从一个方面表现了科学至上的价值取向,后者蕴含着对玄学派所推崇的人道价值原则的偏离。从世界范围看,自实证主义兴起以后,人文主义与科学主义的对峙,便逐渐成为重要的思想景观,后者在相当意义上构成了科玄论战的文化背景。事实上,科玄之战尽管发生在20世纪20年代的中国,但它所折射的,却是世界范围内科学主义与人文主义之间的张力,正是这一背景,使之不同于地域性的学派争鸣而具有了世界意义:就实质的层面而言,科学论战可以视为世界范围内科学主义与人文主义论争在现代中国的延伸。科学主义与人文主义论争属近代以来世界性百家争鸣的重要方面,作为这一论争的体现,科玄之论战无疑也与以上争鸣相涉。

除了思想论战,20世纪初中国哲学界另一值得注意的现象,是体系性思想建构的出现。与科玄论战几乎同时,熊十力提出了其"新唯识论"体系,梁漱溟则构建了意志主义的哲学系统。熊十力的"新唯识论"上承儒学思想,并吸纳了佛学的观念,似乎呈现某种传统的形态,但它同时受到现代西方哲学(如柏格森直觉主义)的影响并在理论上对近代以来的哲学问题作了回应,从而,已属广义的现代哲学。在对传统佛学的如下批评中,也不难注意到熊十力哲学的现代视域:"佛家说五蕴皆空(原注:五蕴谓现象界),似偏于扫相一方面。

新论说本体之流行,即依翕辟与生灭故,现象界得成立。"①现象界属经验之域,对现象界的肯定,也意味着对经验领域的关注,这种看法不同于传统的形而上学,而与现代的经验主义哲学具有相通之处。

　　与熊十力哲学相近的是梁漱溟的哲学系统。在思想渊源方面,梁漱溟的哲学源于了儒学(特别是明代王学),但同时融入了现代西方哲学的若干观念,包括叔本华的意志主义思想。按梁漱溟的看法,"尽宇宙是一生活,只是生活,初无宇宙。"②而生活也就是意欲:"生活就是没尽的意欲。"③这一意义上的意欲,即源自叔本华,梁漱溟也比较明确地肯定了这一点:"此所谓意欲,与叔本华所谓意欲略相近。"④从宇宙即生活,而生活即意欲的观点出发,梁漱溟进而将意欲视为主体行为的依据:"大家要晓得,人的动作不是知识要他动作的,是欲望与情感要他往前动作的。"⑤"知识并不能变更我们行为,行为是出于情志的。"⑥这些看法在理论取向上显然与西方现代的意志主义呈现一致性。

　　可以看到,熊十力、梁漱溟的哲学虽然形成于20世纪初的中国,但它们不同于传统哲学而呈现现代形态,并至少在具有现代形态这一点上,并非完全隔绝于世界哲学。同时,在欧风美雨的浸润之下,其中的思想又渗入了多重西方哲学的观念。作为既进入现代哲学之林,又与西方哲学形成多重关联的哲学系统,熊十力与梁漱溟的哲学建构无疑已非囿于以往的传统而展现出世界性的意义。更为值得注

---

① 熊十力:《答唐君毅》,《十力语要》卷二,北京:中华书局,1966年,第130页。
② 梁漱溟:《东西文化及其哲学》,上海:商务印书馆,1922年,第48页。
③ 同上书,第24页。
④ 同上。
⑤ 梁漱溟:《李超女士追悼会之演说词》,《漱溟卅前文录》,上海:商务印书馆,1923年,第130页。
⑥ 梁漱溟:《宗教问题讲演》,《漱溟卅前文录》,上海:商务印书馆,1923年,第148页。

意的是,在受到西方思想影响的同时,熊十力、梁漱溟也对广义的西方思想和西方文化提出了种种批评。熊十力便对西方的科学文明作了如下评价:"今日人类,渐入自毁之途,此为科学文明一意向外追逐,不知反本求己,不知自适天性,所必有之结果。吾意欲救人类,非昌明东方学术不可。"①与之相近,梁漱溟也认为:"机械实在是近古世界的恶魔;但他所以发明的,则为西方人持那种人生态度之故。从西方那种人生态度下定会发生这个东西:他一面要求物质幸福,想利用自然征服自然,一面从他那理智剖析的头脑又产生科学,两下里凑合起,于是机械就发明出来。"②这里涉及的,是中西之间或东西之间文化观念上的差异,以东方学术批评西方的科学文明,既关乎中国哲学思想与西方哲学的互动,也涉及世界范围内的思想争鸣。

这里可以对广义"争鸣"的内涵作一分疏。争鸣的本义关乎鸣叫或鸣放,与之相联系,在表示思想和观念时,争鸣既涉及不同意见的相互争论和交锋,也以相关意见或观点的各自陈述或自我表达为形式。事实上,先秦的"百家争鸣"固然也关乎不同意见的论争,但这种争鸣同时又体现于不同意见的自我表达。孟子对墨家、杨朱的批评,便以表示否定性的意见为形式,而并非展开为你来我往、唇枪舌剑的彼此论争或争辩。同样,庄子的学术见解、荀子对前人以及同时代其他人物和学派的责难,包括非十二子,也主要表现为各自意见的表达。这一类的表达,往往展开于所处的不同文化空间。以庄子而言,其思想的陈述便具有"只在僻处自说"③的特点,然而,尽管他在当时思想界发出自己的声音并不以直接参与论争为形式,但这并不妨碍

---

① 熊十力:《韩裕文记》,《十力语要》卷二,北京:中华书局,1996年,第221页。
② 梁漱溟:《东西文化及其哲学》,《梁漱溟全集》第1卷,第489页。
③ 朱熹:《朱子语类》卷一百二十五。

他是战国时期百家争鸣的重要参与者。与此相近,熊十力、梁漱溟的以上哲学立场虽然主要表达于20世纪初的中国,但同样也具有参与世界范围内相关争鸣的性质。

20世纪的三四十年代,冯友兰、金岳霖等中国哲学家在哲学之域作了进一步的探索,形成了新的哲学系统。以冯友兰而言,其"新理学"体系上承了中国传统哲学中的程朱学派,同时又吸纳了西方现代的新实在论以及广义的实证主义,从而有别于以往的"理学"。然而,在引入西方现代哲学的同时,冯友兰又对其提出了批评:"西洋的哲学家,很少能利用新逻辑学的进步,以建立新底形上学。而很有些逻辑学家利用新逻辑学的进步,以拟推翻形上学。他们以为他们已将形上学推翻了,实则他们所推翻底,是西洋的旧形上学,而不是形上学。形上学是不能推翻底。"[①]这里的"西洋哲学",主要指包括新实在论的广义实证主义。以拒斥形而上学为基本立场,实证主义对不同形式的形而上学对此否定态度,与之不同,冯友兰在扬弃旧形而上学之后,又试图以逻辑分析的方法建构新形而上学,其新理学便可视为这一努力的结果。实证主义在后来逐渐演化为逻辑经验主义或逻辑实证主义,维也纳学派即为后者的代表。逻辑实证主义在总体上将哲学的功能规定为命题的语义分析与句法分析,这一立场实际上以语言的逻辑分析取代了对本然之理的把握,它或多或少使哲学与科学囿于名言之域。对逻辑实证主义的如上倾向,冯友兰颇有异议。在他看来,逻辑分析固然包括句法分析,但绝不能停留于此。对命题的句法分析(辨名)必须与析理相联系:"照我们的看法,逻辑分析法,就是辨名析理的方法。这一句话,就表示我们与维也纳学派的不同。我们以为析理必表示于辨名,而辨名必归极于析理。维也纳

---

① 冯友兰:《三松堂全集》第5卷,郑州:河南人民出版社,2001年,第126页。

学派则以为只有名可辨,无理可析。"①辨名与析理的如上统一,显然不同于逻辑实证主义(维也纳学派)以辨名否定析理。

与冯友兰相近,金岳霖在哲学理论方面与现代西方的实证主义哲学呈现某种同步性,其超越或拒斥形而上学的立场,便体现了这一点。然而,金岳霖对形而上学(玄学)又作了区分,并认为对形而上学的不同形态可以用不同的方式对待:"我觉得新玄学与老玄学有极重要的分别,反对老玄学的人,不见得一定反对新玄学。"②在金岳霖看来,心物之争一类的形而上学固然没有意义,但不能由此否定一般的玄学。以上看法既体现了近于现代西方实证主义的趋向,又展示了不同于西方实证主义的哲学观念。在认识论上,金岳霖进一步对西方近代以来的"唯主方式"提出批评。所谓唯主方式,即是仅仅限于此时此地的官觉(感觉)现象,亦即将认识封闭在当下的感觉之内,始终不超出感觉。自休谟以来,西方哲学中的经验主义一再表现出以上立场。现代的维也纳学派则将这种唯主方式与强化语言的逻辑分析结合起来,金岳霖对此同样持批评态度,在《知识论》中,他明确指出:"有些人喜欢把官觉底呈现视为主观的,把语言视为客观的,维也纳学派的人似乎有此主张。本书认为这办法不行。"③前面已提及,维也纳是西方现代逻辑实证主义的主要代表,对维也纳学派的以上批评,无疑属于世界哲学舞台上的另一种声音。

相对于熊十力、梁漱溟等中国现代哲学家对西方文明的批评,冯友兰、金岳霖的以上看法无疑更深入地体现了新的哲学视域,而其中展现的哲学立场,则涉及世界范围内的哲学论辩:尽管冯友兰和金岳

---

① 冯友兰:《三松堂全集》第5卷,第202页。
② 金岳霖:《金岳霖学术论文选》,北京:中国社会科学出版社,1990年,第158页。
③ 金岳霖:《知识论》,北京:商务印书馆,1983年,第223页。

霖是在20世纪上半叶的中国发表其相关论点,但不仅这种哲学观念蕴含世界的意义,而且相关的批评也针对世界性的哲学趋向,并可以纳入与之相应的哲学争鸣。

二、世界意义的进一步展现

20世纪的下半叶,中国哲学的演化依然没有离开世界哲学的背景。当然,相对于前一时期,哲学的变迁出现了新的格局。其中,马克思主义影响的扩展,是引人注目的一个方面。自20世纪50年代开始,伦理学、美学、逻辑学、认识论等哲学的分支,在不同层面上都得到了现代意义上的具体考察,关于形式逻辑、美学等问题的讨论也先后展开,对西方哲学与中国哲学中的不同问题,如辩证法、形而上学,等等,以及哲学史的不同人物,如西方哲学中的黑格尔、费尔巴哈,中国哲学中的孔子、老子、庄子等,也展开了多样的研究。在这一过程中,马克思主义逐渐在哲学的各个领域中占据主导地位,后者可以看作是发端于中国近代的哲学革命进程的深化。

马克思主义哲学、西方哲学、中国哲学,属于不同哲学传统。就西方的哲学界而言,除哲学史外,哲学的分支一般被区分为认识论、伦理学、逻辑学、政治哲学、科学哲学、语言哲学、心智哲学,等等,很少将马克思主义哲学、西方哲学、中国哲学加以并列。同时,尽管西方哲学在19世纪末、马克思主义哲学在20世纪初已传入中国,但20世纪下半叶以前,中、西、马在哲学领域并未形成三足鼎立之势。从起源上看,尽管马克思主义本来来自西方,但作为西方哲学传统革命性的产物,马克思主义哲学在诞生之后,已获得了与西方哲学传统不同的内涵,并表现为一种独特的理论形态。虽然以上区分的标准似乎并不一致:中西哲学之分以地域为根据,而马克思主义哲学则涉及学派的差异,然而,以上三种传统在中国的相遇,却包含独特的意蕴,后者主要体现在:自20世纪下半叶以来,马克思主义开始取得主导地位。三者的互动以及由此形成的结果,无疑是一种具有世界意义的现象。

从世界范围看,对于马克思主义哲学,西方的主流哲学往往主要从意识形态的层面加以理解,而不愿承认其哲学上的原创意义,可以说,马克思主义哲学的思维成果,基本上在西方主流哲学的视野之外。这种观念,无疑也限制了西方哲学本身的发展:将马克思主义哲学排除在真正的哲学领域之外,使之无法将视野扩展到其他具有丰富内涵的哲学系统。事实上,忽视多元的哲学智慧,似乎也导致了西方主流哲学的贫乏化、狭隘化。比较而言,在肯定马克思主义哲学主导性的同时,又兼容中国哲学和西方哲学,并以三者为哲学建构的资源,这对于进一步的哲学思考,无疑可以提供更宽广的背景。马克思主义哲学的主导以及中国哲学、西方哲学、马克思在哲学之间互动的世界意义,也应当从上述角度去加以理解。

然而,在20世纪70年代末以前,马克思主义之取得主导地位,往往伴随着对马克思主义的教条化理解,以哲学史的考察而言,形而上学与辩证法、唯心主义与唯物主义的两军对战,成为梳理哲学史的一般模式,后者使哲学史的研究呈现简单化、抽象化的形态。同时,从形式上看,这一时期辩证法受到了空前的推崇,不仅马克思主义的辩证法,而且黑格尔的辩证法也得到了关注。然而,在实质的层面,知性思维的方式却往往大行其道。各种形式的划界,包括前面提到的唯物与唯心、形而上学与辩证法的对峙,成为重要的思想景观。这样,形式上的推崇辩证法与实质上的侧重知性划界,往往并存,这种现象显然疏离于真正意义上的辩证法。此外,辩证法本身也往往被公式化,一些概念、范畴每每被形式化地套用,几对范畴、几大规律彼此区分清楚、界限分明,这种划分也从一个方面体现了知性思维的方式,辩证法的内在精神则由此逐渐趋于消退。①

　　以世界哲学为视域,以上现象无疑呈现了独特的内蕴。现代以来,在主流的西方哲学中,与黑格尔哲学相联系的辩证法一直备受贬抑而处于哲学的边缘,相对于这一趋向,对辩证法的以上推崇无疑展现了不同的进路。然而,如前所述,20世纪70年代末以前的中国哲学界,辩证法的形式下,又蕴含着实质的知性思维,后者与主流的西方哲学又呈现相通性。这样,这一时期的中国哲学尽管没有直接参与西方哲学的论争,但就中西哲学的关系而言,以上哲学趋向却以相拒而又相融的方式,展现了其世界意义。

　　进入20世纪80年代以后,随着新时期的到来,哲学领域出现了不同的现象。以中西哲学的关系为关注之点,便不难注意到,世纪末的思想界,似乎再现了世纪之初的现象。20世纪初,随着西学的东渐,不同的西方哲学流派陆续被引入中国。然而,随着马克思主义哲学主导地位的确立,西方哲学逐渐走向沉寂。到了20世纪80年代以后,情况开始发生变化:西学再次复兴并渗入哲学的各个领域。这一时期,西方的不同学派,包括主流的现象学、分析哲学,都以不同的方式进入中国的哲学领域,并受到不同程度的关注。一时间,各种思潮、人物纷至沓来,纷纷亮相。不同学说的蜂起,首先赋予哲学界以多样的格局。前述教条化趋向常常伴随着独断化,后者意味着定于一尊、拒斥不同观念之间的对话和讨论,相对于此,彼此相异的思潮、学说、观点的并存,则使哲学领域呈现多样、丰富的形态。以此为前提,通过不同观点之间的对话、论争以更深入地走向真理性认识,也成为可能。

---

① 参见杨国荣:《中国哲学的现代走向:反思与展望》,《探索与争鸣》2020年第2期。

然而,随着不同思潮、学派、观点的蜂拥而至,各言其理,互不相通的现象也开始出现。从大的文化背景看,如斯诺所指出的,世界范围内已出现以科学知识及科学操作为内核的文化领域与围绕人文研究所展开的文化圈,①二者构成了各自封闭的文化领地,既无法相互理解,又难以彼此交流,由此逐渐形成了文化的鸿沟。知识分子限于专业训练的背景,往往只了解一种文化,从而很难对社会文化的发展达成共识②。两种文化的这种分离,既体现于科学主义与人本主义等广义思潮的对峙之中,也展开为分析哲学与现象学等具体哲学流派之间的分野。以后者而言,从关注的哲学论题,到表达哲学观念的方式,分析哲学与现象学都互不相通,彼此形成了思想的壁垒。哲学上的这种对峙和分离,更多地呈现出相对性的倾向。在20世纪80年代各种思潮的涌动中,世界范围内的以上思想景观也在某种意义上再现于中国,对现象学、分析哲学、法兰克福新学派等的不同认同,使各执一说、异见并行成为较为普遍的现象。这里同时可以注意到多样性和相对化的分别,多样性既体现观点的不同展开,又蕴含彼此对话、沟通的可能,后者进一步引向相互吸取、彼此互补。与之不同,相对化意味着不同观点之间无法彼此通约,难以相互理解;对相对性的强化,往往导向"怎么都行"的相对主义。作为一种思想现象,多样性与相对化的交错和不同走向,既呈现于世界范围内的哲学领域,也先后出现于20世纪初与20世纪末的中国哲学界,在这方面,现代的中国哲学同样融入了世界性的哲学之流。

与以上现象相关的,是一致与百虑的关系。比较而言,20世纪初与20世纪末,中国哲学的演化更多地呈现"百虑"的趋向,不同的思

---

① 参见杨国荣:《科学的形上之维——中国近代科学主义的形成与衍化》第九章,上海:华东师范大学出版社,2009年。
② 同上。

潮、学派、观点纷纷登场,或各执己见,或彼此论辩,其中既呈现了思想的多样发展,也蕴含相对化的走向,后者(相对化)在逻辑上趋向于仅仅各自陈述自己所认同和接受的观点,疏离一定意义上的共识,由此可能进一步导向怀疑论。比较而言,20世纪50年代到70年代末,对"一致"的追求成为更为主导的方面。肯定"一致",无疑具有扬弃相对主义和怀疑论的意义,但过分强调一致,本身也容易引向独断论。一致与百虑的以上分野,在某种意义上折射了近代以来世界哲学的演化。如所周知,确定性的追求,是近代西方哲学的重要趋向,笛卡儿、斯宾诺莎、洛克、休谟等尽管有理性主义与经验主义的区分,但都以清楚明白、无可怀疑为知识的基本特征,这种看法从认识论的层面肯定了确定性的意义。进入现代之后,确定性的追求受到不同的质疑,从尼采的重新评定一切价值,到后现代的解构逻各斯、告别理性,都呈现这一走向。在追求确定性与质疑确定性的如上历史转换之后,不难看到对"一致"与"百虑"的不同强调。20世纪中国哲学的衍化,与近代以来西方哲学的如上演进呈现了实质上的相近性。随着20世纪末与21世纪初国学热的兴起,注重"一致"的思想趋向开始取得了认同传统或回归传统的形态,而"中国哲学合法性"这一类问题的讨论,则从一个侧面显现了"百虑"的趋向。两者各自侧重一端,体现了彼此相分的进路。

三、历史展望:更深入地参与世界性的百家争鸣

以上,主要通过简略的历史回溯,考察了20世纪以来中国现代哲学的演进过程。不难看到,与前现代的哲学变迁仅仅限于自身传统不同,中国的现代哲学已融入世界,其不同的哲学趋向既折射了中国之外更广视域中哲学的分化发展,也以独特的方式参与世界范围

内的哲学论辩,由此展现了世界性的意义。从科玄论战这一类哲学论争,到哲学家的个性化哲学建构,从马克思主义的主导,到中国哲学、西方哲学、马克思主义哲学之间的对话,从多样化与相对性的相异进路,到一致与百虑的不同侧重,中国的现代哲学已超越了地域性而走向世界哲学。

如前所述,冯契先生已注意到"世界性的百家争鸣"这一问题,根据他的理解,"从世界范围来看,今天我们正处于一个东西文化互相影响、趋于合流的时代。为此,需要全面而系统地了解西方文化,也需要全面而系统地了解东方文化,并深入地作比较研究。这就需要有许多人从不同方面、不同领域去做工作,于是见仁见智,必然会产生不同意见,形成不同学派。所以,应该说,我们正面临着世界性的百家争鸣。"[1]作为以往从未出现过的历史现象,这种"世界性的百家争鸣"无疑向我们提出了需要正视的问题。事实上,前述中国现代的哲学变迁,已从不同方面对此开始加以回应,更为自觉地参与这种争鸣,则是中国哲学进一步发展无法回避的历史课题。

以20世纪中国哲学的演进为前提,首先需要关注的,无疑是马克思主义的发展。前面已指出,20世纪的下半叶,马克思主义逐渐取得了主导地位,并由此进一步与中国哲学、西方哲学彼此互动。这是一种具有世界意义的现象。然而,在马克思主义确立自身主导地位的同时,也曾出现某种教条化趋向,前述两军对战、方法论原理的公式化,等等,便已体现了这一点,这种教条化趋向同时意味着抽象化。按其实质,马克思主义以注重具体问题具体分析为其活的灵魂,以教条化的方式将其抽象化,实质上意味着悖离马克思主义的真实精神。

---

[1] 冯契:《中国近代哲学的革命进程》,上海:华东师范大学出版社,1997年,第722页。

在参与世界性争鸣的过程中，如何使马克思主义超越教条化、抽象性，无疑是需要思考的问题，这种超越的内在指向，在于回归具体性。

中国哲学在20世纪的演变，同时蕴含多样性与相对化的不同趋向。对多样性的肯定，意味着扬弃独断论，但由肯定多样性而强化相对性，又往往容易引向"怎么都行"的相对主义。参与世界性争鸣既需要避免定于一尊的独断论，也应与"怎么都行"的相对主义保持距离。如何在走出独断论的同时，又超越相对主义，这是在面对世界范围内的不同思潮、学说的互动时无法回避的问题。拒斥一切与自己不同的观点，往往将陷于独断的趋向；强调任何看法都有同等真理性价值，因而都可以成立，则常常走向相对主义。承认多样性，扬弃相对主义，是参与世界性百家争鸣需要坚持的立场。

以上的学术立场，内含一致与百虑的统一。如前所述，离开百虑，仅仅突出一致，在逻辑上难以避免独断论；否定走向一致的可能，单纯地强调百虑，则每每导向怀疑论与相对主义。事实上，相对主义与怀疑论本身在理论上具有相通之处。就正面而言，关注于一致，意味着对普遍性的肯定；确认百虑，则趋向于承认特殊性。从世界范围看，不同的哲学传统总是包含哲学之为哲学的普遍品格，而特定的历史、文化，又往往赋予各个哲学传统以特殊的形态，在参与世界性的百家争鸣的过程中，既需要关注和认同哲学的普遍性规定，也应当承认不同哲学系统的个性特点，这一意义上的认同与承认，伴随着哲学的争鸣过程，一致与百虑统一的背后，便是对认同与承认的双重确认。

以具体化扬弃抽象性和教条化、以多样性扬弃相对化，肯定一致与百虑的交融，主要侧重于观念之域的思维进路。从更为现实的层面看，在参与世界性百家争鸣的过程中，同时需要认识和把握不同哲学传统各自正面或负面的问题，包括其在理论上的限度以及可能提供的思想资源。由此，应当基于对现实的多方面考察，进一步通过切实的建设性工作,提供解决或回应相关问题的系统思考。无论是指出或揭示不同哲学传统中的问题,还是回应各种可能的质疑,都需要以自身在理论层面的建设性工作为出发点。这里的建设性工作,包括对哲学领域的基本问题作出具有个性的系统性思考,提供自成一系的理论观念,等等。这种建设性工作不同于仅仅进行哲学史的梳理或对以往哲学的描述性论说,而是以展示更为宽广的哲学视域与形成创造性的理论成果为指向。在此意义上,参与世界性的百家争鸣与切实的建设性研究,构成了相辅相成的两个方面。缺乏自身哲学思考和建构的"争鸣",往往流于空乏的议论,隔绝于世界的学术之林,则难以避免闭门造车。在建设性的思考中走向世界、发展自身,是世界性的百家争鸣的题中之义。

与世界性百家争鸣以建设性的研究为前提相应,争鸣本身并不是终极的目的。百家争鸣固然意味着提出批评性意见,论证不同的观点,但其意义不限于不同学派、人物各自表达自身的看法。从历史上看,学派、人物之间的争鸣,总是融入思想和文化的演进过程,并逐渐成为文化传统中的具体内容;也就是说,争鸣本身具有建设性的意义。同样,今天参加世界性的百家争鸣,也并不仅仅以不同思想传统、不同文化立场之间的对话和交锋为指向,而是同时表现为参与世界文化建设的过程。伴随着世界性百家争鸣的世界文化,并不是某种单一的存在形态,而是与历史已经进入世界历史、不同文化传统已彼此相遇的条件下形成的文化变迁相联系;这一意义上的世界文化既以多样性为其内容,又呈现个性化的特点。在这里,世界性百家争鸣所体现的不同传统、背景和价值取向,与由此建构的世界文化的丰富形态,具有一致性。

(原载《探索与争鸣》2021年第6期)

哲学的意义

理解哲学的意义,以把握哲学不同于其他学科的根本规定为前提。在更为本源的层面,这种理解又基于成己与成物这一人的基本存在处境。

一

哲学的意义与人的存在无法相分。在其现实性上,人的存在主要展开为成己与成物的过程。成己即认识人自己、成就人自己;成物则表现为认识世界和成就世界,二者构成了人的基本存在处境,理解哲学的意义,难以离开人的以上存在处境。作为人的存在方式,认识世界和成就世界包含不同的视域。大致而言,这里可以区分知识的进路和哲学的进路。知识对世界的理解和说明主要侧重于世界的某一领域、某一方面或某一对象,相对于此,哲学对世界的说明和把握首先以跨越知识界限的方式展开。在这里,哲学提供了一种不同于知识的视域。

人与世界的关系既涉及"是什么",也关乎"应当成为什么",对世界的理解和说明主要与前一问题相联系,对世界的成就则进一步指向后一问题。在成就世界这一层面,"应当成为什么"所关切的,主要是世界变革的价值方向,即:成就何种形态的世界。从总体上看,知识性的进路更多地体现于在事实层面追问"是什么"的问题,价值层面的"应当成就什么"则并不构成其题中之义。尽管知识也与特定对象的变革相联系,但它主要在技术的层面、经验的环节方面牵涉相关问题。比较而言,哲学则不仅关注世界"是什么"或"何物存在",而且也从价值之维关切世界"意味着什么"以及世界"应当成为什么"。在"应当成为什么"这一层面,问题涉及的首先是成就世界的价值方向。哲学既关注人的理想和需要,也关切变革世界的价值方向,由此,哲学也从不同的角度为人的价值选择提供了某种引导。

与"成就什么"相关的是"如何成就世界"。知识固然也涉及"如何做"的问题,但它主要通过对特定领域和对象的把握,从经验或技术的层面为实践方式和途径("如何做")的确定提供依据。在这一方面,哲学同样不同于知识性的关切而涉及更一般意义上的价值论或方法论。孟子曾提及"得天下有道"①,这一意义上的"道",便关乎实践的方式。事实上,中国哲学中的"道"既表现为存在的原理,也与存在的方式(如何存在)相关,后者在人的存在过程(实践过程)中进一步引向如何做,"得天下有道"中的"道"所涉及的即以上论域中的"如何做":"得天下"关乎政治领域的实践目标,其中之"道",则体现

---

① 《孟子·离娄上》。

了政治实践的方式。从哲学的层面考察实践过程,首先涉及目的和手段的关系,具体而言,在实现某种价值目的或理想之时,不能不择手段,或者说,不应以目的的正当性为手段的不正当性辩护。在实践过程中,如何避免手段的不正当性,同样是一个值得关注的问题。另一方面,成就世界的过程以一般的价值理想化为具体的实践蓝图为前提。从宽泛的意义上说,价值理想以及与之相关的实践蓝图在化为现实以前,属"当然","当然"本身则需要基于实然(现实存在)和必然(存在法则),作为当然的实践蓝图与实然(现实存在)以及必然(存在法则)的如上关联,是考察"如何成就世界"这一问题时所无法回避的。进一步看,价值理想的实现过程,同时关乎一般的原则或一般原理与具体情境的结合,两者的这种关联既使实践过程具有"合理"的性质,也赋予这一过程以"合宜"性。传统哲学所谓"理一"与"分殊"的交融,便涉及以上关系,其中渗入了实践的智慧,后者同样与广义的"如何"相关。

广而言之,在思考人与世界的关系上,哲学本身又内含不同的进路。首先是"以物观之"。这一进路的特点在于从"物"的角度来理解世界,它所指向的,主要是对象和世界的本来形态。相应于此,"以物观之"主要以世界实际是什么为关注之点,其侧重之点在于对世界的观照,而不是对世界的变革。与"以物观之"相对的是"以心观之"。在理解世界这一方面,"以心观之"趋向于对象向"心"的还原。这里的"心"可以取得不同形态,包括感觉、理性、直觉、意志、情感,等等。从"心"出发理解世界,固然涉及对世界的作用,但这种作用更多地着眼于观念层面的构造,而不是对世界的现实变革,所谓"以心法起灭天地"①,便从一个方面体现了这一点。事实上,在"以心观之"

---

① 《张载集》,北京:中华书局,1978年,第26页。

中,对象向心的还原与世界的思辨构造,往往相互交错。20世纪初以后,哲学又经历了所谓语言学的转向,与之相联系的是"以言观之"。"以言观之"注重的是语言中的存在,它固然体现了比较严密的逻辑分析,但其关注之点主要在于我们言说对象时所运用的语言,语言之外的存在,往往处于其视野之外。与上述基于物、本于心、诉诸言的进路相对,人与世界之间的关联,还可以有另一种形式,后者具体表现为"以事观之"。作为中国哲学范畴的"事",广而言之也就是人之所"作"或人之所"为",亦即人所展开的各种活动,包括知和行。"以事观之"的前提是区分本然世界和现实世界。本然世界尚未与人发生关联,现实世界则是对人呈现多样意义的存在,它形成于人的实际活动,而人自身则生活于其间。"以事观之",意味着走向以上论域中的现实世界:在肯定通过"事"而扬弃世界本然性的同时,它也基于"事"而赋予世界本身以现实的品格。

二

与"成物"(成就世界)相关的是"成己",后者以认识人自身和成就人自身为具体内容。在认识人自身这一问题上,同样存在知识与哲学的不同进路。人既有生物学意义上的品格,又有心理学意义上的规定,还有社会学层面的属性。与之相应,对人的理解,也可以从生物学、心理学、社会学等知识之维展开。

知识性进路对人所作的理解,主要限于人的某一或某些方面。相对于此,哲学对人的考察更侧重于把握人之为人的根本规定。历史地看,从先秦儒家的人禽之辨,至近代康德所提出的"什么是人",一直到晚近随着基因技术、人工智能等出现而发生的人机之辨,等等,都涉及从哲学层面理解何为人的问题。在儒家那里,道德意识被视为人不同于动物的根本特征,对康德而言,相对于受因果关系支配的现象界的对象,人既具有为自然立法的理性能力,又包含自我立法的善良意志。从人机之辨看,可以进一步区分自然之人(natural human being)与人工之人(artificial human being)。自然之人也就是没有为外在技术所改变的人,人工之人则是与生物技术(包括基因技术)、人工智能相联系并受到这些人工因素影响的人。作为广义技术的产物,以上视域中的人在什么意义上仍是与物分别的人?这是需要反思和回应的问题。仅仅以知识性的考察为进路,显然难以对以上问题获得深入的理解,这里,哲学的视域同样不可或缺,而它所关涉的何为人或"人是什么"这一问题,则往往被哲学家视为"哲学首要的、基本的问题"[①]。

在宽泛的层面,可以把人看成是追求意义的存在,这种意义追求又通过人所"从事"的多样活动而实现。就此而言,人无疑因"事"而在:不仅现实世界生成于人所做之"事",而且,人自身也因"事"而在。正是在"从事"多样活动的过程中,人取得了不同的存在形态:通过参与政治活动,人逐渐成为亚里士多德所说的政治的动物;在从事科学研究过程中,人逐渐成为科学技术人员;以从事艺术创作活动为前提,人逐渐成为艺术家,如此等等。从这一视域看,所谓人工之人(artificial human being),更多地表现为"事"的产物或"事"的结果,而不同于作为做"事"主体的人。

如上所述,知识对人的理解,侧重于人的不同规定,包括生物学规定、社会学规定、心理学规定等。从哲学层面看,具有不同规定的人又呈现相关性和统一性。正如哲学对世界的理解趋向于跨越知识

---

① 〔法〕葛兰西:《狱中札记》,曹雷雨等译,北京:中国社会科学出版社,2000年,第263页。

的界限、达到世界被知识分化之前的统一形态一样,哲学对人的理解也侧重于跨越知识对人的分离,由此达到对人的真实把握。宽泛而言,在哲学的视域中,与人的存在相关的理性与感性、存在与本质、个体与社会乃是以相互关联的方式展现,这种关联同时构成了人之为人的真实形态。

从成己(成就人自身)这一层面上说,问题不仅关乎实然,而且涉及当然。"当然"所指向的是人的理想形态。就精神之维而言,在实然的层面,知、情、意在人的存在中相互交融,在当然或价值理想的层面,知、情、意的这种交融同时又与真、善、美的价值追求紧密联系。同样,前面提及的理性和感性、存在和本质、个体与社会之间的关联,不仅仅表现为人之实然(人的真实形态),而且也构成人之当然,与之相联系,就成己或成就人自身而言,在更为自觉的层面达到人的以上统一形态便成为内在的要求。

进而言之,在哲学的视域中,人的更为终极的走向,体现于对自由的追求。事实上,人类历史的每一演进,都表现为在一定层面上向自由之境的迈进。从成己这一角度看,人的自由同时意味着成就自由的人格,后者并非抽象、宽泛的精神形态,而是具有实质的内涵。从一般意义上说,这一视域中的自由人格可以理解为德性和能力的统一。此所谓德性不同于狭义上的道德规定,而是表现为综合性的精神形态。比较而言,与德性相联系的能力,主要表现为成己与成物的内在力量。从根本上说,人的自由具体展现于价值创造的过程,正是这种创造,使人不同于仅仅受制于因果必然性支配的对象。以人的自由为指向,价值创造既涉及价值方向的确立,也离不开化价值理想为现实的内在力量,自由的人格一方面以具有价值内涵的德性引导价值创造的方向,另一方面又通过不断生成的能力为价值创造提供内在的力量。作为自由人格的相关方面,德性与能力彼此交融:能力如果缺乏德性的引导,往往会失去价值方向;同样,德性如果缺乏能力的依托,则容易导向玄虚化,正是德性与能力的统一,赋予自由的人格以现实的形态。

从哲学的历史衍化来说,20世纪初以来,似乎出现了某种与哲学作为智慧之思偏离的趋向。以分析哲学而言,其特点逐渐表现为把哲学引向形式化和技术化。分析哲学讨论问题,往往并非基于现实存在,它对人生的意义等问题,也常常缺乏实质的关切,其推绎每每建立在思想实验之上,而不是以现实存在为根据。此外,分析哲学在研究方式和表述方式上,也渐趋技术化的走向,即使其所做的日常语言分析,也需要以语言学方面的专业训练为前提,这种技术化的工作,已不同于传统意义上的哲学沉思。与"做哲学"方式上形式化、技术化相联系的,是对世界和人生根本问题或多或少的忽略,它往往以形式上、局部性的清晰,模糊了实质上、根本性的问题。在某种意义上,分析哲学对技术层面细枝末节的关注,已压倒了对传统哲学问题的关切。

晚近尚可看到所谓"实验哲学"。实验哲学强调哲学的实证化,它所借助的工具,一是所谓问卷调查,一是所谓科学实验。但是,以哲学家的身份来做这些调查和实验,在相当程度上是以业余的科学家、业余的社会学家的方式从事哲学研究,这种进路,似乎很难真正从哲学的层面把握世界和人自身的根本性问题。哲学当然需要关注经验事实,但它既不是以经验还原的方式,也不是以实验科学的方式展开自身的研究。哲学的实证化趋向对古希腊以来通过理论思维的形式追问世界与人生根本问题的哲学进路,显然有所偏离。

三

从形式的层面看,哲学的意义与人在知行过程中的理性化追求相联系。这里所说的理性化的追求,首先表现为"说理"过程。"说理"在总体上以理性或逻辑的分析、推论为内涵,其具体内容大致展开为两个方面。首先是"使之明晰"(make it explicit),当代哲学家布兰德的一部著作,即以 *Make It Explicit*[①] 为题。作为哲学层面的思维方式,"使之明晰"既体现于概念的界定、辨析和澄清,也表现为思维过程的条理化、脉络的清晰化。这一意义上的"说理",是把握世界,处理日常事务的必要前提。其次是给出理由,所谓给出理由,也就是在提出某种观点或看法之时,提供一定的根据、进行相应的论证,这一给出理由的过程,使哲学对世界的理解不同于随意的感想或独断的议论,而是表现为一种言之成理、持之有故的过程。个体性的内在感想可以见于小说、诗歌等文学作品之中,但是哲学却很难接受这类缺乏理性根据的感想或断言。

与"说理"相关而又有别的是"讲理"。"说理"与"讲理"之别与"合理"和"有理"或"在理"的区分相联系。这里的"合理"主要是在于合乎理性规则或存在的法则,"在理"则表现为既合情又合理;"说理"更多地与"合理"相联系,"讲理"则较多地关乎"在理"。合理相对于不合理来说,所谓行动计划、施工方案,等等,便存在合理或不合理的问题,其中的实际内容涉及是否合乎存在法则。在理或有理是相对于无理而言,它具体表现为通情达理或合乎情理。通常所说的有理走遍天下,无理寸步难行,便与上述意义上的"有理"或"在理"

[①] Robert B. Brandom, *Make It Expliciit*, Harvard University Press, 1994.

相联系。

具体而言,合情合理意义上的"合情"之"情",涉及两方面的含义,一是实情,即实际的情形,引申为情境;一是情感。从前一层涵义来说,"有理"首先要求合乎真实情形或事物的真实状况,在这一意义上,"讲理"与"说理"是相互联系的,"说理"需基于实然,讲理同样不能罔顾事实。进一步看,合情同时关乎情境,而情境总是具有特殊性,由此便发生了普遍之理和特定情境的关系问题。一般而言,普遍之理无法涵盖一切特殊的情境,唯有对特定情境加以具体分析,才能为普遍之理的运用提供比较切实的前提和根据,使实践过程既不拘泥于一般的抽象原则,也不囿于特定的情境,而是趋向两者的具体沟通。这一意义上的合情合理,同时表现为前文所说的"合宜"。

普遍之理与具体情境的结合,基于"情"的实情义。合情合理中"情"的第二重涵义关乎情感,与之相联系的"讲理"不仅仅要求其中的推论、言说有事实的根据并合乎逻辑,而且也意味着所言合情合理,能打动人,并使人心悦诚服、乐于接受。在此意义上,"讲理"与"合乎情理"彼此相通,其内容关乎理性和情意之间的关系,而"合乎情理"则蕴含着与人的内在意愿之间的一致。进一步看,人在社会生活、交往过程中的所言所行,不仅应当合乎逻辑规范或理性程序,而且需要合乎通常所说的"天理良心",就其实质内涵而言,这里的天理良心可以视为一定共同体在价值观念和价值情感方面的普遍共识,合乎天理良心相应地意味着所言所行与这种普遍共识的一致,后者构成了合情合理的具体要求之一。

四

以上所说的讲理,同时渗入了价值内容:事实上,合情合理意义上的讲理,已不仅仅是抽象的逻辑推论过程。从更宽泛的意义上说,哲学总是包含价值关切和引导。在知识的层面,可以主要着眼于逻辑或事实,但在哲学的视域中,没有价值关切的说理、讲理最终都将趋向于空泛。前面曾提到,成己与成物既涉及"如何做",也关乎"做什么",其中"做什么"便与价值关切相联系,这种价值关切同时规定着人的知行活动的价值方向,包括人应当追求什么、人自身应当成为何种存在形态,以及更普遍意义上人与世界应走向何方,等等。

以实质层面的价值关切为指向,哲学在个体之维进一步关联人生意义的探讨,事实上,古今哲学都曾以不同的方式讨论这一问题。孔子曾认为:"未知生,焉知死?"[①]其中所肯定的便是:就存在意义的追问而言,生相对于死具有更为优先的地位。换言之,对孔子来说,唯有真正把握了生命存在的意义,人才能对死的意义有更具体的了解。与之相对,海德格尔将人的存在理解为"向死而在"的过程,这一过程又与对死之"畏"相联系,在他看来,正是对死的这种"畏",使人领略到个体存在的独特性、不可重复性、不可替代性,从而回归真实自我或本真之我。这一思路可概括为"未知死,焉知生",相对于"未知生,焉知死",这里体现的是一种不同的人生进路:如果说,"未知生,焉知死"注重的是人的生命存在,而生命存在又构成了价值创造的前提,那么,"未知死,焉知生"则缺乏这样一种创造意义,二者内含着对价值创造在人生过程中意义的不同理解。

人生意义的关切同时也涉及什么是好的生活,从古至今,哲学家们都在不同层面思考这个问题。对于儒家来说,好的生活就是合乎仁道的生活,仁道原则需要在生活的方方面面得到具体展现。与之相对,对于道家来说,人的存在的理想状态是合乎天道意义上的自然

---

① 《论语·先进》。

状态,这种自然状态往往被视为理想的存在状态,这里同样体现了对好的生活的理解。儒家在后来衍化过程中所展开的"理欲之辨",进一步涉及感性存在和理性本质之间的关系,其中同样关乎人是什么样的存在、如何趋向好的生活。不同个体、学派对好的生活的理解,当然存在差异。然而,我们仍然可以从比较普遍的层面,对何为好的生活形成某种共识。

在基本的价值方向上,可以将好的生活理解为合乎人性的、有利于自由走向的生活。就人的存在形态而言,合乎人性既意味着道家所注重的天性和儒家所注重的德性之间的沟通,或自然的人化和人的自然化的相互关联,也表现为感性和理性、存在和本质、个体性与社会性之间的相互协调。进一步看,这一意义上的人性化存在,同时意味着避免或超越人的物化。人的物化可以视为对人的存在意义的挑战。晚近以来,资本、权力、技术等从不等方面构成了导向人的物化的可能根源。如何应对资本、权力、技术对人性的可能扭曲,是现代社会需要面对的问题。

在社会的层面,往往面临和谐和正义的关系问题,"和谐高于正义"或"正义高于和谐",则体现了对二者关系的不同理解。事实上,社会的合理形态,离不开正义与和谐之间的沟通。如所周知,正义以"得其应得"为本源的内涵,尽管罗尔斯后来提出了不同的看法,[①]但

---

① 罗尔斯主张作为公平的正义,由此,他反对基于应得(desert)而分配社会资源(参见 J. Rawls, *A Theory of Justice*, Harvard university press,1971,pp103-104)。确实,仅仅依据应得将导致不平等:在天赋和社会条件方面处于有利地位者,往往"应得"更多社会资源。但历史地看,与正义相关的分配只能基于权利,这种分配无法真正达到平等,则从一个方面体现了正义的限度。罗尔斯注意到基于应得的正义无法达到平等,但他的基于自由平等和差异的分配原则本身却显得抽象空洞。事实上,唯有超越正义本身,实现基于需要的分配,才能真正实现平等。(参阅杨国荣:《成己与成物——意义世界的生成》第七章,北京:北京大学出版社,2011 年)

从亚里士多德开始,对正义的理解便涉及以上方面,这一意义上的正义,以对个体权利的尊重为核心。比较而言,和谐基于对人之为人的内在存在价值的肯定,人与人之间的和谐相处,从根本上说即以彼此承认内在的存在价值为前提。从社会存在来看,以上两个方面,即仁道的关切和个体权利的尊重,都是理想的社会形态应有的内涵。

从更宽泛的层面来说,这里同时涉及不同文明之间的关系,亨廷顿提出文明冲突论,其逻辑前提是不同文明之间存在的差异,往往使之无法共存。由此进一步考察,则面临什么是好的文明形态、如何处理和应对不同文明之间的关系等问题,回应这些问题不仅需要不同文明形态之间的对话,而且离不开从哲学层面上对文明的形态和内涵作深层理解。

概要而言,把握哲学的意义,既涉及对哲学本身的反思,也关乎对世界和人的理解,这种反思和理解,无法离开成己与成物的过程。

(本文系作者于2019年4月在"华中科技大学首届哲学教育与教育哲学学术研讨会"上的演讲记录。)

哲学何为

哲学何为？这一问题的讨论，以人和世界关系的引入为前提。人存在于这个世界之中，这是考察其他问题的基本的出发点。人和世界的以上关系，首先呈现内在性与统一性的特点，中国人所说的天人合一，也可以看作是对此的概括。然而，人不同于动物，动物只是内在于世界并仅仅表现为世界的构成或部分，而并不发生与世界的对象性关系；人和世界的关系则不仅具有内在性，而且呈现对象性的特点。在单纯的内在性关系中，人与世界融合为一，并相应地主要表现为世界本身的安居者，而不是世界的发问者。然而，人同时又赞天地之化育、制天命而用之，并在这一过程中与世界形成对象性的关系。就世界之为人的对象而言，关于世界的以下三重问题便难以回避：世界之中的存在或事物是什么？这些存在或事物意味着什么？它们应当成为什么？"是什么"的提问主要在于敞开世界本身，它涉及人与世界的认识（cognition）关系；"意味着什么"以世界对于人的价值意义为实质的内容，它更多地涉及人与世界的评价性（evaluation）关系；"应当成为什么"则蕴含着按人的价值要求来变革世界，它涉及的是人与世界的规范性（normativity）关系。不难看到，人与世界的如上三重关系，既蕴含着如何认识、把握世界的问题，也关联着如何改变世界的问题；作为人"在"世过程的基本关系，它们同时构成了理解"哲学何为"这一问题的本体论前提与背景。

一

人和世界的认识关系及评价性关系，首先将哲学与说明世界和解释世界联系起来。人对世界的说明和解释当然可以有不同的方式，科学便是其中之一。不过，科学主要通过分而知之来把握经验世界中的对象，这种方式无疑有助于我们深入地了解这个世界，但是，它们同时又在不同的层面将世界加以分化或分离，在这种科学的图景中，世界往往呈现"分"与"别"的形态，借用庄子的话来表述，它们常常导向"判天地之美"①。这里的"判"有离析、分别之意，科学以及它所达到的知识，便是以一种离析、分辨的方式来把握世界。然而，就世界本身而言，在它为科学知识所分化之前，首先是以统一的、整体的方式存在。要把握真实的世界，显然不能停留在这种分化的知识层面，而应超越和扬弃对存在的分离、分化，以再现世界的具体形态。正是在这里，哲学展示了其把握世界的独特意义。与经验科学

---

① 《庄子·天下》。

不同,哲学更多地以统一、整体的形式把握世界的图景。这种方式对我们了解世界的真实形态,显然是必要的。然而,近代以来,特别是实证主义兴起之后,对总体性、整体性、统一性的怀疑、责难、否定,似乎浸浸然成为一种主导的趋向。一谈到总体性、整体性、统一性,便往往被称为形而上学。而"形而上学"在此语境中,又主要是一个贬义词,属玄学的、思辨的、超验的领域。这种批评固然有其理由,因为过分地强调整体性、总体性,将这些方面加以绝对化,确乎容易导致超验的思辨。但不能因此走向另一个极端,以致完全拒绝从整体性、总体性的维度来理解这个世界。如果仅仅停留于分化的进路,那么,我们也许只能获得有关这个世界的知识碎片,而难以达到具体的认识。

当然,在相似或相近的形态之下,不同的哲学形态也会形成不同的特点。就中西哲学而言,西方哲学似乎比较早地将哲学的起源与惊异联系起来,柏拉图和亚里士多德便都认为哲学起源于惊异。从它的内在涵义来看,惊异(wonder)源于对世界本身的观照:世界为什么以如此这般的形态存在?它所指向的,首先是世界本身之"在";由此引发的,更多的是人与世界的认识关系。相对于此,中国哲学家的哲学反思常常以忧患为出发点,忧患首先表现为价值的关切,它所侧重的,是世界对人所具有的价值意义,以忧患为"作易"的动因,相应地意味着将哲学之思与价值意义的关切联系起来;这与惊异侧重对世界本来形态的追问显然有所不同。从哲学的沉思方式来看,自古希腊开始,西方哲学家对世界的追问便与逻各斯(logos)相联系,赫拉克利特便已指出,不要倾听我,而要倾听逻各斯(listen not to me but to the logos)。逻各斯既涉及存在的原理,也隐含着言说、理性、逻辑等内涵,这些内涵和前面提到的从惊异出发把握世界,在逻辑进路上是相应和一致的。中国哲学早期对世界的追问每每展开为性与天道的探索,这里的"性"涉及人自身的存在,"道"则关乎对世界的总体把握。作为哲学沉思的对象,"道"既表现为存在的原理,同时也包含着价值的理想。在中国哲学中,无论是道家,抑或儒家,都不仅将"道"理解为存在法则,而且也赋予"道"以社会价值理想(包括道德理想、政治理想)的内涵。儒家肯定"人能弘道"①,此"道"即以社会政治、伦理理想为内容;道家以"自然"释"道",而自然的原则本身也具有价值的意义。可以看到,与前面提到的忧患之感相应,中国哲学首先关注于世界对人所呈现的价值意义。

上述比较,当然是一种分析的说法。前面已提到,哲学很难回避对世界的说明,而从认识关系上或从评价性的关系去说明世界,也无法划出一条截然相分的界限。所谓西方哲学比较早地侧重于从认识关系上去把握世界,中国哲学则一开始就涉及对价值意义的追问,这也只具有相对的意义。事实上,在西方哲学中,我们同样地可以看到对价值意义上的关注,比如,逻各斯本身也具有价值意义;同样,中国人从道的进路去理解世界,也并非完全隔绝于认识关系,所谓"闻道""悟道",便同时蕴含着对世界的某种理解和认识("知")。因此,当我们谈中西哲学差异的时候,同时也要注意这种差异有其相对性的一面。

除了从整体性、总体敞开这个世界之外,哲学的把握也涉及世界之"在"及人之"在"的不同方面。关于这一点,我们可以反观哲学的各个分支。通常将哲学的具体领域区分为认识论、伦理学、美学,等等。以认识论而言,在对所知与能知的规定中,总是同时指向对象世界与人自身之"在",所以认识论和本体论是很难分开的:我们对认识过程的理解无法离开对存在形态的把握。在此意义上,作为哲学分

---

① 《论语·卫灵公》。

支的认识论也从一个具体的方面敞开和切入了世界。另一方面,认识过程本身是人的活动及存在方式,对认识过程的考察,也是对人的活动及存在方式的把握,通过追问普遍必然的知识是否可能以及如何可能,认识论同时也以独特的方式对人的这种存在形式及其根据作了说明和解释。从学科哲学来说,通常有政治哲学、法哲学等区分。以政治哲学而言,与政治学主要侧重对政治领域的经验性描述和把握不同,政治哲学追问的主要是政治实践原则是否正当以及为何正当(或为何不正当)。如关于正义、民主、自由、平等等政治理念、原则,政治哲学所关心的是它们是否具有内在的或形而上的根据。在这里,哲学同样体现出不同于具体经验科学的特点,而对这种根据的追问,也从一个方面展示了哲学在说明、解释世界方面的意义。

二

"是什么"的追问指向世界本身,"意味着什么"的关切则着重于世界对人所呈现的价值意义,二者角度不同(前者所突出的是人与世界的认识关系,后者则主要展示了人与世界的评价关系),但都旨在敞开与澄明世界,从而都可在宽泛意义上归入解释世界之域。如前所述,哲学的追问同时涉及"应当成为什么"的问题,后者在揭示人与世界关系的规范性之维的同时,也将变革世界的问题引入哲学之域。质言之,哲学除了说明、解释世界之外,还具有规范、变革世界的功能。与经验科学不同,哲学对世界的规范、变革是通过一定的环节体现出来的。就其实质的内容而言,无论是关于逻各斯的沉思,抑或关于性与天道的追问,都表现为不同于知识的智慧形态;哲学对世界的影响和变革,则是通过哲学的智慧转换为具体的精神本体和普遍的规范系统而得到实现。

首先是哲学的智慧转化为精神的本体。前面已提到,哲学层面对世界的说明、解释以智慧为指向。这种智慧随着知行过程的展开又进一步转化为人的精神本体。这里所说的"精神本体"和我们在翻译"ontology"时通常所用的"本体"有关系,但二者并不同一。"精神本体"在此更多地与中国哲学有关本体与工夫的讨论所涉及的"本体"相关。如所周知,从宋、明开始,本体与工夫的关系便成为中国哲学的重要论题。这一论域中的"本体"不同于一般意义上作为存在根据的本体,而首先与人的存在及其知、行活动有关。黄宗羲曾说:"心无本体,工夫所至即其本体。"①此所谓"本体",是从心或精神的层面说的,在黄宗羲看来,心之"本体"并不是先天的、既成的,而是在为学与为道的过程中形成的,后者包括对性与天道的追问或对世界的说明、解释,以及广义上的道德涵养、道德实践。通过以上"工夫"逐渐形成的这种心之"本体",与我所说的精神本体有相通之处。从哲学的层面看,精神本体可以视为哲学智慧在个体之中的凝聚、内化,它基于对性与天道不同层面的把握,形成于知与行的工夫;在心理机制上,它则表现为通过反思、体悟、记忆等意识活动的不断反复,逐渐凝化为稳定的精神趋向或定势(disposition of mind);当然,稳定并不意味着不变,作为知、行工夫的产物,精神本体本身又处于过程之中,具有开放的性质。就其存在形态而言,精神本体同时呈现为体与用,或结构与功能的统一。

在哲学史上,朱熹曾批评禅宗"以作用为性"②。从哲学的层面看,"以作用为性"的特点是仅仅关注行住坐卧以及与此相关的偶然

---

① 黄宗羲:《明儒学案·自序》,《黄宗羲全集》第7册,杭州:浙江古籍出版社,1992年,第3页。
② 参见朱熹:《朱子语类》卷一二六,《朱子全书》第18册,上海:上海古籍出版社、合肥:安徽教育出版社,2002年,第3941页。

或自发意念,并将这种偶然、外在的意识活动等同于内在之性。在宋明理学特别是程朱一系的理学中,"性"不同于偶发的意念而具有本体之意,"以作用为性",则意味着消解这种本体。朱熹对"以作用为性"的以上批评,以承诺精神层面的本体为前提。近代以来,实用主义、行为主义等曾从不同方面表现出消解精神本体的趋向,实用主义常常强调人在具体境遇中的活动以及特定的操作行为,而对形上的智慧以及这种智慧如何转化为精神本体则缺乏必要的关注;行为主义则以外在的行为,取代了内在的精神世界及其活动。对精神本体的这种看法,既未能把握人的具体存在,也难以真正理解哲学的意义。

作为哲学智慧的转化形态,精神本体有不同的存在方式。具体而言,它首先体现为认识的能力(capacity of cognition)。认识能力不同于概念化的知识或普遍的逻辑形式,概念化的知识或普遍的逻辑形式对个体而言带有某种外在的特点;认识能力作为个体把握世界的综合精神力量,则内在于个体并为认识活动的展开提供了现实的可能。这种能力本身有不同的表现形式,包括直观的能力、逻辑思维的能力、想象力、判断力,等等。康德对判断力非常注重,认为它是把特殊归入普遍的一种能力,在此意义上,能够做出判断就意味着能把个别和一般沟通起来。康德虽然主要在美学的领域考察判断力,但判断力的意义显然不仅仅体现于美学的领域,在认识过程中同样可以看到判断力的作用。广义的认识能力还涉及知识的背景,后者往往以隐默之知的方式表现出来,波兰尼提出默会之知(tacit knowing),对隐默的知识背景在认识结构中的作用给予了较多的关注。概念性的知识和逻辑思维的规则,只有通过主体的认识能力,才能与感性的经验相沟通,并展开为具体的认识过程。不难看到,作为精神本体的一个组成部分,认识能力构成了认识过程的重要环节。

除了认识能力,精神本体还表现为具体的道德品格或德性(moral personality or virtue)。对现实的伦理关系、道德原则、伦理规范、价值标准的认识,经过长期的实践、认同、积累,逐渐内化为道德品格和德性,并取得良知、良心等形式(道德品格往往和良知、良心相通或相融合)。以道德品格形式出现的精神本体通过不同的方式影响人的行为过程,并进而制约着具体的道德实践。在道德领域中,知善和行善如何统一,是人所无法回避的基本问题之一。个体对道德原理、伦理规范有所了解,懂得应当如何做,这可以看作是知善。但懂得或了解道德的规范,并不能保证实际地按照这些规范去做。事实上,在知善和行善之间总是存在着逻辑的距离。如何由知善化为行善?这里,德性、道德品格就具有重要的作用。外在的规范只有和自我的良知、良心或个体的道德意识相融合,才能转化为具体的道德行为。在道德实践中,规范和德性的统一,是道德行为之所以可能的重要前提和条件。在这一过程中,精神本体同时以德性的形式,体现了其在实践领域的作用。

精神本体的另一重要表现形式,是审美的趣味(taste of aesthetics)。这里所说的审美趣味是通过审美经验的长期积累而形成的,从而不同于一时的、偶然的审美感受。作为审美理念、审美鉴赏准则的内化和凝聚化,它同时表现为带有稳定性、恒久性的审美趋向或定势。这种审美趣味对于艺术创作、艺术鉴赏等审美活动,都有很重要的作用。对于同一艺术作品或自然景观,具有不同审美趣味的主体往往会产生不同的审美感受或形成不同的审美判断。在此,审美趣味便构成了审美活动不可忽视的前提和根据,它同时从另一个方面体现了精神本体在人的存在过程中的意义。

以上当然也是一种分析的说法。就其现实的形态而言,认识能力、道德品格或德性以及审美趣味又呈现相互融合的关系。精神本体具有统一的性质,而并不是以分离、分析的方式呈现:在同一主体中,精神本体的各个方面是以整体的形态而存在,由此构成统一的精神之域。精神本体的特点是与个体或主体同在:它完全融化为主体的存在方式,并与主体合而为一。在这一意义上,它显然具有本体论的含义。作为本体论意义上的形态,精神本体既是人存在的方式,又具体地规定着人的存在、制约着人和世界的关系、影响着对世界的变革。冯契先生曾认为,在价值领域中,精神是"体",价值创造活动及其成果是"用"。这里的"体"和我所说的精神本体的涵义有一致之处:精神本体从广义的价值创造实践中来看,便表现为"体",而价值活动以及在这一活动中形成的各种文化成果则在一定意义上展现为现实的作用过程及其结果。价值创造的过程不仅仅需要外在的条件,而且也离不开主体的内在根据,精神本体作为"体",便可以理解为价值创造的内在根据。

作为哲学智慧的转换形态,精神本体的存在及其作用是哲学沉思难以回避的问题。从历史上看,中西哲学对精神本体的问题都已有所涉及。当然二者考察的侧重之点往往又有所不同。相对而言,西方哲学比较早地对认识能力这一侧面给予较多的关注,柏拉图在《美诺》篇中已从主体的认识能力出发,对认识过程的出发点作了规定,近代哲学更把认识能力的研究,作为理解认识过程的基本前提,康德尽管在总体上似乎更注重普遍必然的认识所以可能的先天(形式)条件,但对人的认识能力同样也有所涉及。相对说来,中国哲学则更为关注精神本体中道德品格或德性这一层面。儒家对成就自我、成就人格的注重,便较为典型地表明了这一趋向,道家同样对"真人"的品格作了种种规定。从审美领域来看,一般认为,西方美学理论及艺术创作的特点之一是侧重于再现,而"再现"首先关涉对象的真实形态,从而,"美"也更多地与"真"联系在一起;相对于此,从主流的方面看,中国在艺术和审美方面似乎更多地侧重于表现(expression),"表现"涉及对人的价值理想的展示与表达,与此相联系,"美"较多地和"善"相沟通。所谓尽"善"尽"美"、美善相乐,往往构成了中国人的审美追求,在孔子、孟子、荀子那里,我们一再可以看到善和美的联系。以上当然是一种相对的、分析性的说法,一方面,不能说西方人对道德品格或德性完全不加理会、对艺术上的表现完全没有涉及;另一方面,也不能说中国哲学对认识的问题毫不触及、对艺术上的再现完全隔膜。但是,从注重之点上看,二者确实存在某些差异。

值得注意的是,20世纪以来,随着语言分析成为哲学的主导趋向,对意识、精神方面的忽略渐渐构成了哲学研究中引人注目的现象。在主流哲学看来,心理、意识层面的东西似乎仅仅属于经验之域的问题,唯有语言分析,才是哲学的正途。即使是所谓"心的哲学"(philosophy of mind),其考察也每每以语言分析(对表示"心"或 mind 的概念、语词的分析)为主要入手工夫。对这种倾向显然需要加以再思考。语言层面的分析当然是必要的,但另一方面,语言的分析常常和逻辑分析联系在一起,而逻辑的处理方式往往具有形式化的特点。如果超越形式的规定,进入实质的层面,那么,在理解人和世界的过程中,意识、心理、精神便是不可或缺的。精神现象的重要特质,是与人同在;形式化的系统对人而言,则常常呈现对象性或外在性的特点。无论是认识领域的观念,抑或道德原则和审美规范,如果仅仅以外在的形式存在,往往便难以成为现实的力量。就逻辑结构、概念知识而言,在它没有进入认识过程的时候,其意义每每还带有潜在的性质,只有当它与具体的认识过程融合在一起时,才能获得现实的品格。这种过程与意识、心理、精神是不可分的。广而言之,德性的培养、健全人格的形成,都涉及精神的活动及精神的发展,对精神形态的研究,我们无疑应该给予足够的重视。这里固然涉及心理学、神经科学、脑科学等层面的探索,但更离不开哲学层面的考察。人的存在与他的精神世界是息息相关的,普遍的概念形式如何与个体的经验相融合、一般的规范如何内化于个体的意识,抽象的理论如何转换为行动的信念,等等,都需要从精神、意识的层面加以研究。精神世界、精神本体是我们理解人本身、理解哲学之意义的一个不可忽视的重要方面。

三

精神本体更多地与个体的存在相联系。哲学对世界的规范或制约,当然并不仅仅表现为形上智慧化为精神本体;从更普遍的层面看,哲学的智慧同时又通过转化为规范系统来呈现它对于世界的意义。较之个体的精神世界,这种规范系统更多地涉及公共的领域。具体而言,它又可区分为两个方面,即价值之维的规范系统与方法论意义上的规范系统。价值向度的规范系统同样具体展开为两个层面:首先是道德的原则,作为哲学智慧的转化形态,道德原则具有普遍、形而上的意义,如儒学所主张的仁道原则、康德所谓"人是目的",便是这样的原则,这种原则既引导、制约着道德律令的形成,又具体地体现于这种道德律令之中。另一方面,价值之维的规范也体现为法的原则,包括公正、权利等。康德便对公正、特别是权利很注重。他在《道德形而上学》中专门设"权利的学说"(Doctrine of Right)这一部分,讨论个人的权利、国家的权利、民族的权利,等等。价值之域的规范系统当然不仅仅包括道德和法,从广义上说,它还包括宗教的戒律、风俗习惯中的禁忌,如此等等,但最典型的规范无疑体现于道德和法律之上。规范系统的以上两个方面,并非互相分离,而是彼此统一:在涉及当然之域、具有规范性这一点上,道德和法律显然呈现相关性。也许正是有见于这种相关性,哲学家每每将二者联系起来讨论。如前面提到的康德的晚期著作《道德形而上学》,便由两个部分构成,第一部分是权利的学说(Metaphysical First Principle of the Doctrine of Right),第二部分则是德性的学说(Metaphysical First Principle of the Doctrine of Virtue)。在康德那里,二者构成了道德形而上学的相关内容。道德和法的原则相互联系,在当然之域引导和规定着人的存在,它们同时也从一个方面体现了哲学智慧通过转化为普遍的规范系统而影响人与人的世界。

哲学智慧向规范系统的转换除了体现于价值之域外,还涉及方法论的原则。方法论的原则具体地展现为如何把握与作用于世界的方式,后者同样具有规范的意义。价值层面的规范系统首先与"意味着什么"的追问相联系,道德和法都涉及这两个方面;作为方法论原则的规范系统则更多地关联着"是什么"的追问。哲学智慧通过转化为方法论的原则、逻辑范畴的体系而引导我们具体地把握和作用于世界。在当代哲学中,冯契先生的《逻辑思维的辩证法》,便对哲学智慧如何转化为方法论的原则、逻辑思维的范畴体系作了具体的考察。

在规范系统的第一个层面(价值规范原则)上,相对而言,西方哲学注重的首先是法的形而上学原则,中国哲学则对道德规范的原理更为关注。在方法论原则的层面之上,西方哲学比较多地考察了形式逻辑的原则,中国哲学则比较多地对辩证逻辑、个人体悟等方面作了比较多的探讨。当然,需要再次强调,这只是在相对意义上说的。以价值规范而言,并不能说,西方人对道德原则不加理会,也不能说,中国人对法的原则完全没有涉及。同样,在方法论原则上,不能说中国人对形式逻辑从来没有关注过,也不能说西方人对体悟、辩证逻辑完全漠视。在历史的比较中,我们固然不能无视中西之异,同样也不能忽略哲学之同。就普遍的层面而言,与"是什么""意味着什么""应当成为什么"相涉的认识关系、评价关系和规范意义上的关系,是哲学在把握世界的过程中无法回避的问题。

通过形上智慧转化为精神本体、规范系统,哲学展示了对人与世界的影响和范导意义。当然,精神本体、规范系统本身又有不同的特点。如前所述,精神本体首先与个体相联系,规范系统则同时涉及社会的、公共的领域;与之相应,哲学智慧转化为精神本体、规范系统,既指向个体的存在和精神生活,又与普遍的公共领域相联系。罗蒂在评价近代及当代哲学家的工作时,曾认为马克思、杜威、哈贝马斯所关注的是社会公共的领域;海德格尔、德里达则以个人的精神领域为中心。就其具体形态而言,个体的精神领域与普遍的公共领域都是哲学之思的题中之义;通过形上智慧转化为精神本体、规范系统,哲学不仅展示了与个体精神生活及社会公共领域的双重关联,而且进一步影响着人的存在、影响着人和世界的关系,规范和变革他既不断面对、又生活于其间的这个世界。这里无疑显示了哲学对人与人的世界所具有的深沉意义。

哲学既说明、解释世界,又规范、变革这个世界,从实质的层面看,这二重功能和意义又是相互联系的:一方面,精神本体、规范系统本身是哲学智慧的转化形态,而哲学智慧则形成于说明和解释世界的过程之中;另一方面,说明和解释世界又并非游离于规范和变革过程之外,事实上,人正是在变革这个世界的过程中敞开这个世界。

(本文系作者 2005 年 10 月在"第二届中国南北哲学论坛"及"中西哲学比较国际研讨会"上的发言记录)

哲学：思向何方？

哲学既追问世界，也不断反思自身。这种反思不仅围绕何为哲学、如何做哲学等问题展开，而且体现于对哲学自身走向的思考。就其内在意蕴而言，哲学的走向关联着哲学关切的方向。历史地看，哲学曾以思辨或超验的存在为对象，20世纪以来，哲学则每每面向语言、意识以及特定的社会领域。对以上进路的扬弃，既涉及对"哲学向何处去"的再思，又以面向现实的世界为实质的内容，后者同时意味着关注作为现实世界生成前提与人自身存在方式的"事"。

一

回望现代哲学的演进，不难注意到一个耐人寻味的现象,即哲学的研究往往伴随着各种形式的"哲学终结"论。作为对哲学的一种看法,"哲学终结"论同时内在地包含对哲学命运和走向的理解:从逻辑上说,哲学的终结意味着历史上的哲学已走到尽头,与之相关的哲学进路亦应加以超越。

在这方面,首先可以一提的是海德格尔。对他而言,哲学已经终结:"哲学之发展为独立的诸科学——而诸科学之间却又愈来愈显著地相互沟通起来——乃是哲学的合法的完成。哲学在现时代正在走向终结。"①随哲学终结而来的,是"思"的问题。这里的终结,首先与科学的分化发展相关:哲学的很多问题已经随着科学的发展成为科学领域的问题。海德格尔的如下看法便明确地表述了这一点:"哲学在其历史进程中试图在某些地方(甚至在那里也只是不充分地)表述出来的东西,也即关于存在者之不同区域(自然、历史、法、艺术等)的存在论,现在被诸科学当作自己的任务接管过去了。"②以上观点同时又与海德格尔对"存在者"与"存在"的区分相关,在他看来,传统意义上的哲学(首先是其中的形而上学)主要关注"存在者",而对"存在"本身却没有给予充分关注。所谓"存在者",可以视为过程之外的不变对象和凌驾于个体的超验存在,与之相对,"存在"则表现为个体及其生存过程,后者在海德格尔那里与所谓"此在"(Dasein)有着内在关联。尽管海德格尔对"思"没有作明晰的界说,但相应于"存在者"与"存在"的区分,哲学终结之后的"思",似乎主要侧重于对上述视域中的"存在"的关注。

在罗蒂那里,哲学终结的思想体现于后哲学或后形而上学的观念。从逻辑上来说,"后哲学"意味着"哲学之后",其中同样隐含着

---

① 〔德〕海德格尔:《哲学的终结和思的任务》,《面向思的事情》,陈小文、孙国兴译,北京:商务印书馆,1996年,第60页。

② 同上书,第61页。

哲学终结的思想。就罗蒂的思想系统而言,已经终结或应当终结的哲学,主要与本质主义、基础主义相涉;拒斥这一类的哲学,则意味着走向后哲学的文化。在后哲学文化中,哲学不再是原来意义上的学科,哲学工作则主要表现为文化批评。事实上,罗蒂本人晚年虽未离开哲学专业,但却主要在比较文学系任教,这种学科归属与后哲学文化的观念无疑具有某种一致性。

20世纪的另一重要哲学家是维特根斯坦,他以不同的方式展现了类似趋向。维特根斯坦虽然没有明确地提出哲学的终结,但却通过对传统哲学的言说方式以及言说对象的质疑,展现了相关的立场。在早期维特根斯坦看来,传统哲学的问题主要在于对本来应该保持沉默的对象,没有保持沉默,亦即试图言说不可言说者;对后期维特根斯坦而言,传统哲学的问题则在于离开了语言的日常意义,以非日常或形而上的方式运用语言,由此形成种种弊病。与之相应,按后期维特根斯坦的理解,哲学的工作主要在于治疗语言误用之病。不难看到,以上哲学观的逻辑前提,是误用语言的传统哲学应当终结。

如果追溯得更早一点,那么,在恩格斯那里,哲学终结的问题已以一种更明确的形式得到了表述。恩格斯指出:"在这两种情况下(即历史和自然都被视为过程的前提下——引者注),现代唯物主义都是本质上辩证的,而且不再需要任何凌驾于其他科学之上的哲学了。一旦对每一门科学都提出了要求,要它弄清它在事物以及关于事物的知识的总联系中的地位,关于总联系的任何特殊科学就是多余的了。于是,在以往的全部哲学中还仍旧独立存在的,就只有关于思维及其规律的学说——形式逻辑和辩证法。其他一切都归到关于自然和历史的实证科学中去了。"[①]在这里,哲学的终结既表现为科

---

① 《马克思恩格斯选集》第3卷,北京:人民出版社,1972年,第65页。

学不断分化和独立的结果,又与思辨的形而上学(凌驾于其他科学之上的哲学)之寿终正寝相关。随着科学的发展,以往被视为哲学的内容,大多已归入实证科学之域,哲学王国中所剩下的仅仅是关于思维的科学,即形式逻辑和思维的辩证法。

二

可以注意到,上述哲学家从不同的角度提出了哲学终结的问题:或者断定哲学已经终结,或者认为哲学应当终结。不过,就实质层面而言,他们认为已经终结或者应当终结的哲学,主要乃是指历史上的某种特定形态,而不是全部哲学。与之相应,在提出哲学终结的同时,他们又以不同的方式探索在已经终结或应当终结的哲学之外的哲学研究进路。事实上,关于哲学终结的诸种看法,主要意味着以往哲学已穷尽了自身的所有可能,从而,在其框架中难以再有所作为。然而,哲学并非仅仅限于某一或某些形态,对存在的探索,本身包含多样的可能。与历史上既成的哲学"已经终结"这一判断相辅相成的,是对哲学应当是什么或哲学可能具有何种形态的进一步构想和实践,后者体现于哲学形态的转换以及与之相应的不同研究侧重。

20世纪以来,哲学领域中值得注意的现象首先表现为对语言和意识的关注。语言的关注与分析哲学相联系。分析哲学所指向的,主要便是我们在谈论、思考世界和人自身时所运用的语言,对其中的一些代表人物而言,哲学的工作无非是改变语言的形而上运用、回到其日常的用法。与专注语言相联系的是逻辑分析:以语言为对象,以逻辑分析为方法,这两者在分析哲学中紧密结合。这一趋向与前述哲学仅涉及思维及其规律(首先是形式逻辑)的看法无疑具有一致性,它在基于语言的前提下,似乎既呼应了、也部分地实践了哲学仅仅关乎思维的逻辑这一观念。

与语言的逻辑分析相关的,首先是概念的辨析和界定:从注重语言的逻辑分析出发,分析哲学强调概念的提出需经过严格的界说,其涵义应明确而清晰;其次是观点的论证:对分析哲学而言,观点与看法必须经过逻辑的论证,不允许独断地"颁布"某种结论。这些研究进路对于推进哲学思维的严密性、清晰性,无疑有积极的意义。然而,在关注逻辑分析的同时,分析哲学不仅对形式化给予了过分的强调,而且在相当程度上将研究仅仅限定于语言的界限之内,而不越出语言的雷池一步。即使涉及所谓形而上学的领域,分析哲学也常常强调他们所谈的形而上学的问题(如"何物存在")并不关涉物理世界中实际的对象,而主要是语言之中的存在或人们在讨论存在时所运用的语言及其涵义。语言本来是人达到现实世界的手段和方式,而在以上进路中,它则似乎被当作现实世界本身,由此,语言与实际存在之间的关系也在相当程度上被悬置起来:语言成为隔离现实存在的某种屏障。从另一方面看,以上进路在相当意义上主要关注于哲学的言说方式——"如何说",对于"说什么"的问题则没有给予充分的重视。游离于世界的这种考察方式和手段,往往被进一步引向技术性的层面:语言分析本身每每成为一种技术性的操作手段。

较之以语言为指向的哲学趋向,另一种哲学进路更多地与意识相关。哈贝马斯曾区分了20世纪的两种哲学形态:其一为语言分析哲学,其二则是意识哲学,后者以现象学为重要代表。现象学当然可以从不同的角度去理解和把握,但对意识的关注无疑构成了其重要特点。尽管现象学的奠基者胡塞尔在早期以反心理主义为旗帜,然而事实上,意识的关切始终构成了其哲学思想的内核。海德格尔已注意到了这一点,在谈到胡塞尔的相关看法时,他曾指出:"什么是哲学研究的事情呢?"对胡塞尔来说,"这个事情就是意识的主体性。"①从基本的哲学进路看,胡塞尔赋予纯粹意识以最本源的意义,强调这种意识具有最直接、没有任何中介、不证自明等品格,从而在事实上将其视为终极的存在形态。海德格尔与胡塞尔尽管在不少问题上存在差异,但同时又上承现象学,上述关于"哲学研究的事情"的看法,事实上也体现于其自身的哲学之中。他的基础本体论以"此在"为关注重心,所讨论的具体问题则关乎个体在心理层面的感受,包括烦、操心、畏等,这一类生存感受或直接、或间接地都涉及意识之域。对这些意识现象的分析和考察固然也有助于推进对人自身存在的理解,但赋予意识以终极意义,同时也表现出思辨化、抽象化的趋向。

可以看到,单纯的语言分析和意识研究或偏于形式,或止于观念,其内涵既单一而稀薄,又疏离于实在,从而无法真正承担理解和规范现实世界之任。也许有鉴于此,自20世纪后期以来,特别是20世纪70年代罗尔斯的《正义论》问世以后,一些哲学家开始关注政治、伦理等领域的问题,伦理学、政治哲学也逐渐复兴,成为一时之显学,这种趋向至今方兴未艾。以政治、伦理之域为指向,政治哲学与政治学彼此呼应,伦理学则不断向环境、生命等具体领域延伸,形成环境伦理学、生命伦理学等特定理论形态。这一类讨论对于把握相关领域的问题无疑具有推进作用,然而,哲学毕竟不同于某一专门的知识领域,将若干特定的社会领域作为哲学的对象,与哲学之为宇宙人生、性与天道的追问和探求,显然存在距离。

---

① 〔德〕海德格尔:《哲学的终结和思的任务》,《面向思的事情》,陈小文、孙周兴译,北京:商务印书馆,1996年,第65页。

三

20世纪以来的以上哲学趋向,既蕴含着对以往哲学的不满,也表现出超越以往哲学的某种努力,但这些哲学趋向自身存在诸多问题,从而也难以避免被扬弃的命运。这种扬弃与对世界的把握紧密联系在一起,而哲学对世界的把握则既涉及形式的方面,也关乎实质之维。

从形式层面来说,这里首先需要关注的是逻辑思维的方式问题。科学基于实验以认识世界,艺术通过形象以再现或表现世界,哲学则以概念为把握世界的手段,后者与广义的逻辑思维有着更为切近的联系。逻辑思维以分析、论证、说理为指向,这一过程既离不开形式逻辑,也需要有辩证的观念。分析哲学在前一个方面(形式之维的逻辑分析)作出了贡献,但是对思维过程中的辩证性质却缺乏应有的注意;中国传统哲学比较关注思维的辩证性质,但在概念的辨析、形式的系统方面,则往往显得相对薄弱。就思维过程而言,其中的说理同样面临有效性的问题。这里所说的有效性(validity),既在形式的层面呈现为命题的可讨论性和可批评性以及论证过程之合乎逻辑的规范和法则,又在实质的层面表现为对现实对象的真切把握。忽视形式逻辑,思想常常或者形似全面,却流于宽泛,无法对相关问题提供切实说明,或者执着于独断之见而无法提供合理的确证;悬置思维的辩证之维,思想则不仅容易在细密的形式下走向片面、琐碎和抽象,而且同样每每偏离于真实的存在。在以上形态下,哲学的理论和观点都难以获得充分的根据。就总体而言,形式逻辑与辩证思维的互补,是实现有效论证和说理的前提条件。

进一步看,逻辑思维最终以现实世界为指向,现实世界则既包含相对稳定的规定,也具有多方面性并展开为变迁的过程。如果说,前者为侧重于形式逻辑的思维方式提供了本体论的前提,那么,后者则赋予辩证的思维方式以形而上的根据。现实世界的以上特点,同时规定了仅仅运用单一的方式无法把握其真实形态。

在实质的层面,走向现实的世界意味着走出语言、意识或特定的存在领域。哲学既无法终结于某一时期,也难以限定于语言、意识或政治、伦理等特定的存在领域。走向现实存在,与人类自身的根本性关切相联系,这些关切体现于具有恒久性或普遍性的问题。就对象而言,有"何物存在"的问题,就人自身而言,则有"为何而在""如何存在"等问题。

何物存在?这一问题实质上所追问的,是何为现实的存在或何为现实的世界。传统哲学,特别是其中的形而上学,同样也在不断探索如何达到或敞开存在,但它们往往离开人自身之在,或者把目光更多地集中于本然对象或本然之物,这种存在作为尚未进入人的知行领域的对象,具有自在的性质;或者以心所构造的思辨产物为指向,将广义之"心"(精神或意识)理解为世界之源。以上哲学趋向,可以概括为"物的形而上学"或"心的形而上学",二者在疏离现实存在方面呈现相通性。海德格尔所批评的关注"存在者"而遗忘"存在"、罗蒂所抨击的基础主义或本质主义,在某种意义上都与以上形态的形而上学相关。

就其现实性而言,真实的世界即人生活于其间的世界,这一世界本身又形成于人"赞天地之化育"的过程。"赞天地之化育"这一表述似乎带有形而上的意味,但其具体内容则不外乎人实际做事的过程。人正是通过现实的做事过程,逐渐建构起与本然存在不同的现实世界。本然对象的超越,以"事"的展开为前提,人与现实的世界则通过"事"而彼此沟通。在此意义上,世界因"事"而成,对现实世界的追问,则实质上表现为对基于"事"的世界的关切。

做事的过程涉及多重方面,它既展开于天人(人和自然)之间的互动,也体现于人与人之间的交往。天人之间的互动一方面以"制天命而用之"(人对自然的作用)为内容,另一方面又表现为"道法自然"(尊重自然的法则)的过程。在"治自然"与"法自然"的统一中,自在之物(尚未与人相关的存在)逐渐成为为我之物(合乎人的需要和理想的对象),本然的存在则转化为现实的世界。以自然的变革和现实世界的生成为指向,"开物成务"意义上的"事"构成了本然之物向现实世界转化的中介。通常所说的"事在人为",既肯定了事与人的关联,也从一个方面表明现实世界及其多样的形态离不开人所"为"之"事"。

就人与人之间的交往而言,其形式既涉及宏观或类的层面上政治、经济、军事等活动,也关乎个体之域的日用常行,宋儒所说的洒扫应对,便属生活世界中的日常之"事"。宏观意义上的政治、经济、军事等活动,可视为"事"之大者,通过参与这一类的"事",人既表征了自身为不同领域中的社会成员,也展示了自身在历史演进和社会秩序建构过程中的作用,所谓"人事有代谢,往来成古今",也从一个方面体现了以上过程。日常展开的社会交往和其他活动虽不同于宏观领域之"事",但却构成了生活世界生成的前提,从家庭之内到公共空间,人的存在过程都无法摆脱多样之"事",孟子所谓"必有事焉"[①],也表明了这一点。

人通过做事而创造现实世界的过程,也就是人自身的存在过程,不妨说,人的存在即展开于做事过程。广而言之,正是在做事的过程中,人制造和运用工具;在做事的过程中,人具有了把握对象和彼此

---

① 《孟子·公孙丑上》。

交流的需要,由此推动语言的出现;在做事的过程中,人不断地获得并提升自身的理性能力。人的相关品格,包括制造和运用工具的能力、语言的能力、理性的能力,等等,都形成于以上过程,而人自身则相应地成为所谓制造工具的动物、理性的动物、语言的动物。对人而言,"事"具有本源性,它既发生于生活世界之中,又展开于生活世界之外。人自身则不仅以做事为自己的存在方式,而且与"事"所产生的结果息息相关:通过做事,人既获得了满足自身需要的各种社会资源(事物),也积累了多方面发展所需的自由时间;做事既成就世界,也成就人自身。

要而言之,"事"既是现实世界生成的前提,也是人自身的存在方式,对于这一过程,不同学科可以从不同的角度加以考察。比较而言,具体学科,包括自然科学、社会科学,主要着重关注于人类做事过程中的某一方面、某一领域,或相关的特定对象。从更本源的意义上对此加以追问,则是哲学的使命。如前所述,人类走向现实存在的过程,总是伴随着与人类自身存在相联系的根本关切,这些关切体现于人"为何而在""如何存在"等恒久性问题,后者并非仅仅表现为超验的形上追问,而是始终关联着作为人存在方式的做事过程。事实上,关注基于"事"的现实世界,同时意味着反思人的做事过程:"为何做事"?"成就何事"?"如何做事"?前二者关乎做事的价值目的和价值方向,后者则涉及做事的方式。关于"事"的这种追问与前述关于存在的终极追问,本身难以相分:一方面,在"为何做事、如何做事"的追问背后,是更为根本的人"为何而在、如何存在"的问题;另一方面,终极意义上人"为何而在、如何存在"的问题,又具体落实在"为何做事、如何做事"的现实关切之上,二者呈现相互交融的形态。

如前所述,"哲学终结"之论内含如下预设,即:以往哲学已穷尽了各种可能,在其形态下哲学本身再难有作为。然而,以现实的世界为指向,以人自身的"事"与"为"为具体的关切,哲学不仅展示了广阔的发展空间,而且蕴含着无尽的衍化可能;这里既存在着众多富有意义的问题,也召唤着多样的智慧之思。

四

从哲学层面上对现实世界的探究和追问,不仅涉及思想之流,而且关乎现实之源。

就思想之流而言,这里首先面临历史和理论间的互动。哲学的问题往往"古老而常新",在这方面,哲学不同于科学:在科学的发展过程中,已经被解决并有了确定答案的问题,常常不再被提出来加以讨论。在哲学的领域,问题很少可以获得一劳永逸的解决,至矣、尽矣的答案,与哲学的本性无法相容。无论是对象层面的"何物存在",还是人自身层面"为何而在""如何存在",以及与后者相关的"为何做事、成就何事、如何做事",都是具有恒久意义的问题,对其追问和探究,也伴随着哲学自身的演进过程。每个时代的哲学家每每站在他们所处的特定背景之下,一方面上承前人的思维成果,另一方面又对历史中的问题作出新的理解、回应。问题和回应的这种历史延续性,也从一个方面展现了哲学的历史和哲学的理论之间的相关性。可以看到,哲学在探究现实世界的过程中,总是无法离开史与思之间的相互作用。

历史步入近代以后,哲学对相关问题的思考,离不开比较的视野。对近代以来的中国哲学而言,这里所涉及的首先是中西哲学的比较。在中、西哲学刚刚相遇之时,人们所关注的通常是如下一类问题:中国哲学如何、西方哲学怎样;什么是二者的共通之处、何者为它们的差异之点,如此等等。不难看到,这种视域所侧重的,不外乎同异的比较。这一类的比较研究对于具体把握中西哲学各自的特点,无疑具有积极的意义,然而,仅仅停留于此,显然容易流于表面、静态的罗列。

在更内在的层面,比较研究的意义关联着创造性的哲学思考。在面向现实世界的过程中,"何物存在""为何而在""如何存在",以及作为后者体现的"为何做事、成就何事、如何做事"等哲学追问,既具有终极意义,也包含普遍之维,后者(普遍之维)意味着不同的哲学传统在敞开存在的过程中,常常面临着类似或相近的问题,其思维成果也包含相互激荡、彼此借鉴的可能。这样,一方面,在不同的文化背景和历史传统下,中西哲学形成了各自的风格和特点,另一方面,作为哲学,二者在关切的问题上又有相通之处。如果说,前者使哲学的比较成为必要,那么,后者则为哲学的会通提供了可能。哲学既以真实的存在为指向,又展开为不同的进路,从而可以视为对真实存在的多样探索。历史地看,哲学在其演进过程中,确实形成了多元的智慧,后者同时为今天的思考提供了多样的思想资源。事实上,如何运用人类文明发展过程中积累的多元智慧来进行创造性思考,是今天的哲学探索所无法回避的问题。在不同文明传统已经彼此相遇的背景下,哲学无法仅仅停留在某种单一的传统之中,相反,它需要基于丰富、多元的智慧资源,以使自身在深度和广度上不断得到推进。以此为前提,便不难注意到,哲学比较的真正意义,在于为今天的思考提供多元的智慧资源,而比较研究的过程,则同时表现为运用这种多元的哲学智慧进行创造性思考,以更为深入地把握现实的世界。

史与思、中西比较以及与之相关的多重思想资源,更多地呈现为哲学发展过程的思想之流。在走向现实世界的过程中,哲学既关乎思想之"流"层面上的历史与理论间的互动、不同的理论资源和不同哲学智慧间的彼此激荡碰撞,也离不开现实之"源",后者具体地关联着历史的发展和时代的变迁。哲学对世界的把握,本身总是基于现实之源,这里不仅关乎以自然为指向的科学之域,而且涉及不同的社会领域。哲学的发展自始便难以与科学相分离,就哲学与科学的关系而言,一方面,如恩格斯和海德格尔所已注意到的,随着历史的发展,哲学的不少领地已逐渐让位于科学,另一方面,科学发展本身又给哲学提出愈来愈多的问题。以所谓信息时代而言,伴随着这一时代的到来,如何理解虚拟实在已成为无法回避的问题。虚拟实在作为存在的一种形态,无疑关乎形而上学之域,但它与传统形而上学的对象又有所不同。在更具体的科学形态中,诸如基因、克隆、人工智能、赛博格(Cyborg)现象以及其中的伦理问题,也是哲学面临的新问题。如此等等。

从更广的社会领域看,在全球化时代,联合国、欧盟等国际组织的出现,它们自身的限度,以及运行过程中出现的问题,使传统哲学关于人类"大同"的思想获得了新的意义,大同理想是否可能和如何可能,成为新的历史条件下需要面对的问题。此外,基于各种形式的民族纷争、宗教分异,以及由意识形态的对抗而形成的国际冲突,使"为万世开太平"或"永久和平"是否可能和如何可能,也成为具有现实意义的问题。

进而言之,现代社会往往面临技术、权力、资本对人的限定。在缺乏合理价值引导的背景下,科技的发展每每使当代社会面临着走向技术专制之虞:从日常生活到更广的社会领域,技术愈来愈影响、支配乃至控制人的知与行。权力的过度扩展,往往把人的自主性和人的权利置于外在强制之下。资本的泛滥,则将金钱、商品推向前列,而人则相应地成为金钱、商品的附庸。从"何物存在"的角度看,以上现象表现为因"事"而成之现实世界的异化;就"为何而在""如何存在",以及作为后者体现的"为何做事、成就何事、如何做事"而言,这些现象则意味着人自身的存在疏离于合乎人性的价值方向,它们既使"何物存在""为何而在"等哲学追问变得更为急切,也使如何应对以上历史现象成为愈益紧迫的哲学问题。思想和时代的以上背景在为哲学的发展提供内在推动力的同时,也使哲学本身在回应现实问题的过程中不断思向存在的深处。

(原载《社会科学》2017 年第 3 期)

哲学与现代性的反思

一

在现代性的反思过程中,不同哲学传统、背景之间的对话,已越来越受到关注。对话涉及对话者之间的相互理解、沟通和共识。然而,除了相互之间的理解、沟通,进而达成共识以外,对话同时还应该包括某种建构性的原则,后者所指向的,是哲学本身的理论创造,包括新的视野的形成、新的观点的提出、新的理论的诞生、新的思想的萌发,等等。哲学的研究、不同传统之间的比较、对话当然涉及对已有视域的超越、对封闭体系的解构,但它更应使建构、创造的意识和观念成为应有之义;在后现代的话语不断强化解构的背景下,这一点显得尤为重要。

建构性的观念和原则,同时指向世界哲学的意识。以世界哲学为视域,则人们所提出和探讨的问题,便不能仅仅局限于地方性或地域性的视野,而应有一种更广的思想关切,这不仅在于关注具有普遍意义的时代问题,而且意味着在具体的论域中,注意论题所蕴含的普遍性质。进而言之,在解决问题或建构理论的过程中,我们所应用的资源,不应停留于某种单一的传统。无论是中国哲学,抑或西方哲学,在各自的发展过程中,都曾留下了具有独创性和恒久意义的思维成果。从世界哲学的视域看,这些成果都构成了重要的资源并具有互补性,因此,二者都没有理由仅仅局限于自身的传统。哲学的研究需要宽广的视野,同时也要求我们运用人类思维迄今所形成或者所达到的各种成果,来回应和解决时代提出的哲学问题。

历史地看,近代中西哲学的互动和演化,已提供了实现上述视域整合的可能。近代以前,中西哲学几乎是在一种互不相关的传统下各自发展,近代以后,中西哲学的相遇、沟通已经成为本体论的事实,两者之间的这种沟通、交融尽管还只有一百多年的历史,但它毕竟告别了彼此隔绝的状况,从而使我们有可能运用不同传统的哲学思维资源来解决时代所提出的问题。在这方面,中国的哲学研究者也许具有某种优势。从总体上看,近代以来,中国哲学家对中国以外的学术资源,特别是西方哲学的关注,似乎远远超过了一般西方哲学家对中国哲学资源的兴趣,在彼此的实际理解程度上,也每每如此。导致这种状况的原因当然是多方面的,但这种现象本身体现了如下事实,即中西哲学相遇之后,中国哲学家已经不满足于自身的传统,而追求一种更为宽泛的眼界。

二

从哲学的思考看,中西不同传统的回顾、阐释,与关注时代的处境难以分离。就时代处境而言,现代化及现代性无疑是一个引人瞩目的方面。现代化与现代性作为两个不同的概念,其内涵无疑存在着差异,但二者并非彼此隔绝。艾森斯坦德曾从历史的角度,对现代化作了概要的界说:"就历史的观点而言,现代化是社会、经济、政治体制向现代类型变迁的过程。它从17世纪至19世纪形成于西欧和北美,而后扩及其他欧洲国家,并在19世纪和20世纪传入南美、亚洲和非洲大陆。"① 与之相近,吉登斯在回答"何为现代性"的问题时,也表述了类似的看法:"现代性指社会生活或组织模式,大约十七世纪出现在欧洲,并且在后来的岁月里,程度不同地在世界范围内产生着影响。"② 对现代化与现代性的如上理解,显然包含着相互交错、重叠的内容。它从一个方面表明,无论在内涵还是外延方面,"现代化"与"现代性"概念的区分都具有相对性。当然,尽管"现代化"与"现代性"具有相通性,但二者在内涵上仍可有不同的侧重。比较而言,现代化主要以社会在不同领域及层面的历史变迁为内容,现代性则涉及现代化过程所体现的一般趋向和原则。

在宽泛的意义上,对现代化及现代性的关注、反思同时可以理解为现代社会和现代文化的自我批判。这种批判不仅涉及现代化本身的展开过程及其后果,而且指向渗入其中的基本原则。现代性及现

---

① 〔以〕艾森斯塔德:《现代化:抗拒与变迁》,张旅平等译,北京:中国人民大学出版社,1988年,第1页。
② 〔英〕吉登斯:《现代性的后果》,田禾译,南京:译林出版社,2000年,第1页。

代化反思所涉及的自我批判,似乎可以区分为二重趋向:其一,把现代化理解为尚未完成的项目或未竟事业。对这一批判趋向而言,现代化过程中所显露的问题,导源于现代化自身的未完成性质,哈贝马斯便持这一立场。其二,更多地将现代化视为已完成的过程,并从整体上对现代化的过程作批判性的考察。在各种形态的后现代主义学说中,这一点表现得十分明显。就广义而言,尽管对现代化及其过程的理解有所不同,但它们都对现代化的历程及后果采取批判性的态度,其精神具有一致性;同时,二者都形成于现代化本身的发展过程,因而都可以看作是现代化过程的自我批判。

现代性的反思以及与之相联系的现代社会的自我批判,在某种意义上具有超越意识形态与乌托邦的特点。意识形态侧重于为某种既存的社会形态辩护,乌托邦则在反叛现存社会形态的同时,又勾画了与之相对的未来理想形态。现代性的反思固然无法完全与意识形态和乌托邦相隔绝,但它既非仅仅从某种意识形态的原则出发,也并不以乌托邦的构想为根据,而是着眼于现代化的历史过程及其社会文化后果,正是这一特点,使它所体现的社会自我批判具有更广的文化意义。

从发展的现状看,中国目前尚未达到现代化的成熟阶段,似乎并不具备自我反思的条件。然而,中国文化的发展已从自我封闭、隔绝的格局走向了与其他文化形态的相互融通;全球化的趋向,又进一步推进了这种沟通,在这样的背景之下,尽管中国现阶段的发展状况还没有达到现代化的成熟形态,但我们仍然不仅能够以西方学者对现代化的自我批判作参照,而且更可以直接参与这一批判过程。事实上,早在20世纪初,中国的一些知识分子已经进行了这种参与:20世纪初的著名学者如梁启超、梁漱溟、熊十力等,已经开始对现代性或现代化问题作了批判性的反思。这一历史现象表明,在文化的融通、融合的历史前提下,现代社会并非以孤立的形态存在,其自我批判能否实现,也不仅仅取决于某一地域的发展状况。

以现代性的反思为形式的现代社会和现代文化的自我批判,在历史和逻辑上为哲学的创造性研究和建构提供了必要的前提和背景。从历史上看,每当社会达到能够进行自我批判的阶段,那个时代的哲学家就会通过考察以往人类思维的得与失、总结其成果和教训,提出自己的创造性看法。冯契先生在考察和分析中国古代哲学的逻辑演进过程时,曾对此作过具体的论述。[①] 在相近的意义上,对现代性和现代化过程的反思、对现代社会的自我批判,同样也构成了进行新的哲学思考的历史背景和思想前提。

三

从哲学的建构或创造性思考的角度来看现代性及现代化过程,当然涉及多方面的问题。首先是现代性与文化分化之间关系的问题。利奥塔曾指出,康德是现代性的序幕与终曲。[②] 哈贝马斯则对康德的现代性观念作了具体的分析,认为在康德那里,已出现审美趣味、正当性、真理等领域的分离,三者各有自身的有效性。[③] 审美趣味在于以形象的方式敞开世界,真理涉及对事实的把握,正当性则展开于道德、法律等领域,它所指向的是实践过程的规范。从某些方面看,康德确乎倾向于把这些领域作为分化的对象来处理。[④] 广而言

---

① 参见冯契:《中国古代哲学的逻辑发展》,上海:上海人民出版社,1983年。
② 参见〔法〕利奥塔:《历史的符号》,载汪民安、陈永国、马海良主编:《后现代性的哲学话语》,杭州:浙江人民出版社,2000年,第285页。
③ 参见 J. Habermas, *The Philosophical Discourse of Modernity*, The MIT Press, 1996, p.19.
④ Ibid., p.19.

之,近代以来,不同学科、不同知识文化领域的分化构成了引人瞩目的现象,而真正意义上的学科也是在这一过程中形成的。作为分化的知识领域,这些学科都有自己具体的对象、自身独特的学术规范,等等。以存在的某一或某些形态为对象,特定的知识领域总是有其界限,物理学把握的是光、波、粒子等物理现象,生命的新陈代谢、原子的化合分解等往往在其视野之外;同样,生物学、化学以及经济学、社会学、政治学等学科,也有各自确然的对象,彼此之间往往界线分明、各有定位。由此导致的后果之一,是对世界、存在本身作分析性的理解和把握,并形成抽象的世界图景。这种世界图景,我们习惯上将其理解为形而上学的结果或表现形式。事实上,从某种意义上看,这种世界图景的形成常常是反形而上学的结果。就思维的趋向而言,形而上学作为对存在本身的考察,体现了从总体上把握世界的意向和特点。历史地看,尽管形而上学在把握世界时常常带有抽象性的形态,但试图在整体上把握世界,这一要求显然不能简单地斥之为人类思维的迷失。按其本来形态,形而上学可以有不同的形态,除了历史上种种抽象的系统之外,它也可以取得具体的形态。① 然而,在批评、拒斥形而上学的过程中,人们往往忽视了这一点。与疏离形而上学相联系的,是对整体、总体的疑虑和恐惧。这种恐惧,似乎也助长了对世界作分化理解和抽象考察的倾向。如何扬弃对存在分离的形态? 这是我们反思现代性时所无法回避的问题。

　　从哲学的层面看,现代性的展开过程与意识、语言的突出相关联。意识、语言先后成为近代哲学的主题词。哈贝马斯在讨论现代性的时候,曾指出:"主体性原则决定着现代文化。""在现代性中,宗

---

① 参见拙作《形而上学引论》,载《思想与文化》第 2 辑,上海:华东师范大学出版社,2002 年。

教生活、国家、社会,以及科学、道德和艺术,都被转换为主体性原则的具体形态。"①而在他那里,主体哲学(philosophy of subjectivity)与意识哲学(philosophy of consciousness)又往往互用。② 这一现象表明,意识成为近代哲学的主题词与主体性(subjectivity)的突出是相互关联的,二者同时又与个体性原则的展开很难分离。20世纪以后,语言逐渐成为哲学的聚焦点,并在某种意义上被提升到了本体的层面,语言本体化也使语言继意识之后成为哲学的关键词。从现代性的角度看,上述转换似乎与理性、逻辑走到哲学的前台相关。语言相对于意识而言,更带有公共性和可批判性的特点,维特根斯坦及其他哲学家反复指出没有私人语言,所强调的便是语言的公共性。语言分析的关注对哲学研究的推进意义,是不可忽视的,众多的哲学文献已表明了这一点。然而,语言取得本体地位之后,也包含了某种异化的可能。语言本来是我们用以把握对象和存在的形式,但它被本体化之后,反过来却成了哲学的主宰,这一点在分析哲学中表现得十分明显。分析哲学虽然在后来也涉及存在理论或本体论问题,但它们所讨论的,主要是我们在把握对象或存在时所使用的语言,而不是对象或存在本身。在这里,存在问题实际上已被转换为表述存在的语言问题,它所导致的后果之一,就是对人自身及存在的遗忘。

按其本质,语言分析并不能取代对存在的分析,语言的分析也不可能消解对存在的问题。这一点即使在分析哲学的理论中也不难看到。20世纪初,罗素提出了摹状词理论,他试图以此消除传统哲学中过多的实体承诺,在此意义上,摹状词理论类似于"奥卡姆剃刀"。不过,在以摹状词理论消解掉对实体的过多承诺时,存在问题本身并没

---

① J. Habermas, *The Philosophical Discourse Of Modernity*, pp. 17-18.
② Ibid., pp. 294-296.

有因此而消失。事实上,罗素在提出摹状词理论的同时,他本人仍一再地关注外部世界、他人心智(other's mind)等问题。这些问题仍属本体论的领域,它们并不能被单纯的语言分析所消解。

不难看到,分析哲学试图把我们对存在的语言分析与存在本身或语言中的存在问题同存在本身相分离,这一趋向在某种意义上延续了康德那里现象与物自体的分离。对分析哲学而言,语言中的存在是某种被建构起来的现象,语言之外的存在则类似于康德的物自体,它是自在的存在,是我们所无法把握的,因此讨论这种存在是没有意义的。这种进路对哲学研究构成了内在的限定,要推进哲学本身的研究,显然必须突破分析哲学的视域,回到存在本身去。

20世纪是语言哲学的世纪,21世纪似乎不应继续停留于语言哲学。也就是说,既不能因为对语言中的存在的关注而忽略存在本身,也不能因为分析存在必须借助语言而拒斥对存在本身的考察。从哲学发展的进程看,走出语言哲学的界域意味着不断地在本体论的意义上回到存在本身。这里所说的回到存在本身,与胡塞尔所谓"回到事物本身"涵义并不相同;在胡塞尔那里,回到事物本身是以悬置存在为前提的,与之相应,他所说的事物本身,不同于经验世界中的存在,而主要是现象学意义上的纯粹意识;相对于此,作为21世纪哲学发展趋向的回到存在本身,是指回到具体、真实的存在。

与现代性相关的另一现象,是理性的主导或理性的专制。现代化被许多研究现代性的学者看作是一个理性化的过程,韦伯就是一个典型的例子,而后现代对现代性的批评和反叛在某种意义上首先就表现为对理性专制的反叛:无论在哲学上,还是在文学上,后现代主义对现代性的批判许多都是针对理性的专制,这也从一个侧面表现了现代性与理性专制、主导之间的关系。从某种意义上看,理性与非理性之间的张力、对峙构成了现代性的重要景观。理性化强调理性在政治、经济、文化各个领域的主导地位,它在价值观、规范性、普遍原则上表现出对世界的抽象化、平面化的理解。然而,整个世界并不仅仅为理性所支配;理性所处理、支配的,只是存在的一个方面,而不是唯一的方面,除了理性所指向、处理的方面以外,存在还包含许多其他方面。如果把理性作为唯一的主导者或支配者,则世界的丰富性便不复存在。总之,理性化的世界往往表现为一个单向度、平面化的世界,它抽去了存在的全部丰富内容。从哲学上考察现代性,既不能像后现代主义那样,以解构、否定理性为指向,也不应单向地突出理性的意义,而是需要对理性本身作合理的定位。

四

从逻辑上看,无论是文化的分化,抑或理性与非理性的分离,都折射了存在的分裂或存在的抽象化,克服存在的分裂,与扬弃存在的抽象性、回归具体的存在,则相应地表现为相辅相成的两个方面。所谓回归具体存在,不能简单地理解为回到生活世界。20世纪以来,生活世界这一概念被哲学家们反复地使用,而回归生活世界则常常被理解为对抽象性、静态性的超越。事实上,对生活世界的理解本身也往往表现出抽象或静态的特点。在胡塞尔那里,生活世界便首先与科学的世界图景相对而言,而在二者的划界及对峙中,生活世界本身也似乎呈现片面的形态。哈贝马斯的生活世界既与系统相对,又与劳动相区别。对他来说,劳动体现的是目的—手段意义上的理性,以及整体的观念。然而,当生活世界被理解为排除劳动并与劳动相对的存在形态时,它本身也多少被抽象化了。同时,生活世界也每每被理想化、完美化。事实上,日常生活具有自在性、既成性,它往往使接受已有的存在形态、因循常人的行为模式成为主导的方面,与之相联系的是非反思的趋向和从众的定势,它在消解个体性的同时,也常常使存在意义的自我追问失去了前提。作为自在性与既成性的展开,社会关系和实践领域中的角色定位与观念层面的思不出位,进一步形成了对日常生活个体的多重限定,后者在悬置对存在意义反思的同时,也似乎趋向于抑制了人的自由发展。因此,把回归具体存在理解为走向生活世界是不全面的。

走向具体存在应当被理解为把握存在全部的丰富性,这里首先涉及形而上与形而下的关系问题。这一问题可以从本体论的层面加以理解。就中国哲学来讲,形而后有形而上与形而下,这与西方把形而上学(第一哲学)看作是物理学之后,显然有所不同。"形"可理解为现实、真实的世界,而形而上与形而下都是这个真实世界的不同表现形式,作为同一世界的两个不同侧面,形而上与形而下并非截然分离。

以具体存在为视域,同时意味着确认世界的存在与人本身之在的统一。这种统一从哲学上看,首先在于人对存在的把握是在人的知行过程中展开的。存在图景的形成总是与人自身之"在"相联系,并受到这个过程的制约。就人自身的存在而言,应当把人理解为理性与非理性的统一。现代性突出的理性主导,而理性本身往往被理解为人的全部或主要品格;后现代主义则强化人的非理性之维,然而,作为具体而现实的存在,人既非不单纯地表现为理性的化身,也并不仅仅具有单一的非理性品格或非理性规定。理解人的具体性、现实性,便不仅要揭示其中理性的规定,而且应当看到其中所包含的非理性的因素。现代性对理性品格的强化与后现代对非理性的张扬,都是一种片面的趋向,当我们研究真实、具体的个体时,对理性和非理性的规定应当同样加以关注。

从人的存在引向对象世界,便进一步要求以多样性的统一扬弃抽象的同一,借用中国哲学的话,也就是"和而不同"。"和"是包含差别的统一,"同"是单一的规定。真实的存在从其存在形态来看,表现为多样性的统一,因而更多地呈现"和"的形态。"同"则表现为自我同一(sameness),它与具体的、真实的世界存在着距离。同时,要完整理解真实的存在,过程性与整体性的统一也应进入我们的视野。这里涉及存在与时间的关系问题。存在并不是凝固的形态,而是展开为一个过程,中国哲学对"道"的理解,已注意到了这一点。"道"既被视为统一性原理,同时又涉及化生的过程,所谓"由气化,有道之名",①便表明"道"既与"气"这一物质形态不可分离,又具有过程性,换言之,"道"即体现在"气化"的具体展开过程中。因此,统一性原理与发展原理不能截然分离;存在与时间的统一性,在某种意义上也体现了这一点。

概而言之,在哲学的论域中,面向具体存在包含多重向度:它既以形上与形下的沟通为内容,又要求肯定世界之"在"与人自身存在过程的联系;既以多样性的整合拒斥抽象的同一,又要求将存在的整体性理解为事与理、本与末、体与用的融合;既注重这个世界的统一性,又确认存在的时间性与过程性。这种具体性的指向,在某种意义上构成了哲学的本质,黑格尔已指出了这一点:"哲学是最敌视抽象的,它引导我们回复到具体。"②在哈贝马斯看来,黑格尔是最早站在现代的立场上对现代性做自觉反思的哲学家之一。③ 这里,我们可以注意到回到具体存在与对现代性的反思从一开始就是相互关联、而不是互不相干的。

---

① 张载:《正蒙·太和》。
② 〔德〕黑格尔:《哲学史讲演录》第1卷,贺麟、王太庆译,北京:商务印书馆,1959年,第29页。
③ J. Habermas, *The Philosophical Discourse of Modernity*, p.16, p.43.

当然,走向具体存在并不仅仅涉及解释和说明这个世界的问题,它同时也关乎规范性问题。马克思曾指出:"哲学家们只是用不同的方式解释世界,而问题在于改变世界。"①无论是康德所批评的旧形而上学,抑或康德所理解的纯粹形态或形式的形而上学,在总体上确乎未能超出说明和解释世界的视域;②20世纪的主流哲学把语言作为主题词,其关注的中心,同样仅仅停留在马克思所批评的仅仅解释世界这一层面。以说明或解释世界为哲学的主要或唯一职能,显然未能把握哲学的真正意义。唯有从说明世界进而指向变革世界,才能不仅把握存在全部的丰富内涵,而且实现存在对人所具有的全部丰富意义。对现代性的反思,最终也应落实到这个层面。

(本文是作者于2003年3月在以"现代性"为主题的学术会议上的发言记录。原载《上海师范大学学报》2003年第3期)

---

① 〔德〕马克思:《关于费尔巴哈的提纲》,《马克思恩格斯选集》第1卷,北京:人民出版社,1995年,第57页。
② 康德对理性的批判,最后仍以如何说明世界为指归。

如何做哲学

如何做哲学？这一问题涉及哲学研究的方式和进路。哲学在考察世界的同时，也不断进行自我反思，"如何做哲学"的追问与"何为哲学"的省思则彼此相关。从一般方法论的意义上看，作用于对象的方式和对象本身的规定之间具有一致性：可以说，对象的性质从存在的层面决定了人应当如何作用于对象，同样，哲学作为把握世界的独特形态，也规定了我们做哲学的方式。

一

就其表达形式而言，"哲学"一词属现代汉语。从西方思想的背景看，"哲学"以"philosophy"来表示；从中国传统的文化背景看,与"哲学"相应者则为"性道之学"。事实上,在中国古典哲学与近代哲学前后相承之际,龚自珍已把"性道之学"与其他的专门之学(知识学科)区分开来,将其列为把握世界的独特方式。从实质的层面看,不管是西方的"philosophy",还是中国的"性道之学",作为"哲学"这一现代汉语概念的对应者,都表现为对"智慧"的追求。

在哲学的如上形态中,哲学的研究和思考过程与哲学家的生活过程往往相互交融。无论是先秦时代的孔子,还是古希腊的苏格拉底,其哲学思考和生活过程都呈现彼此重合的特点。对于这一时期的哲学家而言,哲学的探索和日常的生活实践难以截然相分,以中国哲学的观念表述,即为学与为人无法分离。此所谓"为学",包括广义上的智慧追求或哲学探索,"为人"则涉及具体的践行过程。孔子很注重"为学",《论语》首篇《学而》便从不同方面讨论有关"学"的问题,其中的"学"也关乎智慧的追求。对孔子来说,真正意义上的"学"(包括广义的智慧追求)并不是闭门思辨的过程,如果一人能够做到"敏于事而慎于言,就有道而正焉"①,便可以称之为"好学"。"敏于事而慎于言,就有道而正焉"属具体的做事、生活过程,以此为"好学",表明包括智慧追求的"为学"过程即融入于实际生活中的为人过程。按孔子的理解,一个人只要对相关的人生理念身体力行,并实际地处理好各种人伦关系,则"虽曰未学,吾必谓之学矣"。② 从如何做哲学的视域看,以上观点意味着宇宙人生智慧的探索即展开于多样的社会生活过程。

近代以后,哲学开始进入大学的教育系统,成为诸多学科中的一

---

① 《论语·学而》。
② 同上。

种。哲学曾被视为科学之母,但到了近代,各门科学逐渐分化出来。与这一分化过程相伴随的,是知识与智慧之间愈益明显的分野:在学科没有分化之前,知识与智慧之间的区分往往隐而不彰,但是随着学科的分化,两者之间的区分便逐渐显性化。分化的各种学科主要关乎知识领域,与之相对的则是智慧之域。从实质的方面看,近代的哲学在取得学科形态的同时,又进一步展现了哲学作为智慧之思的品格,并以此区别于知识进路。

从形式方面看,哲学在取得学科形态之后,往往更为自觉地表现为运用概念来展开思维的过程。这种概念性的活动每每取得不同的形式。它可以是对概念的理性化运用,与之相应的是逻辑层面的思维活动,在笛卡儿、斯宾诺莎、莱布尼茨等近代哲学家那里,概念的运用都与逻辑思维的过程联系在一起。概念运用也可以以非理性化的方式展开,哲学史上的直觉主义、意志主义,便往往以非理性的方式运用概念。这里需要注意的是,直觉主义、意志主义固然不同于理性主义,但却依然离不开概念的运用,如作为意志主义代表人物的尼采便提出并运用了"权力意志""永恒轮回"等概念,在柏格森这样的直觉主义者那里,其思想则与"绵延""创造进化"等独特的哲学概念相联系。

即使哲学论域中的神秘主义,也并非与概念完全相分离。按照罗素的说法,神秘主义的特点在于拒斥分析性的知识,强调不可分的统一。① 这一意义上的神秘主义固然常常与个体性的体验、领悟、感受等相联系,但当它作为哲学共同体中的一种形态而呈现时,也总是要诉诸某种概念,如"大全""太一"等。当然,直觉主义、意志主义和

---

① Bertrand Russel, *Mysticism and Logic*, Doubleday & Company, Inc., Garden City, New York, 1957, pp. 8—11.

神秘主义总是试图与程序化的逻辑思维保持某种距离,其概念的运用也有别于逻辑的推绎而与直觉、意志以及神秘体验等非理性的规定联系在一起。

要而言之,在取得学科形态之后,哲学一方面在实质意义上越来越呈现出以智慧追求为指向的特点,另一方面在形式层面上则更为自觉地表现为运用概念而展开的理论思维活动。以上趋向当然并非仅仅存在于近代以来"做哲学"的过程,在取得学科形态之前,哲学探索同样关乎以上方面。但是在传统的形态中,实质意义上的智慧之思和形式意义上的概念的活动这两个方面与哲学家的生活过程往往融合在一起,从而,与之相关的"做哲学"方式与哲学取得学科形态之后有所不同。

就当代而言,哲学的进路呈现出不同的趋向。首先可以关注的是20世纪初以来的分析哲学,其特点在于将语言的逻辑分析作为"做哲学"的主要方式。从历史的角度看,这种哲学进路所强化的,乃是哲学作为概念活动这一形式层面的规定。由此,它进而趋向以语言的逻辑分析为哲学活动的全部内容。20世纪以来另外一个重要哲学思潮是现象学,在一定意义上可以说,它从实质的层面上强化了哲学作为智慧之思这一规定,这种强化同时又与突出意识联系在一起:相对于分析哲学之关注语言,现象学更为注重意识。尽管现象学的奠基者胡塞尔早期以所谓反心理主义为旗帜,但实质上现象学乃是以意识为本,从意向性到本质的还原、先验的还原,再到纯粹意识、纯粹自我,等等,现象学的这些观念都与意识的考察相联系。胡塞尔追求作为严格科学的哲学,而达到作为严格科学的哲学形态又以确立最本源的根基为前提,这种根基具体表现为通过本质的还原、先验的还原而达到的纯粹意识或自我意识。对胡塞尔而言,"纯粹意识"或"纯粹自我"既具有明证性,又呈现直接性:它没有中介,不可再加以追溯,从而表现为最原始的基础。可以看到,现象学的进路基于对意识的关注,而与本于意识相联系的,则是智慧之思的思辨化、抽象化趋向:如果说,分析哲学从强化形式层面的概念活动出发而导向了实质层面智慧之思的弱化,那么,现象学则由赋予意识以本源意义而使智慧之思趋于抽象化、思辨化。

在更宽泛的层面,当代哲学中同时可以看到智慧的知识化趋向。与哲学取得学科形态,成为某种专门之学相联系,哲学往往趋向于知识化。今天哲学的划分方式,也在某种意义上体现了这一趋向,从事哲学研究的学人,成为某一领域的"专家"。哲学领域中这种专家式地把握形态,从一个方面具体地表现了哲学的知识化趋向。这些现象,从不同的层面表明,哲学正在疏离于智慧的形态而趋向于专门化、知识化,而哲学家也逐渐成为专家、职业工作者。

尼采已开始注意到哲学的如上趋向。尽管他主要生活在19世纪后期,并没有看到20世纪以后哲学在以上方向上的具体变化,但对哲学在近代以来所出现的知识化和专门化趋向,已有较为敏锐的察觉,在《善恶的彼岸》一书中,尼采指出:哲学家往往"让自己限定于某处并使自己专门化,从而他不再达到他应具有的高度,不再具有超越限定的视域,不再环顾四周,不再俯视一切"[1]。"专门化"无疑涉及学科意义上的知识化,"超越限定的视域"则意味着哲学的本然形态。这里已注意到专门化对哲学本然形态的偏离。

海德格尔在后期喜欢讲"思"而不是"哲学",在他看来,我们之所以未思,是因为所思离我们而去。[2] 他把"思"与一般意义上的"知道"特别地区分开来。这些看法,在一定意义上可能也是有见于近代

---

[1] Nietzsche, *Beyond Good and Evil*, §205, *The Philosophy of Nietzsche*, Random House, 1927, p.501.

[2] Martin Heidegger, *what is Called Thinking?* Haper Perennial, 1976, p.7.

以来主流哲学越来越倾向于知识形态,而海德格尔本人则似乎试图用不同于知识化的"思"来表示其心目中对哲学本来形态的理解。当然,把"思"与哲学完全区分开来,并不能理解为一种合理的进路:事实上,作为哲学内在形态的智慧追寻,同样可以展现为"思"。

在当代哲学中,塞拉斯(Wilefrid Sellars)对此也已有所关注。在谈到哲学与其他学科的不同之点时,塞拉斯曾指出:"哲学在重要的意义上没有特定的对象,如果哲学家有这种特定的对象,他们就会转而成为一批新的专家。"①与特定的知识不同,"哲学活动的特点,就是注目于整体"。由此,塞拉斯对仅仅将哲学理解为对已有思想进行分析的观念提出了批评,认为与综合相对的单纯的分析,将导致"琐碎(a triviality)"②。如果说,对哲学与特定对象、哲学家与专家的区分以反对哲学的知识化为前提,那么,对哲学琐碎化的批评,则有见于哲学知识化所引发的消极后果。

在今日中国,同样可以看到类似的走向。具体而言,智慧的知识化在这里往往表现为研究过程的还原趋向:哲学的研究还原为哲学史的研究,哲学史的研究进一步还原为思想史的研究,思想史的研究最后还原为学术史的研究,后者又主要关乎文献的疏证、史实的考察,等等。这种还原的直接后果,是哲学的思辨消解于历史的考辨,与之相应的则是智慧之思的退隐。

智慧知识化的另一重表现是道流而为技。以疏离形而上学为总的背景,向具体的知识性学科趋近成为哲学中的一种进路,后者的关

---

① Wilefrid Sellars, *Philosophy and the Scientific Image of man*, in *In the Space of Reason——Selected Essays of Wilefrid Sellars*, edited by Kevin Scharp and Robert Brandom, Harvard University Press, 2007, p.370.

② Wilefrid Sellars, *Philosophy and the Scientific Image of man*, in *In the Space of Reason—Selected Essays of Wilefrid Sellars*, pp.371-372.

注之点往往指向经验领域的各种特定问题,如基因、克隆、人工智能等等。哲学固然需要关注现实及其变迁,但如果主要限定于特定的领域和对象,则又难以使向道而思的智慧旨趣与经验层面的技术关切真正区分开来。

二

以上考察,从不同方面展现了哲学之思的历史进路,后者同时构成了今天思考"如何做哲学"的前提和背景。哲学的形态当然可以具有个性的特点,哲学的探索也需要展现不同的风格,但从普遍的视域和方式上看,"做哲学"总是涉及若干基本的关系和问题。

(一) 以人观之和以道观之

以人观之既关乎所"观"的对象,也与"观"的主体相涉。哲学的追问指向人和人的世界,所谓人和人的世界,具体而言也就是进入人的知行领域中的存在,后者不同于本然意义上的自在之物,也非与人完全不相干的洪荒之世。就"观"的主体而言,以人观之表现为"人"之观,这一意义上的以人观之,既有别于以宗教论域中的上帝之眼来看存在,也不同于从人之外的动物来考察世界。宗教论域中的上帝被赋予绝对、超验的性质,人则不是宗教意义上的绝对者,也并非如宗教所理解的上帝那样全知全能。人无法像上帝那样去理解世界,只能从自身出发去考察这个世界。同时,从人的视域理解这个世界,也区别于以动物的眼光去看外部存在,动物的特点之一在于受到自身物种的限制:每一种动物都归属于某一类的存在,并受到它所从属之物种的限制而无法超越。尽管今天经常看到动物的权利、动物的解放之类的提法,似乎动物可以以自己的眼光来看待这个世界,但事实上,所谓动物的权利、动物的解放并未超出以人观之:按其实质,这是人从自身的角度赋予动物以某种地位。换言之,这乃是人给动物立法,而不是动物自身为自己展现一幅世界图景。总之,人既不是以上帝之眼去考察存在,也不是以动物之眼去看世界,而是从人自身的存在境况出发去理解这个世界,这种存在境况包括人的需要、人的能力、人的历史发展以及这种历史发展所形成的社会形态。以上述背景为前提去理解和考察世界,具体即展现为以人观之的过程。从根本上说,本然的存在、自在的世界并没有意义,意义乃是相对于人而言,意义的生成也与人自身的知行过程无法分离。人对世界意义的敞开,归根到底基于人自身的视域。

哲学对世界的理解既表现为以人观之,又展开为以道观之。以道观之意味着非停留于经验的层面,而是源于经验又升华于经验。与之相联系,对世界的这种把握方式也不同于知识层面的理解。知识总是指向世界的某一个领域、某一个方面,并有自身特定的对象和界限,哲学作为具有超学科性品格的思想形态,则以智慧的追寻为其内在旨趣,这一进路同时也规定了哲学无法限定于某一特定对象和领域,而总是试图把握事物之间、不同领域之间的关联,并追求对世界的整体性的理解。在这方面,"做哲学"的过程展现了不同于知识性或经验性的进路。从存在之维看,在真实的世界被知识划分为不同领域和对象之前,其本身是统一和相互关联的,从而,把握真实的存在不能仅仅限定于彼此相分的状况,而是需要进一步把被知识分离开的方面沟通起来。在前述智慧知识化的背景之下,"以道观之"同时可以视为向智慧的回归。

作为哲学视域的体现,以道观之也意味着追问人和世界中本源性的问题。科学追求"真",哲学则进一步追问"何为真""如何达到真";道德追求"善",哲学则进一步追问"何为善""如何达到善";艺术追求"美",哲学则进一步追问"何为美""如何形成审美的意识",如此等等。就人的日用常行而言,其形态主要表现为人的实际生存过程,哲学则进一步追问这种生活过程的意义以及如何达到理想的人生;日常生活中的人对人生意义往往"日用而不知",一旦人开始自觉地反思生活的意义,哲学的意识便开始萌发。

概要而言,治哲学需要有大的关怀,从传统论域中的"性与天道",到今天面临的"社会正义",等等,这些根本性的问题都应当成为哲学关注的对象。如果仅仅停留在技术性的关切或特定的知识经验之上,则哲学便会自限于具体学科的层面,其作为智慧之思的意义亦将不复存在。把哲学加以知识化、技术化和应用化,从对象的角度来看意味着存在的碎片化,从哲学的层面来看则意味着智慧的消解。以道观之所要克服的,便是此种趋向。中国哲学很早就提出"下学而上达"的要求,其中亦涉及以上视域:"下学"关乎对世界的知识性、经验性理解,"上达"则意味着由日常的经验知识,进一步引向"性与天道"的终极性关切。

作为"做哲学"的两个方面,以人观之与以道观之并非相互隔绝。所谓以道观之,归根到底乃是人自身以道观之。人一方面从自身出发去考察世界,另一方面又努力以道的视域去理解世界。正是人自身,在广义的认识过程中不断跨越知识的界限,追问世界中本源性的问题,由此实现"下学而上达"。

(二) 理论思维与概念性活动

以人观之和以道观之的统一,主要在实质的层面体现了哲学之思的特点。从形式的层面看,哲学又以理论思维的方式把握世界,并相应地表现为运用概念的活动。以概念活动为形式,赋予哲学以不同于艺术和科学的特点。艺术首先借助于形象,科学主要基于实验和数学的运演,哲学的思想则总是凝结于概念之上:新的哲学思想的形成或者通过新概念的提出而实现,或者通过对已有概念的重新阐发而展现出来。

哲学作为运用概念而展开的理论思维活动,首先涉及概念的生成和辨析。概念的生成可以取得两种形式,其一是"新瓶装新酒",也就是通过新的概念的提出以表达新的思想;其二为"旧瓶装新酒",亦即通过对已有概念的阐发来发展某种哲学的观念。从历史上看,庄子提出"齐物"之论,便是以新的概念阐发其形而上及认识论方面的独特思想。孔子则以"仁"这一概念为其儒学系统的核心,尽管"仁"在《诗经》《尚书》中都已出现,但孔子却通过对"仁"的创造性阐发而提出了新的哲学思想。与概念生成相关的是概念辨析,后者主要表现为对概念的界定和解说。哲学的概念不能停留于模糊、混沌的形态之中,需要作确定的界说,唯有如此,才能既成为哲学共同体中可以批评、讨论的对象,又在实质的层面展现思想的发展。

概念的运用同时展开于判断和推论的过程。正如知识通过判断而确立一样,哲学的观点也以判断或命题为表现形式。单纯的概念往往并未表明具体的哲学立场,唯有将概念运用于判断之中,哲学的观点才得到具体展现。同时,基于概念、通过判断而表达的哲学观念,其展开过程又离不开推论。宽泛而言,观点的论证过程也就是说理的过程。哲学在实质的层面表现为智慧的追寻,在形式的层面则离不开说理。在哲学领域,提出一个观点需要加以论证,并提供相关观念所以成立的根据。中国哲学家很早就提出,论辩过程应"言之成理,持之有故",这同时也是哲学作为概念活动的基本要求。哲学不应当是独断的教条,也不能仅仅表达个人的感想和体验,无论是肯定某种观念,抑或质疑、否定某种观点,都需要给出理由、提出根据、经过论证。从形式的层面看,推论以一定的判断为前提,其结论也表现为某种判断,判断本身则涉及概念之间的联接,在此意义上,判断与推论都表现为概念的运用。

一方面,智慧的追求需要经受概念的分析,另一方面,概念的分析又需要有智慧的内涵。以说理与智慧的关系而言,缺乏智慧的内涵,说理将导向空泛的语言游戏或纯然的逻辑论辩;悬置说理的过程,智慧之思则容易流于独断的教条或个体性的感想。哲学之思既要追求经过概念分析的智慧,又要接纳包含智慧的概念分析。表面看来,概念分析与智慧沉思似乎彼此相斥:分析注重"分",趋向于划界,关注局部的分析研究;智慧则要求"合",注重对整体的把握,而在创造性的哲学研究中,以上张力应当加以化解。所谓让智慧之思经受概念的分析、赋予逻辑分析以智慧的内涵,其实质的意义便是扬弃以上的张力。从当代西方哲学看,现象学和分析哲学往往主要抓住或侧重形上智慧和概念分析中的一个方面,由此相应形成了其各自限定。以此为背景,则智慧之思与概念分析的统一同时意味着对现象学和分析哲学作双重的超越。

需要指出的是,概念性的思考不能等同于抽象的思辨。按照黑格尔的看法,概念本身可以区分为具体概念和抽象概念。如果所运用的概念包含具体规定,那么与之相关的思考过程便具有现实的内容,而不能简单地归入抽象的思辨。在这方面,值得注意的是如下趋向,即把具体的形象性叙事和概念性思考对立起来,以经验性的品味代替概念性的思考,赋予想象的诠释以优先性,并专注于所谓"古典生活经验"或"古典思想经验",等等。对哲学的这种理解不仅仍流于前述的思想还原——"古典生活经验"或"古典思想经验"均未越出思想史之域,哲学则相应地被还原为哲学史和思想史,而且在更实质的意义上表现为疏离于概念性的思考。黑格尔曾对他那个时代的类似现象作了如下评论:"现在有一种自然的哲学思维,自认为不屑于使用概念,而由于缺乏概念,就自称是一种直观的和诗意的思维",由此形成的是"既不是诗又不是哲学的虚构"。① 对概念性思考的这种疏离,在逻辑上往往可能导向哲学的叙事化:哲学本身成为一种思想的叙事,而修辞则可能由此压倒对现实世界和观念世界的理论把握。哲学当然也关乎叙事和修辞,但叙事和修辞不应当取代通过概念而展开的思与辨,否则哲学就可能流于抒情性论说或哲理性散文,后者也许确实可以带来某种美感,但它们提供的也仅是想象性的文学美感,而无法使人从智慧的层面以理论思维的方式来理解世界和人自身。

(三) 回到存在本身

哲学以把握具体、真实的世界为指向,回到存在本身首先体现了哲学的这一基本使命。就当代的哲学思考而言,这一要求又以20世纪以来的哲学衍化趋向为背景。如前所述,20世纪主流的哲学思潮是分析哲学,以语言的逻辑分析为主要取向,分析哲学在关注语言的同时,往往又趋向于限定在语言的界限之中,不越语言的雷池一步。这一意义上的概念分析,常常流于形式化的语言游戏。分析哲学习惯于运用各种思想实验,这种思想实验常常并非从现实生活的实际考察出发,而是基于任意的逻辑设定(to suppose),作各种抽象的推论,从而在相当程度上表现为远离现实存在的语言构造。当哲学停留在上述形态的语言场域时,便很难达到真实的世界。以此为背景,回到存在本身首先意味着走出语言,回到语言之后的现实存在。哲学当然需要关注语言,语言分析的重要性也应予以肯定,但不能由此

---

① 〔德〕黑格尔:《精神现象学》,贺麟、王玖兴译,北京:商务印书馆,1979年,第47页。

囿于语言之中,把语言作为与存在相隔绝的屏障。语言应该被视为达到存在的途径和工具,回到存在本身,意味着不再将语言作为终极的存在形态,而是通过语言走向真实的世界。21世纪的哲学未来发展,将表现为不断地超越"语言中心"的观念。

"回到存在本身"中的"存在本身",不同于现象学所说的"事物本身"。现象学曾提出"回到事物本身"的口号,回到存在本身似乎容易混同于此。然而,从实质的方面看,这里所说的"存在本身"与现象学论域中的"事物本身"在涵义上相去甚远。现象学所说的"事物本身",以存在的悬置为前提,其终极层面的意义与经过本质还原、先验还原而达到的所谓"纯粹的意识"或"纯粹自我"具有相通性,这一意义上的"事物本身"并不是现实世界中的真实存在。事实上,由存在的悬置,往往将进一步导向存在的疏离。① 在当代哲学中,如果说,分析哲学侧重于语言,那么,现象学则始终把"意识"作为根基,早期胡塞尔试图使哲学成为"严格科学",其具体进路即是从意识入手。哈贝马斯曾区分了20世纪以来的两种哲学形态,其一为语言分析哲学,在他看来这种哲学主要存在于从弗雷格到后期维特根斯坦的衍化过程,其二则是意识哲学,他把现象学作为后者的重要代表。这一看法也有见于现象学与意识的关联。

从中国哲学的演进看,宋明时期的理学往往比较多地关注"心性"之域,当代新儒家则提出由内圣开出外王,其中也蕴含以心性(内圣)为本的趋向。可以说,从理学到当代新儒家,心性构成了其核心的方面。在关注心性的同时,他们也往往表现出限定于心性的趋向。晚近的哲学中还可以看到"情本体"论,尽管这一理论的哲学基本立

---

① 参见杨国荣:《哲学的视域》,北京:生活·读书·新知三联书店,2014年,第392—396页。

场与理学及当代新儒家有着重要的差异,但就其将作为精神世界的情提到本体的位置而言,似乎也表现出强化意识的趋向,后者与"心理成本体"的主张在理论上彼此呼应。以人和人的世界为指向,哲学当然离不开对意识和精神世界的考察,然而,不能如现象学、心性之学那样,仅仅停留在心性、意识的层面之上。21世纪的哲学既需要走出"语言中心",也需要扬弃"意识中心",唯有如此,才能实现对分析哲学和现象学的双重超越。

  从正面看,哲学所应回归的"存在本身"究竟所指为何?概要而言,"存在本身"也就是具体、现实的存在。儒家曾有"本立而道生"之说①,其中包含值得注意的观念。此处之"道",可以理解为哲学的智慧,"本"在不限于文本的引申意义上可以视为存在的具体、现实形态。在以上意义域中,"本立而道生"表明哲学的智慧和存在的具体形态不可分:前者(哲学的智慧)即基于后者(存在的具体形态)。存在的这种具体形态体现于对象和人自身两个方面。从对象看,世界本身表现为道与器、理与事、体与用、本与末之间的统一,进而言之,这种统一并不仅仅呈现静态的形式,而是同时展开为一个过程。正是道与器、体与用、本与末以及过程与实在的统一,构成了对象意义上的真实存在或"存在本身"的具体形态。从历史上看,哲学家们往往主要关注或突出现实存在中的一个方面,如经验论比较多地强调"用""器""末",理性主义则相反,更多地突出了"体""道""本"。在片面突出某一方面的形态之下,存在本身或真实的存在每每会被掩蔽起来。

  就人而言,其存在具体表现为"身""心""事"多方面的交融。

---

  ① 《论语·学而》。

"心"涉及综合性的精神世界,这里特别需要关注其综合性,后者包括知、情、意和真、善、美的统一,以及个体能力和境界的互融。"身"既表现为有血有肉的感性存在,又是渗入了理性的感性,体现了社会性的个体性,这一意义上的"身"不同于生物学视域中的躯体。"事"在中国哲学中往往和"物"相对而言,并与实践、行相关联,所谓"事,为也";另一方面"事"又不同于自然对象而表现为社会领域中的具体存在,这种存在也可以视为社会实在。合起来,"事"具体表现为社会实践和社会实在的统一。历史上,心性之学主要突出了人在精神世界方面的规定;主张"食色,性也"的经验主义以及今天的所谓"身体哲学""具身知识论",等等,常常强调了人之"身";现代的实用主义、行为主义则更为关注人的存在中"事"之维。以上哲学趋向固然有见于人的存在中某一规定,但对"心""身""事"的统一,则未能给予充分的关注。真实地把握人本身,便要回到人的存在本身,后者意味着从心、身、事的关联和统一去理解,而不是仅仅关注于其中一个方面。事实上,传统哲学已经注意到这一点。荀子曾对"学"作了多方面的考察,他所理解的"学"既在广义上包括智慧追求的过程,也与人自身的存在相涉。在荀子看来,"君子之学"的特点在于"形乎动静",后者具体表现为人的做"事"过程。按照以上理解,与人相关的"学",总是涉及心、身、事多重方面,对人自身存在的具体把握,也无法离开以上方面。

(四) 史与思

从内在的思维过程看,哲学的研究既涉及哲学的历史,也关乎哲学的理论,与之相关的是史和思的交融。今天被作为哲学史对象来考察的哲学系统,最初是历史中的哲学家所形成的创造性理论,孔子的儒学系统,便是孔子在先秦所建构的哲学系统,柏拉图、亚里士多德的哲学,是他们在古希腊时代所建构的理论,这些思想系统首先是哲学的理论,尔后才逐渐成为哲学的历史,这是一个基本的事实。另一方面,任何新的哲学系统的形成,都是基于对以往人类文明、文化成果的反思、批判。如孔子思想的形成,便与他整理六经这一背景以及更广意义上对殷周以来文化发展成果(包括礼乐文明)的把握和反思,无法分开。苏格拉底、柏拉图、亚里士多德思想传统的形成,与他们对前苏格拉底思想的反思和批判性总结也无法相分。就近代哲学而言,冯友兰"新理学"系统的形成,同样无法与其哲学史的工作相分离。海德格尔作为一个创造性的哲学家,对康德、尼采甚至是前苏格拉底的哲学等思想都有深刻的理解和造诣,其思想也离不开对以往这些思想的把握。从这方面看,真正创造性的哲学思考,无法离开历史中的思想。

引而申之,哲学研究的重要特点之一,就在于其问题往往"古老而常新",在这方面,哲学与科学之间亦呈现差异:科学的问题往往具有相对确定的答案,在科学的发展过程中,已经被解决并有了确定答案的问题,常常不再被提出来加以讨论。在哲学的领域,问题很少有可以一劳永逸解决的答案,先秦、古希腊哲学家讨论的问题,今天我们依然在讨论,每个时代的哲学家也每每站在他们所处的特定背景之下,对历史中的问题作出新的理解、回应。问题的这种历史延续性,也从一个方面展现了哲学的历史和哲学的理论之间的相关性、互动性。在伦理学上,对德性与规范、成就人与成就行为关系的探讨,便既涉及历史的考察,也关乎理论层面的关切。从中西哲学的演进来看,不同的哲学家对相关问题提出了什么观念,留下了何种思维教训,这都是在面对具体哲学问题的时候需要加以关注的。从认识论来说,将认识理解为狭义上的认知,还是更广义上的认知、评价、规范的统一,同样是难以回避的问题。认知、评价、规范统一的背后,涉及世界是什么、世界对于人具有什么意义、世界应当成为什么形态(如何按照人的理想去变革世界)等问题。从哲学史上看,不同的哲学家对于这些问题往往有不同的看法,理解这些问题,便需要对历史上哲学家的考察加以梳理,这种梳理又并非仅仅满足某种历史的兴趣,而是始终包含理论的关切,在这里,哲学史的回溯与哲学的研究呈现互动的形态。这一事实同时也表明,创造性的哲学研究总是无法离开史与思之间的相互作用。

(五) 理论与经验、智慧与知识的互动

哲学固然以理论思维为形式并表现为对智慧的追问,但并非隔绝于经验和知识。事实上,理论与经验、知识与智慧之间,总是展开为互动的过程,这种互动具体呈现为"技进于道"和"道达于技"的统一。"技进于道"意味着在理解和作用于世界的过程中,知识升华为智慧,"道达于技"则展现为哲学的智慧运用于对经验世界的理解和变革,后者既使智慧在具体的知行过程中得到确证,也使智慧在以上过程中进一步丰富和深化,理论和经验、知识和智慧由此扬弃了彼此的分离。

从具体的哲学思考来看,知识和智慧的互动同时表现为大处着眼和小处入手的交融。如前所述,哲学需要有大的关怀,并进行本源性的追问,但是,这一过程不能流于泛泛的空论和抽象的思辨,而应当从现实存在出发,并通过对事与理的具体考察和严密分析而展开。忽略大处着眼,则容易流于"技"的关注,并最终将导致智慧的遗忘;无视小处入手(包括缺乏严格意义上的逻辑分析),则会使哲学成为一种个体的感想或体验,难以成为言之成理、持之有故的思想形态,并由此引向智慧的抽象化。

知识与智慧的互动,同时表现为理论与现实世界和现实生活之间的交融。理论既需要基于现实、关注生活,也应当规范现实、引导生活。从知识与智慧的关系看,智慧一方面跨越知识的界限,另一方面又不能游离于知识之外。智慧的沉思如果不基于各学科形成的多样的认识成果,往往会流于空疏、思辨、抽象。与知识经验相关的具体对象,则包括社会存在。一般而论,哲学的发展有两重根据,其一为观念的根据,其二则是现实的根据。前者包括多方面的思想成果,后者则首先展现为社会存在。哲学思考需要对社会发展所提出的问题作出回应,也需要对社会的进一步发展作出引导、规范,这两者都涉及哲学和现实存在之间的关系。对后者的关注同样也构成了今天哲学思考的重要方面。

当然,从哲学的层面关注现实,应避免流于庸俗化。哲学对现实的关切和引导,并不表现为提供具体的操作性方案,这种关注乃是通过理论思维的方式而实现的。黑格尔的《精神现象学》在这方面便提供了值得注意的范例。该书形式上虽然非常思辨,但在实质的方面却涉及很多具有现实社会内涵的问题,如其中讨论的主奴关系,便折射了现实的社会关系,并构成了今天政治哲学讨论"承认"问题的重要思想资源。可以看到,即使在总的进路上终始于观念的思辨哲学,其哲学思考也难以完全隔绝于现实。当然,哲学家乃是以他们独特的方式体现对社会问题的关切,而并非简单地提供技术性的方案:提供这种技术性、操作性的方案,往往涉及实证性、经验性的活动,后者与哲学之思具有不同的规定。要而言之,一方面,创造性的哲学思考无法离开知识经验与现实存在,另一方面,知识与智慧的互动又并不意味着将理论思维的方式还原为经验科学的方式。

  基于现实与规范现实、关注生活与引导生活的如上统一,在某种意义上意味着在更高的层面上回到传统哲学所注重的哲学探索和生活过程、为学和为人之间的统一,当然,这是经过分化之后的回归,其中蕴含着对说明世界与规范世界双重哲学向度的肯定。在此意义上,古典哲学不仅是吸引我们向之回顾的智慧之源,而且其"做哲学"的方式也是一种可以在更高的层面向之回归的形态。

  (本文内容基于作者2015年12月在上海中西哲学与文化研究会年会上的发言,原载《哲学动态》2016年第6期)

怎样研究哲学史

哲学以反思为其题中之义,这种反思同时应不断指向哲学研究本身所涉及的有关前提。就中国哲学的研究而言,研究的前提首先与文献材料的考释、疏理相关,后者是一种非常基础性的工作,没有扎实的史料基础,哲学史的研究将成为空中楼阁。但除了上述方面之外,中国哲学研究还牵涉哲学与哲学史、中学与西学、形上与形下、逻辑分析与辩证思维、论证与解释等理论关系,对这些关系的定位,同样构成了研究中国哲学及广义哲学的重要前提。这里,主要就后几个方面谈一些看法。

一、历史中的哲学与哲学中的历史

哲学史上曾出现过各种学说、体系,这些学说和体系在哲学史的研究中往往主要被理解为历史的存在。然而,按其本来意义,它们首先是历史上的哲学创作,是出现在一定历史时期的原创之论。历史上一些重要哲学家所立之说,就是他那个时代的哲学理论;就是说,它们首先是哲学,而后才是哲学史,这是一个基本的事实。我们现在所接触到的那些流传下来的文本,也可以看作是当时这些创新理论的载体。正是由于哲学史上的这些学说、体系本身是当时的哲学家的哲学理论,是他们那个时代的创新见解,因而对这些体系的研究,要求我们对哲学理论本身有一比较深入的理解。换言之,哲学史的疏理,离不开对哲学理论本身的研究,这两者之间不应该截然地划界或分家。

哲学与哲学史的联系,当然不仅仅在于历史上的哲学在当时也是一种创新性的体系,在更宽泛的意义上,它还涉及历史的回溯与理论建构的关系。哲学史的研究不仅仅是一个就史论史或为历史而历史的过程,也就是说,它不应该仅仅满足某些历史的兴趣;在更深的层面,它同时也与我们今天的理论建构和哲学沉思相联系。从哲学史上看,每一个时代有原创性的哲学家,总是在回顾、总结以往哲学家的思维成果之后,进而提出他们自己的系统,而不是仅仅停留在历史的考释之上;同样,今天的哲学史研究,也面临着如何进行理论创新、发展当代哲学的问题,而哲学史的研究,则应该为这种理论的发展提供哲学的资源。

从以上前提出发,对中国哲学的理解便应有一个广义的维度。在学科的视域中,中国哲学通常主要被理解为研究的对象,这一理解的前提,是将中国哲学规定为历史中已经存在的形态(既成的形态):从逻辑上说,唯其既成或已然,始能成为研究与考察的对象。对中国哲学的上述看法,似乎更多地侧重于其历史的维度,在"中国古代哲学""中国近代哲学""中国现代哲学"等区分中,中国哲学便主要被视为历史中既成或已然的形态。

然而,如前所述,以往的哲学系统在成为考察与诠释对象之前,首先呈现为理论沉思或理论建构的产物,这种理论沉思或理论建构通常展开为一个过程,后者使中国哲学同时具有生成的性质。事实上,历史中的各种哲学体系总是形成于一定历史阶段,尔后才逐渐取得已然的形态,并凝结为哲学的历史。可以看到,既成的形态与生成的过程,构成了中国哲学的相关规定,二者具有互动的性质:在不同时代,通过创造性的思考而形成的哲学系统,不断地丰富、深化着中国哲学的内涵;作为已然或既成形态的中国哲学,则构成了新的哲学思考的出发点和前提。如果说,既成性赋予中国哲学以某种相对确定的形态,那么,生成性则使中国哲学呈现开放的性质。

以生成性为其向度,中国哲学显然不同于已完成的系统。前已提及,从历史上看,每一时代的创造性的思维成果,都不断地融入中国哲学之中,并构成了其新的内容,这一过程并没有终结,它在今天依然在延续:与历史上的哲学沉思一样,当代的哲学思考也构成了中国哲学的题中应有之义。

作为既成形态与生成过程的统一,中国哲学同时也获得了哲学与哲学史的双重品格:就其既成性(已然的体系和对象)而言,中国哲学较多地表现为哲学的历史;就其生成性(哲学沉思的延续)而言,中国哲学则更多地展现为历史中的哲学。在此意义上,显然不能仅从史的角度来理解中国哲学:质言之,中国哲学不仅表现为一种"史"的形态,它同时也是一种理论的形态。这里涉及中国哲学与中国哲学史的关系,而中国哲学史则不能离开广义的中国哲学来理解。

中国哲学的以上内涵,从本源的层面规定着中国哲学的研究方式。以历史中的既成系统为存在形态,中国哲学的澄明、阐释离不开历史的观念。这里所说的历史观念,包括重视以往文献、关注哲学家或哲学体系出现的社会背景,等等。历史上的哲学文本在其流传过程中,不可避免地存在着版本、文字,以及成书的真实年代等问题,对这些问题的辨析、考订,是理解哲学史的基本前提之一,在这些方面的工作,需要非常严谨、扎实的态度。王国维20世纪初提出"二重证据法",对文献的考释依然具有十分重要的方法论意义。随着地下考古材料的不断发现,原始的文本也会不断地进入研究的视域,它不仅对扩展中国哲学研究的材料具有不可忽视的意义,而且往往为考订世传的文本提供了参照。此外,从社会学、政治学、经济学、人类学等维度对社会历史背景的实证考察,也有助于深化对一定历史时期中国哲学的研究,所谓"知人论世",便体现了哲学与社会之间的联系。

另一方面,作为历史过程中不断生成的观念系统,中国哲学的研究又需要一种理论的视野。所谓理论的视野,首先是指我一再提到的史与思的统一。如前文一再论及的,历史中那些流传下来的文本,同时或首先也是一定时代哲学系统的载体,对它们的考察,总是与一定的理论背景相联系。事实上,对同一个学说、同一个文本,不同的哲学家常常会有不同的理解,之所以如此,缘由之一就在于不同的解释者自身所达到的理论深度或高度各有不同:作为解释背景的理论层面的不同,往往便导致了对同一文本理解上的差异。每一个时代的哲学家事实上也是从他们所达到、所理解的理论出发,对以往的文本作出他们的解释。陆游曾写道:"天机云锦用在我,剪裁妙用非刀尺。世间才杰固不乏,秋毫未合天地隔。"①在引申的意义上,所谓"用在我",可以视为哲学家在理解和运用以往思想中的主导性;"刀尺剪裁"则仅仅表现为对以往思想的现成拾掇罗列。从这一角度看,真正的哲学史研究同时也是基于哲学家自身思考的哲学研究,哲学

---

① 陆游:《九月一日夜读诗稿有感走笔作歌》。

史的研究不应与哲学的研究完全分离。与之相联系,对哲学史上问题、人物、思潮等的研究过程,总是涉及两个基本前提:一个是历史的积累或历史的准备;另一个就是理论的准备。没有历史的准备和积累,哲学史的研究便会流于空疏,同样,如果没有充分的理论准备,也难以对哲学史上的系统做出深入的、新的理解。

以生成过程为内在的向度,中国哲学本质上具有开放的性质,这里的开放,包括以每一时代的思维成果丰富、拓展自身。与之相联系,中国哲学研究中的理论视野,同时也意味着通过创造性的研究,使中国哲学在新的历史时代得到进一步的延续和发展,不断展示新的活力和生命力。在中国哲学的历史发展过程中,从先秦到近代,真正的中国哲学家,都不仅仅作为史家出现,而总是同时提出自己的一套哲学见解,庄子作为先秦哲学的重镇,并不只是在于有《天下》这样的哲学史著作,冯友兰在中国近代哲学中的地位,也并不仅仅由其《中国哲学史》奠立[1],单纯的历史路向,似乎与哲学的专业化或职业化以及哲学家本身的专家化相联系,它既非中国哲学的本然形态,也很难视为其应然形态。以此为前提考察今天的中国哲学研究,则显然无法也不应回避如何进行理论建构的问题:当我们把中国哲学不仅理解为既成之"史",而且也界定为处于生成过程的开放之"思"时,理论的建构和发展便是其题中应有之义。

谈到理论的建构或创造性的哲学沉思,就涉及哲学史和哲学关系的另一个方面。任何一种新哲学的形成,都要以以往的哲学成果作为它的基础,哲学的理论建构不能从无开始,认为以往的哲学工作都是错误的,要求一切从头开始或另起炉灶的观点是一种非历史的

---

[1] 事实上,即使《天下》《中国哲学史》这样具有历史向度的著作,也同样体现了作者的哲学立场及理论视野:其品评臧否哲学人物,无不本于作者自身的哲学观念。

看法。在"哲学"这一范畴下工作,就不能不尊重哲学的历史,如果有人宣称要建构一种与历史上的哲学完全不同的系统,我们就有理由怀疑他所做的到底是不是哲学的工作。历史地看,在中国哲学史上,我们常常看到,一种新的理论的建构往往是以注释以往哲学经典的方式而展开的,同样,在西方哲学史上,一些重要的哲学家如亚里士多德(Aristotle),其哲学也是基于对以往哲学的总结。当代一些原创性非常强的哲学家如海德格尔(Heidegger),对哲学的历史,包括古希腊哲学(包括前苏格拉底哲学)、近代哲学如康德(Kant)、尼采(Nietzsche)等也有非常独到的了解和深入的研究,在他那里,哲学的原创性与哲学的历史并非彼此悬隔。中国现代的一些哲学系统,同样也有哲学史的基础,如冯友兰的"新理学"体系,便以其前期的中国哲学史研究为前提;从某种意义上说,没有两卷本的《中国哲学史》,也就不会有后来的"贞元六书"。总之,哲学的理论创造不能脱离哲学史来谈,否则就是无本之木、无源之水。从这个意义上说,哲学的研究同时也是哲学史的研究。

一方面哲学史的研究就是哲学的研究,另一方面哲学的研究同时也是哲学史的研究,这里似乎存在着某种理论的循环。不过,这是一种积极的循环,它所体现的,实际上是哲学和哲学史之间一种建设性的互动过程。当然,在具体的研究过程中,对哲学史与哲学可以有所侧重,但有所侧重不能理解为截然划界。哲学研究既应当避免没有历史的哲学,也应该避免没有哲学的历史。

二、中国哲学与西方哲学

近代以来,中国哲学与西方哲学的相遇已经成为一个基本的历史现象:二者的联系首先不是一个应当不应当的问题,而是一个事实的问题。在近代以前,中国哲学与西方哲学作为两大系统,是在相对独立的形式下展开的;除了明清之际等短暂的、零星的接触之外,二者没有实质性的交流。但到了近代后,情况有所改变,西方哲学的东渐以及中国哲学对此的各种回应,已成为中国哲学研究无法回避的历史背景。这种背景,同时也构成了我们反观中国哲学历史演化的前提。

从历史上看,印度佛教传入后,也曾经构成了魏晋以后哲学家们反观历史的一个前提。大致而言,佛教和中国哲学的关系似乎包括两个方面:一方面,佛教本身要经历一个中国化的过程,一般所说的魏晋时期佛学的玄学化,便可视为佛学中国化的一种形式或阶段,禅宗的出现则是佛教中国化的进一步发展;另一方面,佛教理论传入中国以后,本身也构成了中国哲学家反观自己传统的一个参照背景,相对于汉代哲学家对先秦经典的理解,宋明哲学家们对这些经典的诠释便有所不同,二者的这种差异,与宋明哲学家具有佛教的传入这样一个背景无疑有着内在的联系。

在中国哲学的研究中,我们常常会听到一种议论,即主张回到一种比较纯粹的中国哲学形态中去。就其反对把中国哲学西方化而言,这样的看法无疑有其可以理解之处。确实,在中西哲学相遇的背景下,如何避免用西方哲学去附会中国哲学,如何避免将中国哲学西方化是一个值得我们高度重视的问题。但另一方面,如果要求将中国哲学引向绝对纯粹的形态,这一问题就值得分疏了。在中国,哲学作为一种近代的人文学科,是在西学东渐以后逐渐形成的:我们以"哲学"去指称历史上的某种观念形态,基本上是近代以后的事;在此之前,我们的学科分类常常用"子学(诸子学)""经学""理学""道学"等。这并不是说中国古代没有哲学的观念,而是指这些观念在当时没有以近代以来"哲学"的概念、范畴来概括、阐释。如果我们要完全撇开西学东渐以来一切西方的概念,那么,我们只能形成"子学史""经学史""道学史"等,而无法产生作为近代学科的哲学史;若要以"哲学史"去疏理历史上的哲学观念,那就无法割断与西方哲学的关系。一方面在"哲学"的形态下回溯以往的哲学,另一方面又试图从中净化一切西方的概念、范畴,这恐怕是非常困难的。事实上,从佛教传入后,中国哲学已经受到外来哲学的影响,这一千多年以来的中国哲学已经不是那么"纯粹"了,如果我们要追求一种纯而又纯的中国哲学,恐怕就只能回到先秦或秦汉时代,但这已不是真正意义上完整的中国哲学。

哲学和其他事物一样,既有其特殊性或个性的一面,同时也有普遍性的一面;对于中国哲学,我们同样既要注意它本身的特性,也要注意它所具有的普遍性。既然中国哲学和西方哲学之间存在着普遍的或相近的对象和问题,那么西方哲学就可以成为我们研究中国哲学的一个参照的背景,从表现的形态来看,中国哲学尤其是传统哲学注重的是一种实质的体系。具有原创性的中国哲学家都有自己独特的宗旨,他们的体系都是按照这一宗旨而展开的,但中国哲学家不太重视从一个形式化的层面来建构一个演绎的系统,而西方哲学家除了有自己的宗旨外,还注重从形式的层面对命题进行逻辑的论证;我们在柏拉图(Plato)的对话中就不难看到这一点,尽管它常常以对话体的形式展开,但却有严密的论证系统。不妨说,西方哲学比较注重形式化的体系;注重逻辑分析的现代分析哲学可以看作是对这一传统的充分发展。这种注重逻辑分析的思维方式,可以成为我们研究中国哲学一个很重要的参照背景,它对于我们注重论证、分析的严密性、澄清传统哲学的概念、理清我们的思路都有很重要的意义。同时,在一些实质的层面上,西方哲学家也从不同方面形成了重要的理论思维成果,这同样可以为我们的研究提供参照的系统。

当然，我们对中西哲学进行比较研究，并不仅仅是为了简单罗列中西哲学的特点，其更重要的意义在于为我们今天的理论思考和理论建构工作提供一种重要的资源。在这个意义上，关于中西哲学的关系问题我们可以从两个方面来加以考虑：其一，如前所述，以西方哲学作为一个参照背景来反观我们自己的传统，并深入地理解中国传统哲学有关命题的意义；对传统的文本的解读，在不同的理论视野下，往往可以获得新的意义，西方哲学作为一种理论的参照系统，无疑有助于推进和深化我们对传统文本以及传统哲学观念的理解。其二，我们可以以中国哲学发展所形成的思维成果来回应西方哲学所面临的一些问题。西方哲学在其演化过程中也常常面临着它自身的一些内在的问题，如现代的分析哲学和现象学之间的两极对峙，更广意义上科学主义和人文主义的分野等，这里蕴含着许多需要解决的问题。中国哲学在回应西方哲学所面临的问题上，无疑包含着很多有意义的资源，如何总结中国哲学中具有世界意义的资源并对此加以阐发，这也是处理中西哲学关系时所面临的问题。

事实上，随着西方哲学的东渐及中西哲学的相遇，中国哲学已开始获得世界性的维度。所谓世界性，宽泛而言，包含两重涵义：一方面，中国哲学所积累的思维成果，可以为世界哲学的进一步发展，提供建设性的理论资源，而它本身也将在这一过程中逐渐呈现出世界的意义；另一方面，世界范围内其他哲学传统（首先是西方哲学的传统）也将越来越为中国哲学的发展提供更广阔的参照背景和视域，并在实质的层面与形式的层面使其不断取得新的形态，后者同时从另一个方面展示了中国哲学的生成性与开放性。

中西哲学互动的以上两个方面，也是中国哲学走向世界并融入世界哲学的一个很重要的环节。在历史已经超越地域的尺度而成为一种世界的历史的背景之下，不能封闭在中国哲学地域性的界域之中,而应当走向世界、形成世界哲学的视域,以上两重意义上的互动便可以视为世界哲学视域下展开智慧沉思的重要方面。在20世纪初,王国维曾提出"学无中西"的观念,这一哲学至今仍是很有意义的。从哲学的角度来看,"学无中西"意味着确立一种世界哲学的观念,并从世界哲学的角度,考察、定位中国哲学与西方哲学的关系。在"学无中西"的视域下,中国哲学与西方哲学都呈现为世界哲学发展的相关之源,而中国哲学的现代延续,也由此获得了更为深刻的意义。

三、对话与沟通

自20世纪下半叶以来,中国的哲学界往往把中国哲学、西方哲学和马克思主义哲学区分为哲学领域当中的主要分支。无论从空间的角度看,还是从时间维度看,这都是一种非常独特的现象。从空间上看,在中国大陆之外的其他地区,一般很少对哲学作这样一种划分,就西方的哲学界而言,除哲学史外,哲学的分支一般被区分为认识论、伦理学、逻辑学、政治哲学、科学哲学、语言哲学、心智哲学等;从时间上说,尽管西方哲学在19世纪末、马克思主义哲学在20世纪初已传入中国,但20世纪下半叶以前,中、西、马在哲学领域并未形成三足鼎立之势。从逻辑上看,这种区分无疑存在种种问题,如其划分的标准似乎并不一致:中西哲学之分是以地域为根据,而马克思主义哲学则涉及学派的差异。事实上人们对上述划分以及由此形成的格局也已提出种种责难和批评(这种批评以后可能还将延续),然而,不管人们如何评价,有一点是无可否认的,那就是自20世纪下半叶以来,在中国的哲学界,以上区分已经成了一种本体论的事实。

从哲学的研究和发展来看,对这种既成的哲学形态,我们究竟应当如何来看待？它对中国哲学的发展是不是仅仅只有负面的意义？我想,在责难与质疑的同时,也许还可以从一个比较积极的、建设性的角度来思考、评价这种现象。作为重建或发展当代中国哲学的现实背景,上述区分在某种意义上也为我们今天的哲学思考提供了多重的理论资源。

如所周知,西方的主流哲学往往从宗教学或哲学史的角度理解中国哲学,较少把中国哲学看作是一种真正意义上的哲学;对马克思主义哲学,他们则更多地从意识形态的层面加以评判,而不愿或不十分愿意承认其哲学上的原创意义。可以说,中国哲学与马克思主义哲学的思维成果,基本上在西方主流哲学的视野之外。这种观念,无疑也限制了西方哲学本身的发展:将中国哲学与马克思主义哲学排除在真正的哲学领域之外,使之只能限于狭义的西方哲学这种单一传统和资源之中,而不能将其视野扩展到其他具有丰富内涵的哲学系统。事实上,忽视多元的哲学智慧,似乎也导致了西方主流哲学的贫乏化、狭隘化。按其本来形态,中国哲学、西方哲学,以及马克思主义哲学,都包含着具有原创意义的思维成果,马克思主义哲学固然也属于广义的西方哲学,然而,作为哲学变革的产物,它又不同于主流的或正统的西方哲学,而是表现为一种具有创造性意蕴的哲学系统,在世界哲学的发展中具有独特的意义。把中国哲学和西方哲学以及马克思主义哲学都作为当代哲学建构的资源,这对于进一步的哲学思考来说,无疑将提供更宽广的背景。近年来所提出的中国哲学、西方哲学和马克思主义哲学之间的对话,也应当从上述角度去加以理解。

就对话本身而言,问题常常会涉及其内在的、实质的意义。中国哲学、西方哲学和马克思主义哲学的相互对话,显然不能只限于从事中国哲学、西方哲学或者马克思主义哲学研究的学者各自表述自身的学科立场和观念,使彼此之间能相互比较、相互理解,如果仅仅停留在这样的层面,则似乎依然囿于某种学科之域。从更内在的层面看,哲学对话的真正意义涉及哲学究竟是什么,或者说哲学的真实形态应当是什么的问题。哲学究竟是什么或何为哲学本身是一种本原性的追问,当代中国之所以要以中国哲学、西方哲学和马克思主义哲学的对话这样一种方式来思考这一问题,其缘由在于这三者之间的划界、区分,已经使人们习惯于从一个相对狭隘的学科立场出发去理解哲学,后者往往对哲学本身的理解带来种种的限制,从而难以达到哲学的真实形态。与何为哲学的真实形态相联系的另一个问题,是如何达到或回归哲学的真实形态,用康德式的方式来表述,也就是:真实的哲学形态如何可能?

哲学(philosophy)的原始意义涉及智慧,从某种意义上说,哲学就是一种智慧之思,是对智慧之境的一种绵绵不断的追求。作为智慧之思,哲学以性与天道为对象,并指向统一的、具体的存在。与智慧相对的是知识,它主要限于对存在的某一个方面或者某一个层面的把握。在中国哲学、西方哲学和马克思主义哲学彼此划界的背景之下,人们往往倾向于仅仅从某一种角度、某一个层面去理解存在,由此把握的往往并不是具体的、统一的存在,而只是特定视域中的对象,后者所体现的,事实上是一种指向知识的追问。不难看到,从一种分离的、划界的立场出发去理解哲学,往往意味着将作为智慧之思的哲学降低为作为知识形态的哲学。这种状况的形成,从理论上看,和哲学本身的职业化、专业化,以及哲学家的专家化趋向,无疑有相当的关系。如前所述,哲学本质上是智慧之思,从事哲学思考的哲学家,首先是志于道的哲学者。然而,一旦哲学成为某种职业或专业,那么哲学家也就往往从智慧的追求者,转化成一个仅仅从事某一层面、某一个方面思考的专家。职业化、专业化的工作涉及的主要是存在的特定领域、特定方面,专家的关注之点,也相应地限于某一领域或方面,哲学的职业化与专业化以及哲学家的专家化,在历史与逻辑双重意义上导致了哲学的知识化。以此为背景,所谓回到哲学的真实形态,也就是超越对哲学的知识化理解而达到哲学作为智慧之思的本真形态。可以说,正是这种回归,构成了哲学对话的内在意义。

四、形上与形下之间

哲学的特点在于以理论思维的方式把握整个存在。黑格尔曾指出:"哲学以思想、普遍者为内容,而内容就是整个存在。"①撇开其对存在的思辨规定,这里已注意到了哲学与整个存在之间的关系。中国哲学所谓"性与天道",涉及的便是整个的存在,它不同于存在的具体规定,而是具有形而上的性质。事实上,哲学无法回避形而上学。

历史地看,哲学家在进行形上沉思的同时,也往往关注形而下的领域。以中国哲学而言,通过对性与天道的追问,中国哲学展示了其对整个存在的关切,与之相联系的,则是日用即道、极高明而道中庸、体用不二等观念。日用即道意味着形上之道与日常的生活世界并非彼此相分,"极高明而道中庸"要求在日用常行中达到超越之境,体用不二则强调了实体与其功能及属性、本体与其表现形式之间的不可分离性。甚至在佛教中,也有即世而出世的观念(禅宗),后者同样表现出沟通超验的彼岸与经验的此岸的意向。

当然,除了以上趋向之外,还存在着另一种哲学立场。在西方,形而上学(metaphysics)蕴含着对物理学(physics)的某种超越,这种

---

① 〔德〕黑格尔:《哲学史讲演录》第1卷,贺麟、王太庆译,北京:商务印书馆,1959年,第93页。

超越同时也潜下了形上与形下相分的可能,而随着西方哲学的演进,也确实可以一再看到建构形上世界的尝试。在中国哲学中,与日用即道相对的形而上之道与形而下之器的二分,也使二者的紧张获得了某种内在根据。

一般而论,仅仅停留于形上之域,常常容易陷于超验的玄学,历史上的哲学是如此,对哲学史的研究也是如此。当代新儒家在考察、总结中国古典哲学时,往往突出其注重心性、道德形上学的传统,亦即将关注之点主要放在传统哲学中思辨的、超越的方面,而在这种单向的侧重中,新儒家自身也不免陷于超验的玄学。当然,仅仅注重具体的、经验的存在形态,则往往容易导向现象主义,由此出发,同样难以从总体上把握真实的存在。中国近代具有实证论倾向的哲学家,常常表现出这一偏向。他们将经验现象视为终极的存在,拒绝考察世界的统一性原理和发展原理,从而陷于另一片面。

真实的存在本身表现为普遍之道与经验对象的统一。从哲学研究看,形上与形下的沟通,是克服超验的玄学及现象主义、达到具体而真实的存在的理论前提;就哲学史研究而言,则唯有从形上与形下统一的角度去考察哲学史,才能理解历史上的哲学家在把握存在的过程中的所见与所蔽,揭示走向真实、具体存在的思维行程。

广而言之,形上与形下的统一,也意味着注重哲学历史的多方面性以及哲学史的全部丰富性,而从研究的方式上看,二者的沟通,则蕴含着肯定哲学与其他哲学、文化领域的互动,肯定哲学与社会历史过程之间的相互作用,关注历史的多方面内容及其对哲学演进的影响,等等。总之,对"形上之道"的追问与对经验世界、生活世界的关注并非彼此排斥,无论是哲学的研究,抑或哲学史的考察,都不应当忽视这一点。

五、逻辑分析与辩证思维

如何回归辩证的思维，是我们在研究中国哲学史过程中不能不注意的又一问题。我曾指出，我们不仅要注意康德，在一定意义上我们同样需要关注黑格尔。黑格尔时下几乎完全被遗忘，他的辩证法哲学也似乎早已被冷落，但事实上，从研究的方式来看，为黑格尔所系统化的辩证思维，对于避免将知性思维绝对化与片面化，具有非常重要的意义。作用思维过程的一个环节，知性的思维方式无疑有其存在的理由，然而，如果自限于此，则可能形成负面的意义。"知性"思维的特点之一，是把过程截断为一个一个的横截面；如果将其凝固化，便往往容易导致将过程静止化，并趋向静态的、非过程的考察方式。"知性"思维的另一特点，是把整体分解为一个一个的侧面；停留于此，则常常会引发对事物的片面、抽象理解。综合起来，在哲学史研究中，知性的方式的片面强化，往往易于走向非历史的、抽象的考察方式。以前面所提到的哲学与哲学史的关系而言，以片面化的知性思维为进路，便很难避免二者的对立：哲学仅仅涉及理论，而哲学史则仅仅涉及历史，二者互不相关。同样，在中西哲学的关系上，知性方式的绝对化，也常常会导致非此即彼的理解：讲中国哲学，便不能触及西方哲学，一旦牵涉西方哲学，即被视为对中国哲学的曲解。

在考察哲学史的某些具体问题时，同样可以看到类似的倾向。以天人关系而言，研究者往往对天人合一论持肯定和赞赏的态度，以为这种观念超越了近代以来主张天人相分的西方哲学。这种判断的前提，是对"分"与"合"的抽象理解。事实上，天人之间的"合一"可以表现为原始的同一，也可以表现为经过分化之后的统一；在人作用于自然的能力还相对有限的条件下，天人之间的相合，往往仅仅具有原始的、混沌的意义。在人对天的作用过程中，人逐渐走出自然，成为自然的他者。当然，天与人之间的这种分化既推进了人对自然的认识和变革，也包含着天人疏离甚至对峙的可能，后者决定了不能仅仅停留在"分"的状态，而是需要超越单纯的"分"，走向天人之间合一的重建。这种经过分化而重建的合一，不同于未经分化的原始合一。可以看到，合一或统一既可以作静态的理解，也可以作动态的理解，后者作为在过程中不断达到的形态，既蕴含了相分又超越了相分，而并非简单地与"分"相对。传统哲学对天人关系的理解，往往还包含着原始的、静态的合一之意味，无条件地肯定这种相合，显然未能注意原始的合一与经过相分之后不断重建的合一之间的具体区别。哲学史研究中出现的这一类"凡合皆好"的论点，可以看作是知性思维方式片面化的逻辑结果。

作为哲学史的研究对象，历史上的哲学体系本身是具体的，哲学史上的有关命题、论点的意义，也具有多方面性。唯有注重对象本身的多方面性及过程性，才能再现哲学史的真实形态；而辩证思维的基本要求之一，便在于从整体及过程的视域考察对象，以对其加以全面的把握。从这方面看，扬弃知性的方式、回归辩证的思维，是展示哲学史真实演进历史的方法论前提。

以整个存在为对象，哲学同时离不开思辨。思辨可以有两种形式，即抽象的思辨与具体的思辨。抽象的思辨往往脱离形下之域，仅仅在形上的领域作超验的玄思，具体的思辨则以形上与形下的互动为前提，并展开为对存在的统一性的追求，其形式包括理性的直觉、自由的想象等。哲学需要具体的思辨，对性与天道的追问，更离不开具体的思辨。分析哲学笼统地拒斥思辨，既导致了哲学的贫乏化，也导致了哲学史研究的贫乏化。

但另一方面，哲学的沉思又应注重逻辑的分析，包括对概念作清晰的界定、对论点作严密的论证,而不能仅仅停留在个体的感受、体验之上。如果缺乏对概念的明确界定、完全以个体的感受为立论的基础而不作逻辑的论证,则往往将导向抽象的玄思或独断的思辨。相对于分析哲学,现象学在注重思辨的同时,似乎多少表现出对逻辑分析和论证的弱化,其概念往往因缺乏严密的界定而显得晦涩不明。

哲学研究无疑应该对分析哲学与现象学作双重的扬弃,这一点同样应体现在哲学史的研究中,而这种扬弃的实质,则在于达到辩证思维或具体的思辨与逻辑分析的内在统一。

六、论证与解释

费希特曾将时间区分为"概念中的时间"与"编年史的时间",[①]前者可以理解为具有秩序意义的时间,后者则更多地涉及时间的自然流逝,包括其先后、相继等关系。借用费希特的以上时间概念,并将其引入到哲学史中,则哲学演进的历史似乎也可以区分为两种:其一为逻辑脉络中的历史,其二为编年意义上的历史。逻辑脉络中的历史展示的主要是哲学演化过程中的内在条理、内在秩序和内在的逻辑关系,编年意义上的历史则主要表现为哲学史上各种体系之间的先后发生、前后相继的关系,这种关系往往可以用描述的方式加以把握。

与哲学史的以上区分(逻辑脉络中的历史与编年意义上的历史)相应,从哲学史的研究角度看,还可以将哲学的形态区分为哲学的类型与哲学的个案(或哲学的具体系统)。就体系本身而言,哲学

[①] 参见〔德〕费希特:《现时代的根本特点》,沈真、梁志学译,沈阳:辽宁教育出版社,1998年,第18页。

的类型主要是体现了一种理论系统中主导性的宗旨,以及这一宗旨与该体系中其他相关的观念、哲学、命题之间的内在联系。从哲学体系之间的关系来说,它更多地反映了不同体系之间内在的哲学脉络。类型的上述特点,使之同时成为逻辑脉络中历史的基本单位。与类型相对,个案主要是历史上已经实际发生的体系,作为具体的存在形态,它也可以用描述的方式来加以把握,并构成了编年意义上的历史的基本单位。

类型通常可按不同的标准或方式加以划分,就哲学史研究的角度而言,我们可以从如下几个方面去区分类型。从理论的形态来看,哲学史上常常有经验论、唯理论、怀疑论等不同的哲学类型。经验论通常是指那种把感性经验作为第一原理的哲学理论,它在历史上的形态也有多种,墨家注重耳目之知,认为只有以耳目之实为根据,才能获得可靠的知识,这可以看作是早期形态的经验论;现代哲学中的实证主义,是一种与近代科学发展相联系的、具有近代意义的经验论的系统;实用主义者如詹姆士提出彻底的经验论,从人的实践活动及价值关系等角度发展了经验论的原则,这些理论的共同特点,便表现为对感性经验的关注。与经验论相对,唯理论常常把理性看作是认识过程中的第一原理,注重逻辑的分析及逻辑演绎等方式,后者相应地被视为另一种哲学的类型;此外,怀疑普遍必然的知识是否可能或者怀疑感性经验是否可靠等学说则常常被称为怀疑论,如此等等。在上述的归类或区分中,事实上便隐含着对不同哲学类型的确认。

除理论形态之外,我们也可以从学派的角度来区分不同的类型。以中国哲学而言,在先秦的时期,便有儒家、道家、法家、墨家和名家等等之分,诸子百家的区分实际上也是一种类型的区分,这种区分通常以先秦诸子对当时讨论的一些基本问题的不同看法为根据。先秦时期哲学家们争论的主要问题是天人关系、礼法关系、名实关系等,在天人关系上,儒家以仁、礼等为关注之点,比较注重人道的原则,与儒家有所不同,道家主张"无以人灭天",更多地突出了自然的原则,在这里便可以看到两者不同的价值原则。在礼法关系上,区别与差异更多地体现于法家和儒家之间,相对而言,儒家较为注重礼所体现的伦理政治体制及规范系统,主张维护礼制,法家则更强调体制的变革及法、术、势。在以上的学派分野中,同样可以看到不同的哲学类型。

此外,我们也可以从言说或者表述方式上来区分不同的类型。言说的方式不仅仅涉及外在的形式,它同时也关乎实质的内容;事实上,"说什么"与"怎么说"很难截然分离,即便是修辞方式,也往往关联并制约着哲学的形态。在人物品评上,我们常说:风格即其人,在相近的意义上,我们也可以说,言说的风格即其哲学。哲学史上,哲学家的言说方式每每呈现多样的形态。首先是思辨地说,这种表达或言说方式,往往趋向于以一种超经验的方式勾画世界的图式或宇宙的模式,在这样的勾画中,我们可以看到它们所关注的主要是一种存在的图景。具体的勾画方式当然可以是多样的。有的侧重于存在的还原,亦即追问这个世界构成的最终极的本原,寻找所谓宇宙之砖或世界的最终构成;有的则是追求普遍的大全,以此统摄整个世界。上述言说方式的共同特点,就是试图勾画超验的存在图景或宇宙模式。其次是诗意地说,哲学史上有很多哲学家喜欢用诗的语言、以叙事的方式来表述自己的哲学观念,《庄子》就是一个较为典型的例子,《庄子》一书很多篇章的语言都带有诗的意境,它的不少哲学论点的阐发,也往往是通过叙事的方式来表述的,"逍遥游"便运用各种具有诗意的形象叙事以及寓言来展示其对理想的精神世界的追求。在这样一种诗意的言说中,哲学家关注的往往是人的内在的精神世界,从通常被视为具有诗人气质的哲学家(如庄子、尼采等)那里,都可以看到他们对人的完美、理想、健全的精神世界的向往和追求。相对于思辨地言说更多地指向存在的图景而言,这些所谓诗人哲学家确乎更关注内在的精神世界。其三是批判地说,这种言说方式更多地表现为对现实的政治、社会问题的关切。批判的言说当然也可以表现为不同的形式,如政治批判、社会批判或者更广意义上的文化批判,从古代到现代,这一类的言说方式在哲学家那里可以一再看到。就其具体的特点来说,这种言说方式又有侧重于否定与侧重于建设之分。以否定为主的批判性言说,往往质疑所批判的对象的合法性或正当性,并强调其已失去了存在的价值;侧重于建设的批判言说,则往往同时描绘批判者所认为比较合理的社会图景,比如,实用主义在批判现实生活或社会状况的同时,也不断提出完美的民主政治的形态的具体内容,在杜威等实用主义哲学家那里,我们不难注意到这样的关注。可以看到,在批判地言说中,其关注之点更多地在于现实的社会、政治、文化问题。其四是实证地说或科学地说,这一言说方式在实证主义那里表现得比较明显,他们较多地诉诸科学经验,往往把科学作为一种理想的理论或哲学范式,试图使哲学也取得科学的形态,实现广义上的所谓科学化;而在实证主义的言说方式中,确实可以看到一种追求科学化的趋向。其五是分析地说,从言说的方式来看,它与实证地言说有相近之处,但侧重之点又有所不同,这种言说方式的典型形态是 20 世纪以来的分析哲学。分析哲学家注重对语言的逻辑分析,在他们看来,哲学的使命就在于对以往讨论哲学问题的时候所出现的各种语言、概念上的歧义、错误加以澄清、加以纠正,这就是哲学要达到的目的,当代一位分析哲学家曾这样概括哲学的任务:"与词语对人的心智的所有模糊效应作斗争,是哲学的最高任务。"①

---

① 〔德〕冯·赖特:《分析哲学:一个批判的历史概述》,参见陈波主编:《分析哲学:回顾与反省》,成都:四川教育出版社,2001 年,第 25 页。

不难注意到,分析哲学的整个关注之点,就在于对语言的逻辑分析,在这种分析的说中,语言问题成为主要的关注之点。

前面已提及,类型更多地表现了哲学演进过程中一种内在的逻辑环节,不同类型之间的争论、相互批评、前后相继,等等,往往体现了哲学演变的内在的逻辑脉络,所以,在这个意义上,如前所述,我们确乎可以将类型视为逻辑脉络中的历史的基本单位。与类型相对的是个案或者说具体的系统,较之类型,个案更直接地呈现为编年意义上的历史的基本单位。类型主要是概括了一种学说中的主导的、作为宗旨的观念,在这样的概括过程中,总是包含多方面的抽象:在抓住主导的特征与性质的同时,类型常常略去了不直接体现主导观念或宗旨的方面、特征,这样,它对哲学系统的多样性及丰富内容,往往未能完全加以把握。相对而言,个案一般包括了特定体系中的丰富内容,并相应地体现了这一体系在历史过程中所具有的全部丰富性和多方面的内容,换言之,它包含了类型无法涵盖的具体性和多样性。类型和个案都是应当关注的方面,二者在哲学史的研究过程中都不可或缺。类型可以构成我们研究与分析的特定框架或工具,我们要对历史上众多复杂的现象加以梳理,需要借助不同的分析工具,类型(理论形态上的类型、学派上的类型、言说方式上的类型等)在相当程度上为我们提供了对这些纷繁复杂的哲学史现象加以梳理的一种必要手段。哲学史的整治工具当然也可以表现为概念,在某种意义上,概念似乎构成了更原始的研究手段或框架,但与抽象和概括相联系的概念。其一般形态具有分析性的特点,往往不足以从总体上体现或把握某一体系。与此相对,类型本质上表现为具有综合意义的特定范式,它在统摄相关材料的同时,也使不同的哲学体系以"类"相分、以"型"相属。

不过,与概念相近,类型本身也有抽象性的特点:一种类型,同时也表现为一般的准则,作为一般的准则,它突出的是哲学形态中的相同特征(所谓"一")而常常略去了哲学系统之间的差异性(所谓"多");这样,仅仅停留在类型的层面之上,我们往往不足以把握哲学史的全部丰富性与具体性。类型的如上特点,决定了在注重类型分析的同时,也应注重个案的研究。

如前所述,哲学史中的个案更多地体现了哲学本身的丰富性和多方面内容;在类型对哲学的具体内容加以抽象之前,哲学的多方面内容往往以具体的方式呈现于研究者之前。从现实形态来说,类型和个案之间往往存在着某种差异、紧张,我们可以举一些历史上具体的哲学史的现象,比如,从理论形态来看,孟子的学说常常被归为理性主义的类型,因为孟子注重"心之官",在区分"小体"和"大体"的前提之下,他往往更侧重"大体",而所谓"大体",则主要与理性的思维及活动相联系;在道德领域,孟子侧重于"礼""义"的普遍规范作用,"礼""义"有当然之则的含义,强调"礼""义"的普遍规范的作用,也隐含着以理性的规范来范导人们的言和行之意,在上述方面,我们无疑可以看到其不同于墨家等经验论的理性主义倾向。但是,这是就类型而言,如果我们进一步去分析作为个案的孟子学说,便可以注意到,孟子学说中还包含着理性主义这种类型很难涵盖的内容,例如,孟子对情感非常关注,他的"四端"说中,首先就提出"恻隐之心",把"恻隐之心"视为仁之"端",亦即人的道德的出发点和基础。恻隐之心与作为情感的同情心相联系,把道德的整个原则系统建立在"恻隐之心"之上,意味着对情感这一方面的关注。这一"恻隐之心"在相当意义上和后来休谟所说的同情心(sympathy)有相通之处,而休谟无论是在认识论上还是在伦理学上都被归入经验论的系统之中。这里,我们不难看到个案的复杂性:具有理性主义品格的孟子,同时在另一重意义上又表现出注重情感的经验主义倾向,当我们简单地用理性主义这一类型去概括他的哲学时,他的哲学系统中复杂、丰富的内容往往就很难真正地敞开并被把握。从中,我们可以注意到,仅仅使用类型分析的方式,无法具体揭示出历史上特定个案内在的、真实的品格。同样,在学派分类上,我们也可以看到类似的特点,前面提到,在先秦哲学的研究中,我们常常作出儒家、道家、法家、名家和墨家等的区分,如果我们以某个具体的哲学家作为个案来研究,就可以看到这样一种分类的研究所具有的局限性。以荀子而言,从分类的意义上说,我们通常把他归入儒家这一类型:孟子和荀子一般被认为分别代表了儒家在先秦两个不同的发展系统,但事实上在荀子的系统中,我们可以看到很多和法家相通的观点,后来他的学生韩非之所以认同法家并集法家哲学之大成,从哲学脉络的内在联系来看,与他的老师荀子本身已在某些方面表现出吸纳法家哲学这一趋向无疑也有联系。在这里,单纯的儒家的类型,显然很难涵盖作为个案的荀子哲学的全部内容。从言说的方式来看,也存在相近的情形,就类型而言,前面曾区分了思辨地说、诗意地说、批判地说、实证地说、分析地说等不同的形态,但是,从一个具体的个案来看,我们通常发现的是更为复杂的现象(包括不同方式相互交融的哲学史现实)。比如,《老子》或《庄子》一方面具有诗意地说的趋向,庄子在某些方面可以看作是诗人哲学家,他以一种诗人的直觉洞见了不少哲学的内在原理;《老子》五千言本身在表述上就有诗的形式,因此,在相当意义上,我们也可以把它看作诗意地言说的形态。但另一方面,二者又包含着许多批判地说的内容,不管是《老子》还是《庄子》,都对当时的礼、法和政治社会现实给予种种的抨击和批评。同样,它们也有一种思辨地说的倾向,比如《老子》就建立了一个以"道"和"无"为第一原则的思辨系统,这样,在以上的具体个案中,思辨地说、诗意地说、批判地说是融合、交错在一起的,我们很难简单地把它们具体归结为某种单一的言说方式,这里可以再次注意到具体个案所具有的复杂性和多样性的特点。类似的情形也存在于现代西方的一些哲学流派中。以实用主义为例,就其注重经验、反对传统形而上学而言,它无疑表现出某种实证地说的趋向,并相应地与实证主义有近似之处,但实用主义的视野和兴趣又不仅仅限于科学,而是同时表现出对现实社会、政治、价值问题的关注,从而,很难将其简单地纳入实证主义的类型。

从类型和个案的以上关系中,我们可以看到,在具体研究过程中,仅仅关注类型和仅仅关注个案都有其内在的局限,在哲学史的研究过程中,对类型和个案应给予双重的关注,这对于再现真实的哲学史是非常必要的。不管是仅仅停留在类型分析的层面上,还是仅仅停留在一个一个的具体个案之上,都不足以把握哲学史的全部内容。

从研究方式上看,和类型与个案之分相联系,可以区分两种研究进路,其一为论证,其二为解释。论证主要以理论的逻辑关系作为出发点,侧重于揭示哲学衍化的内在脉络。作为研究方式,论证的特定具体表现在两个方面。就特定的哲学系统而言,论证主要在于揭示、把握一种学说系统的主导原则与观念,并进一步分析这一主导的观念和其他相关论点之间的关系。在考察、梳理具体的哲学系统时,论证的方式往往侧重于把一个哲学系统的多方面内容归属主导的原则,或者说,将一种体系的不同内容纳入其主导脉络或主导原则。以论证为方式,体系中的多重哲学趋向,往往被置于同一主导原则或宗旨下加以理解;体系之中各种观念之间的联系,也每每被视为主导原则的体现或逻辑展开。这是从体系的内部来说的。从不同的学说体系之间的关系来看,论证的方式更多地侧重于揭示各个体系之间内在的共同趋向、哲学脉络、逻辑关系,等等。事实上,我们看一下以往的哲学史研究,一些哲学家在梳理和研究哲学史的时候,对哲学的观念往往有总体上的理解,这种理解同时又构成了其分析哲学演进过程的出发点。以哲学史是哲学的展开为前提,多样的、多重的哲学衍化,往往被理解为统一原则的逻辑体现,在这一点上,黑格尔的《哲学史讲演录》似乎是一种具有典型意义的形态。

与论证相对而言的是解释的方式。解释以哲学史上具体的哲学情景作为出发点,更多地关注一个哲学体系自身的多重性和多方面性,包括哲学可能具有的内在张力。在确认哲学体系内含多方面性、多重性的同时,解释进一步试图从不同的侧面分析其形成的原因,如果存在内在张力,则具体考察这种张力对体系的内在影响以及它形成的内在根源,等等。同时,它又比较关注哲学发生的历史背景,注重考察一个具体的学说系统和一定时代的社会历史背景之间的关系。此外,它也注意从一个经验的层面上去考察制约哲学体系的多重因素,包括师承关系、个人的生活处境等对哲学家哲学演化过程的影响。质言之,解释的方式更多的是要把一种哲学体系还原到它所处的具体历史背景(具体的哲学史情境)中,去再现它的具体性、多样性和丰富性,并且对这种具体性、多样性和丰富性形成的根源给予历史的解释。相对于论证的方式主要把握理论本身的宗旨和理论之间内在的脉络而言,它更多地关注哲学本身的具体形态,注重一种体系的个性品格。从哲学史研究来看,论证的方式和解释的方式都是不可或缺的,如果忽视论证的方式,仅仅专注解释,往往会使哲学史研究流于对一些枝节的琐碎关注,把注意之点主要放在那些哲学史上的个别、特殊的细节,而难以真正把握哲学演化过程所具有的内在的逻辑关联与脉络,这样的哲学历史在某种意义上容易变成材料的罗列或单纯的语境分析。反之,如果仅仅关注论证的方式,而忽视解释的方式,哲学史研究往往会忽略哲学演化过程本身所具有的丰富而具体的内容,把哲学史变成抽象的概念演化过程,在具体研究过程中就会有意无意地略去哲学史本身所具有的多方面的丰富规定,而把它变成一种抽象、空洞的逻辑框架。因此,在哲学史的研究过程中,论证的方式和解释的方式应该有适当的定位,在具体的研究者那里,在特定问题的研究过程中,当然可以有所侧重,但这两者之间不能截然地加以分离,而应该有一种积极的互动,只有在这两者有一个合理的定位的前提之下,我们才可能一方面再现哲学演化过程本身所具有的具体性、丰富性和真实性,另一方面揭示多样的哲学演化中内在的逻辑脉络,而避免把哲学史的研究仅仅归结为材料的杂陈或单纯的个案描述。

(本文由作者于2005—2015期间在有关学术会议上的发言记录综合而成)

附录一
学术与思想之辩

  学术与思想的关系有其历史演化的过程。晚近而言,20世纪80年代和90年代间的变化尤为引人瞩目。如所周知,20世纪90年代出现了各种关于学术与思想关系的论说,其中既有"思想家淡出,学问家凸显"这样的描述性判断;也有对"有学术的思想,有思想的学术"的规范性呼吁,等等,凡此都涉及学术与思想的关系问题。无论是进行历史的回顾,抑或对学术与思想关系的合理规定,都要求我们对两者关系作进一步的反思。

何为学术？何为思想？

何为学术？何为思想？在考察两者关系时，首先需要对此有一大致理解。作为两种既相互关联，又彼此区分的观念形态，学术与思想都涉及人文社会科学领域，这可以视为两者的共同特点。然而，比较而言，学术较多地侧重于把握人文社会科学领域中事实性的方面。以表现为文献考证的学术形态而言，其中涉及的事实性的方面包括：相关文献中文字的本来含义和它的历史演变，文献自身的本然形态和它的变迁沿革（包括其真实作者、出现年代、传承过程出现的不同版本），等等。学术研究如果指向更广意义上社会领域中的一些事件或现象，则其主导性的工作便关乎这些事件或现象的真实状况，后者同样涉及事实性的方面。与之相对，思想更多地指向社会、人文领域中的价值取向和价值选择，它所关切的问题包括：什么是理想的社会形态？什么是好的生活？如何实现这种理想的社会和人生？等等。如果涉及历史上的相关现象或具体事件，那么，思想往往与这些事件和现象所隐含的价值意义相联系。

与前述方面相联系，学术比较注重的是经验性的研究，包括具体材料的搜集、考订，以及对这些材料可靠性的核证，等等。思想则更多地关注理论的分析和理论的建构，包括对事实所蕴含的因果关联的追溯和把握。与上述分别相关，学术通常侧重于描述，后者指向的是人文社会科学领域中特定的对象、事件的实际状况，这种描述性的方式所追求的是如其所是地把握相关对象。相对于此，思想更多地关注于解释和规定，解释试图解决的问题包括某种现象为什么会出现、它何以形成某种形态，规定则指向其当然的形态（它应当取得何种存在形态），等等。要而言之，解释主要分析已经出现的现象产生的根源(通过因果分析以说明其何以会出现);规定更多地关乎尚未出现的现象(包括对未来发展应当如何的要求)。

以事实为关注之点,学术同时注重相关事实的完整性。从中国传统学术的演化来看,一方面它追求"无征不信",肯定立论需要以事实为依据;另一方面则要求"孤证不取",强调作为依据的事实需要具有融贯性。在这方面,乾嘉学派的学术工作具有一定的典型意义。以考据为主要的学术旨趣,乾嘉学者主张在考证的过程中应力求"遍收博考",亦即尽可能穷尽相关的文献材料。可以说,追求事实的完整性或充分性,构成了学术活动的内在要求。与此相比较,思想更多地追求观念的系统性。以理论的建构为其内在旨趣,思想往往不限于提出个别的观念,也不仅仅满足于罗列不同的论点,而是同时涉及观念之间内在逻辑关联的论证,并以系统性的考察,提供对相关现象的解释。从思想的本身来看,言之成理,持之有故,并达到观念的前后自洽,这是其基本的要求,而这一过程往往便以观念的系统化形式呈现出来。

再进一步看,学术和思想同时也体现了人与世界不同的关联。学术所体现的,首先是事实层面对世界的认知,思想所体现的,则是理论层面和价值层面对世界的关切。这里所说的事实、理论、价值,分别与哲学意义上的实然、所以然、所当然相关联。事实更多地涉及"实然",与之相关的是世界实际如何,或者世界(包括人文社会科学领域中的各种现象)以什么样的形态存在和出现。理论所关注的往往是"所以然":从终极的层面来说,世界为何如此;就具体现象、事件而言,这种事件或现象为什么会出现,其前后之间到底有什么样的因果关联,等等,这些问题都关乎所以然。比较而言,价值更多地与"所当然"相联系,"所当然"涉及的,是世界应当如何的问题。质言之,事实体现了世界的实然性(世界实际如何),理论追问世界的所以然

(世界为什么如此),价值关切世界的所当然(世界应当如何)。这里所说的事实、理论、价值,以及与之相应的实然、所以然、所当然,都是人和世界互动过程中无法回避的方面。这些方面之间的相关性,制约着思想和学术本身的关联:学术所涉及的事实层面与思想所相关的理论、价值层面在人和世界的关系中都不可或缺,后者同时从本原的层面上规定了学术和思想无法相分。

汉宋中西:历史的变迁

然而,尽管学术和思想具有内在的相关性,但从历史的演化来看,两者往往并未以合而不分的形态出现。在中国文化的演进中,学术思想之间比较明显的张力,首先表现在汉学与宋学的对峙上。汉学和宋学分别地体现了学术和思想的不同关注。宽泛地说,汉学是指从汉代到唐代经学中主流性的或主导性的学术研究趋向,尽管它并非完全不涉及义理,但其注重的首先是考据,宋学则主要指宋元明时代所形成的主流的思想流派,它的关注之点更多地指向义理,汉宋之学的背后,蕴含着对考据和义理不同的侧重。汉学与宋学既有着前后相继的演化过程,也常常在同一历史时期以彼此对峙的形态出现,有清一代,便可看到后一情形。一方面,清代主流的学术是朴学或乾嘉学术,另一方面,清代又存在宋学的研究取向,方东树便是清代宋学的主要代表。他曾撰《汉学商兑》,对当时主流的汉学倾向提出各种批评。在他看来,以汉学为进路的学人"毕世治经,无一言几于道,无一念及于用,以为经之事尽于此耳矣,经之意尽于此耳矣。其生也勤,其死也虚,其求在外,使人狂,使人昏,荡天下之心而不得其所本"①。所谓"几于道",也就是近于道或合于道。从今天来看,关于"道"的讨论即涉及思想层面的内容。按方东树之见,治汉学者完全忽略了思想,仅仅专注于孤立、单一的事实问题。

近代以来,学术和思想的关系在中国呈现比较特殊的形态,两者的关系问题常常和中学与西学的关系关联在一起。从近代以降中学和西学的区分来看,中学和西学各有自身的学术和思想:中学有中学的学术和思想,西学也有西学的学术和思想。然而,中国近代还有一种值得注意的区分,那就是国学和西学之别。当我们谈国学和西学的关系,而不是在宽泛意义上谈中学和西学时,这里的"国学"往往主要偏重于文献的考证和诠释,而西学则与新的思潮、新的理论、新的概念系统相联系。与之相联系,在西学与国学的比较中,中西之间的差异常常以学术和思想的分野这一形式呈现出来。这是中国近代以来非常独特的一种现象。确实,历史地看,"国学"的考察和回溯从19世纪末、20世纪初便受到关注,在新文化运动前后则得到了进一步的发展,其研究常常与整理国故联系在一起:国故每每被视为国学的主要内容。与整理国故相关的国学,更多地体现了学术的进路,与新思潮相涉的西学则常常与新的观念、新的概念、新的主义联系在一起,从而更多地呈现思想的品格。在国学与西学之别的背后,学术与思想的分野取得了独特的形态。

至20世纪80年代,学术与思想的关系又出现了一些新的变化。在一定意义上可以说,20世纪80年代西学以新的形式再次东渐:大致而言,近代以来西学东渐曾出现两次高峰,19世纪末到20世纪初,西学曾出现东渐的高峰,与此相呼应的是20世纪80年代,西学东渐在此时再次走向高潮。20世纪80年代,与西学东渐又一次趋向高潮

---

① (清)方东树:《汉学商兑·重序》,上海:商务印书馆,1937年,第2页。

相关联的,是整个文化领域中对思想的注重,与之相伴随的,是学术的相对忽视和某种意义上的边缘化。20世纪90年代,这种情况开始发生明显的变化:国学热渐渐取代了西学热。与国学热相联系的是对学术的注重,前面提到的所谓"学问家凸显,思想家淡出",便与国学热这一文化趋向紧密联系在一起。从20世纪80年代到20世纪90年代的以上文化转向,也从一个侧面折射了中国近代以来思想和学术的关联与中西之学关联之间的相关性:思想走向前台常常和西学的注重联系在一起,而学术的凸显又往往和国学的复兴彼此关联。以上关联本身似乎也是一种值得思考的文化现象。

从前面的简单勾勒中可以注意到,思想与学术的关系在历史上呈现多样的形态,近代(包括20世纪80年代)以来,这种形态以不同的方式得到了延续。进入21世纪以后,一方面,出现了注重思想创造的现象,在人文社会科学的各个领域中,都可以注意到试图进行理论构建的趋向;另一方面,一头扎到故纸堆里,沉浸于文献梳理或考据的现象也比比皆是,后者体现的是学术为重的取向。两者彼此相异,又同时并存。然而,注重思想创造者虽然想有一个理论、希望构建一种系统,但又常常缺乏比较深厚的学术底蕴,由此其理论构建不免显得空疏。他们致力于搭建某种理论的框架,而其中的学术内涵则往往显得略为单薄。反过来,注重学术考证又常常与忽略或轻视思想联系在一起:对注重学术者来说,相对于学术,思想空洞无物,没有切实的意义。以上现象似乎以另一种方式再现了学术与思想彼此分离的格局。

就学术研究而言,在国学领域中,时下对经学的重新注重,甚而将汉以后整个中国学术思想的主流理解为经学,已蔚为一时之风气。经学的复兴包括对"公羊学"的热衷,公羊学与政治哲学存在某种关联,经学热与政治哲学的显学化彼此相遇,使公羊学也由此得到特别多的青睐。公羊学原是西汉今文经学的一个学术流派,具有注重微言大义的特点,从内涵看,这种微言大义本来更近于思想的品格,然而,在今日的经学研究者那里,公羊学却或者主要与经学史的材料相联系,或者成为借题发挥的凭借。前者注重的是学术层面或历史层面上的材料考订,它使原以思想的阐释为特点的观念系统变成了单纯的学术研究对象;后者所致力的则是思想的发挥,历史的原貌则非其所关切。以上现象从一个方面展现了学术和思想之间的隔阂。

从中西之学来看,大致而言,以中学为业者往往侧重于历史文献的梳理和考订,其中展现的首先是学术的关切;由西学转入中学者,则常常以理论的阐释为主要关注之点,其研究往往并不是从中国本有的学术中去阐发相关的问题,而是借助于某种理论框架去解释传统中的一些思想材料。在此形态下,思想和学术依然呈现彼此分离的格局。

超越分离:可能的沟通

以上现象既构成了时下引人瞩目的文化景观,也要求人们进一步反思学术和思想之间的关联问题。前面曾提及,20世纪90年代,"有思想的学术"和"有学术的思想"已成为学界的一种主张或愿望。然而,更为实质的问题在于:怎么样达到"有思想的学术"?如何实现"有学术的思想"?

从学术和思想的协调和整合来看,首先需要注意的是史和思之间的互动问题。在人文社会科学领域,学术首先总是与一定的文化积累、文化传统相联系,这种文化传统、文化积累同时可以视为广义之"史",后者构成了思想的内在根基和出发点。从以上前提看,注重学术，特别是注重以"史"的形态呈现出来的学术，同时也意味着注重思想的基石。比较而言，思想主要表现为学术的内在灵魂。从观念形态的对象来说，学术史研究所指向的史料、文献，在其形成的时候，本身已内在地包含着思想，而并不仅仅是一堆材料。这一事实从本原意义上决定了对历史材料作重新考释、研究时，不能忽视"思"的进路。与思想脱节的历史材料本身并没有什么生命力，正是历史材料中所隐含的思想使之具有了内在生命，与之相联系，在面对以往的人文社会科学的文献材料之时，需要同时关注其中隐含的深层思想，而这种关注和把握便与"思"紧密相关。在此意义上，"史"与"思"无法相分。

这里可以简略地以中国哲学为例作一说明。从哲学的领域来说，诸子百家，老子、孔子、庄子、墨子等哲学家的思想，现在通常被作为历史考察的对象，然而，这些对象在出现之时，首先是以理论和思想的形态呈现出来的。老子、孔子、庄子等，同时是他们所处的那个时代的创造性的思想家，其思想创造的成果即凝结在现在作为史料的原典之中。要深入地理解这些文献，便必须有哲学理论的视野，否则，它们便仅仅是缺乏思想生命的过往陈迹。历史地看，不同时代的哲学家对以往经典往往展现了不同的理解，这种不同，与他们不同的理论视野具有内在的相关性，从中，也不难看到史和思之间的不可分离性。

以中国传统的学术范畴或概念为考察对象，这里同时涉及义理和考据或汉学和宋学之间的关系问题。义理和考据在历史上曾经出现过彼此对峙的形态，但如前所述，从其本来的内涵来看，两者并非截然分离：义理中包含考据，而考据之中也隐含着义理。在同样的意义上也可以说，汉学中有义理，宋学中有考据。就历史层面而言，汉宋之学之间确实曾存在着张力，如前面所提到的清代汉宋之学的对峙、方东树对当时汉学家的尖锐批评就是一例。但另一方面,两者也存在着实质上的沟通。以清代重要的学人戴震而言,作为乾嘉时代皖派的代表人物,他在学术归属上被划入汉学,但戴震同时又往往寓义理于考据,或者以考据的形式阐发义理。他的代表著作之一为《孟子字义疏证》,从书名来看,以字义疏证为形式,无疑合乎汉学家的旨趣,但从实质的内容看,通过字义的考证工作,戴震同时又比较系统地阐发他自己的哲学义理,并由此对以往的哲学观念提出了批评。可以说,他既站在汉学的立场,同时又接纳了宋学研究的进路。另一方面,从宋学本身来看,通常认为宋学以注重义理为特点,然而,宋学在阐发义理的过程中,也并非完全忽略文献考证。从朱熹的学思进路中便不难看到这一点。朱熹的代表性著作是《四书章句集注》,该书可以视为比较集中阐发其思想的文献。然而,该书关于义理、思想的阐发并没有离开文献的考释:书名中的"集注",便蕴含对以往文献研究的综合,事实上,在该书中,确实也可以看到朱熹对之前的各家各派相关文献以及其中所涉及的注释、考订的关注。在此意义上,朱熹对义理的阐发在相当程度上也基于已有的考据工作,或者说,其义理中包含考据。以上现象表明,汉学和宋学、义理和考据在历史中本身并不是截然相分的,它同时也昭示,今天从事思想学术领域的工作,亦不能以非此即彼的态度对待两者。

引申而言,学术与思想之辩,同时关乎理论和方法的关系。这里的理论侧重于思想,方法在涉及"术"这一点上,与学术具有相关性,两者往往被看作彼此相对的形态。然而,如果我们对理论与方法的关系作进一步的考察,便可以注意到,两者之间并不如通常所想象的那样界限分明。按其内在本性,学术的方法并非单纯表现为某种程序、手段、步骤,若仅仅作此理解,则学术方法便可能失去其本来的意义。在其现实性上,方法和理论具有难以分离的关系。从宽泛的层面看,理论可以理解为对现实世界和观念世界或其中的某个方面或领域的系统性理解和解释。以哲学而言,其实质的内容即关于整个世界(包括人的存在和对象世界)的理解和解释。哲学之外的不同学科的理论,则是对相关领域或对象的理解和说明。作为对世界和人自身的把握,理论本身可以被应用于对世界和人的进一步研究,并具体地影响研究目标的确立、研究过程的展开、研究结果的解释,在这一过程中,理论同时就具有了方法论的意义。

理论和方法的这种相关性,与理论和方法本身的内涵有着紧密联系。理论是对世界和人自身的系统性理解和解释,这种理解和解释同时展现为相关的思想,方法则表现为我们把握世界的方式,并具体体现于学术研究的过程。以把握人和世界为指向,理论和方法、思想与学术之间往往很难截然划分出一道鸿沟。不同的学科,诸如历史学、哲学、文学等,都有各自的理论或思想系统,这些理论和思想系统一旦被运用于相关领域的学术研究过程,便将同时取得方法论的意义。

进一步看,思想与学术的互动也指向"技"和"道"的关系。离开了思想,仅仅关注学术层面的考察,往往容易导致人文研究的经验化、技术化趋向。以哲学领域的分析哲学而言,在其发展过程中,随着语言分析越来越趋向于技术化,对于哲学思想本来应当关切的宇宙人生等根本性的问题,每每愈益疏远。事实上,离开智慧追求的思想进路,单纯注重经验层面的问题,确实难以避免技术性的走向。反之,离开学术的积累,仅仅关注于抽象层面的思想,则人文社会科学领域的研究往往会引向"游谈无根",并趋于思辨化。从哲学的层面看,这里涉及"技"和"道"之间的关系。此处之"技"与"道",都属传统的术语,庄子提出"技进于道",其中的"技"涉及技术领域或经验领域的研究,"道"则是形而上层面思考的对象。一方面,"道"应基于"技","道"如果离开"技",便意味着脱离经验世界,由此容易流于空疏、抽象。另一方面,"技"又必须进于"道",如果仅仅停留在技术层面上,完全限定于枝枝节节的问题,便会使人文社会科学的研究失去其本来应有的意义。

从事人文和社会科学的研究,当然可以根据个性的不同、兴趣的差异,在具体进路方面有所选择,或侧重于"技"或学术性的考察,或侧重于"道"或思想性的探究。但从总体上来说,"道"与"技"、学术与思想不能截然分离。

前面提及的义理和考据、"道"与"技",大致属于传统的概念系统。从现代的研究形态来看,在人文社会科学领域中,同时又涉及实证与思辨的关系问题。这里的"实证"主要指基于事实,对材料加以把握和考订、对观点加以验证。"思辨"则呈现两种形态,一种是抽象的思辨,其特点是疏离于事实根基,作空泛的形上玄思;另一种是具体思辨,其特点是基于现实,注重普遍和特殊之间的沟通,并肯定逻辑分析与理论思维之间的统一,与实证相关的思辨,主要是后一形态的思辨。清代学者曾提出"虚会"和"实证"之辩,所谓"虚会",近于这里所说的思辨,"实证"则涉及对具体材料的把握和考订以及以事实验证观点。"虚会"和"实证"的统一,与实证和思辨的统一具有一致性,它表明,与之相关的研究方式在学术史和思想史的演化过程中已经受到了某种关注,今天从事人文社会科学领域的研究时,比较自觉地致力于实证和思辨之间的沟通,同样有其不可忽视的意义。大致而言,学术比较侧重于实证方面的研究,思想则更多地关注理论的思辨,与之相联系,实证和思辨之间的沟通同时也从一个方面为学术与思想的统一提供了具体的进路。

近代以来,思想和学术的互动,与中西之学有着不解之缘。前面曾提到,中西之学各有自身的学术方面和思想方面:中学有中学的

"思"与"学",西学同样也是如此。然而,即使在广义的西学研究中,也存在学术与思想的分野:一些治西学者偏重学术,注重学术史层面的变迁沿革,西学领域中各种专家,如所谓亚里士多德专家、柏拉图专家、康德专家,等等,便每每表现出此倾向。与之相对,另一种倾向则是撇开整个西方思想发展的背景,抽取其中的所谓理论、方法、概念,这种抽象甚至寻章摘句的方式,往往并不能真正把握相关思想的内涵。如果说,前一趋向的特点在于重学术的历史而不重思想的逻辑,那么,后一趋向则相反,以思想的逻辑消解了学术的历史。事实上,把握西学同样离不开思想与学术的互动。以康德的思想而言,理解其哥白尼式的革命,需要从学术的角度,对此前哲学的历史衍化,包括经验论与唯理论之间的关系,加以考察。另一方面,如果仅仅限于学术的视域,如康德《纯粹理性批判》第一版和第二版在若干文字上的表述差异,等等,则同样难以深入地把握康德哲学的思想内涵。

进一步看,如前面已提及的,在"国学"和"西学"之辩中,思想与学术往往被分离开来:国学偏重于学术,西学往往和思想有着更多勾连。与之相联系的是不同的偏向,或者限定于中国本身的传统文献,拒绝运用传统之外的其他观念,这种进路往往蕴含重学术而轻思想的趋向;或者注意到外来观念在理解中国思想中的意义,但常常由此走向极端,甚而以中国的思想迎合域外的观念,后者在实质上表现为重思想而轻学术。在这里,中外之学与学术和思想紧密地联系在一起,而处理好学术和思想之间的关系,则离不开对中外之学的历史定位。具体而言,既需以开放的视野看待二者的关系,又应基于切实的考察以实现二者的合理互动。

从事人文社会科学的研究,无疑可以根据性之所近而在学术与思想方面有所侧重,但就总体而言,学术和思想,包括前面提到的义理和考据、实证和思辨、知性思维和辩证思维,中外之学,等等,无法截然相分。仅仅限于一端,往往导向学术和思想的歧途,两者之间的融合,则展现了更为合理的取向。

(本文系作者于 2017 年 9 月在北京师范大学举行的"学术与思想四十年"名家圆桌会议上的发言记录,原载《探索与争鸣》2017 年第 12 期)

附录二
哲学答问[①]

问：你近期似乎表现出对形而上学问题的关注,这种关注的内在涵义是什么?

答：近代以来,特别是20世纪以来,随着对作为存在理论的形而上学的质疑、拒斥,哲学似乎越来越趋向于专业化、职业化,哲学家相应地愈益成为"专家";哲学的各个领域之间,也渐渐界限分明甚至壁垒森严,哲学本身在相当程度上则由"道"而流为"术"、由智慧之思走向技术性的知识,由此导致了哲学的知识化与智

[①] 2005年6月在北美期间,曾与一位学人就有关的哲学问题展开了若干次讨论,它使本书作者有机会对那一段时期的哲学思考作一概述,这里的问答,是讨论的大要。

慧的遗忘。重新关注形而上学,指向的是智慧的回归。

问:就形而上学本身而言,作为关于存在的理论,它无疑以存在的把握为指向,你如何理解把握存在的进路?

答:与离开人之"在"去构造思辨的世界图景不同,我认为对存在的把握无法离开人自身之"在",海德格尔似乎也有见于此。但海德格尔对人之"在"作了狭隘的理解,将其主要限定于个体或此在(Dasein)之"在",他虽承认"共在"(being-with),但同时又将共在视为人的沉沦,认为只有在向死而在的过程中、在对死之"畏"中,才能反归本真的"我"。海德格尔后期表现出某种将哲学诗化的倾向,从他对诸如诗意之居的赞赏中,便不难看到此点(罗蒂在对哲学类型作区分时,也把海德格尔归为诗化或诗意哲学)。而诗化哲学所注重的,同样也每每是个体或自我的体验。在这方面,我无法同意海德格尔。我把人之"在",理解为广义的知行过程,它既表现为个体之"在",又展开为社会历史领域中的"共在",并肯定"共在"并不是人的沉沦,而是存在的现实、本真形态。在这方面,我显然更多地认同马克思。马克思把人置于社会历史的层面加以考察,并要求在变革世界的过程中把握世界,这种把握方式不同于思辨的体悟或诗意的想象,它更深沉、更直接地锲入了现实的存在境域。在当代哲学中,循沿马克思的这一思路加以具体发挥的,是冯契先生。冯契先生以广义的认识论为基础,对本体论与认识论、认识世界与认识自己作了沟通,由此扬弃超验的宇宙模式或世界图景,并强调在认识世界及价值创造的历史过程中敞开天道,这种视域同样不同于思辨的本体论,它构成了我的思考的重要思想背景。

问:存在可以视为哲学的本原性的追问,关于哲学本身,你曾提到哲学以求其通为指向,能否稍微具体地谈一下你对此的理解?

答:从金岳霖到冯契先生,都谈到哲学与求其通的问题,我的讨论与此相关。我认为,哲学领域中的求其"通",既指超越知识对存在的分离、分裂,再现存在的统一性、整体性、具体性,也指把握存在的视域、方式之间的统一。形而上学则既致力于回归存在的统一,又联结了智慧之思的不同向度,从而在双重意义上体现了哲学以求其"通"为指向的内在特征。

在这方面,我的思路与康德及近代哲学的某些趋向有所不同。康德致力于划界:现象与自在之物、感性、知性与理性、理论理性与实践理性,以及真、善、美之间,都被赋予不同形态的界限,在近代以来认识论、伦理学、美学、逻辑学、方法论、价值论等不同学科分支的分化中,一方面,存在本身被分解为与各个哲学分支相应的不同部分,另一方面,把握存在的视域、方式也被区分为不同的哲学领域,从而,存在本身与把握存在的方式都趋向于分化与分离。

我更致力于再现存在本身的统一,以及沟通哲学的不同领域或分支。我强调,存在的问题在哲学领域中具有本源性:真、善、美,以及认识论、伦理学、美学、逻辑学、方法论、价值论等不同学科分支,都在不同的意义上涉及并需要考察存在的问题。我认为通过澄明存在问题的本源性以及它在真、善、美或认识、价值等诸种哲学问题中的多样体现,形而上学既融合了不同的哲学视域,也作为智慧的追求而指向存在的具体形态。这也就是作为存在理论的形而上学所以存在的缘由。

问:你一再提到存在的具体性,所指为何?

存在的统一以及敞开或把握存在的视域的统一,都体现了存在的具体性。在我看来,真实的、现实的存在即具体的存在。在肯定具体性原则上,我不同于康德,而更接近黑格尔。不过,黑格尔对具体性的理解具有思辨的特点,而我则上承马克思,首先在现实的层面理解具体性。

问：与具体性的关注相关，你对作为存在理论的形而上学也作了区分，能略谈一下这方面的看法吗？

答：以历史与逻辑为双重进路，我对形而上学的抽象形态与具体形态作了区分。抽象形态的形而上学往往或者注重对存在始基（原子、气等）的还原、以观念为存在的本原、预设终极的大全，或者致力于在语言的层面建构世界图景（如分析的形而上学）；这一维度的共同趋向，即对现实存在的疏离。关于世界的看法运用于考察世界，往往便转化为思维的方法；在作为存在理论的形而上学与作为思维方法的形而上学之间，同样存在着这种联系。当形而上学以某种或某类存在形态为本原，以终极的存在为统一的大全时，它也蕴含着对世界的静态、片面等看法：向某种质料或观念形态的还原，意味着对世界的片面规定；对终极存在的追寻，则导向静态的、封闭的观念，这种抽象的存在理论运用于研究世界或存在本身，便常常转换为对世界片面的、静态的、孤立的考察，后者也就是与辩证法相对的形而上学思维方式。对抽象形态的形而上学的批判考察，不仅是澄明具体形态的形而上学的逻辑前提，而且也有助于把握作为存在理论的形而上学与作为方法论的形而上学之间的历史联系。

走出形而上学的抽象形态，意味着从思辨的构造转向现实的世界。在其现实性上，世界本身是具体的：如前面所说，真实的存在同时也是具体的存在。作为存在的理论，形而上学的本来使命，便在于敞开和澄明存在的这种具体性。这是一个不断达到和回归具体的过程，它在扬弃存在的分裂的同时，也要求消除抽象思辨对存在的遮蔽。这种具体性的指向，在某种意义上构成了哲学的本质。在形而上学论域中，面向具体包含多重向度：它既以形上与形下的沟通为内容，又要求肯定世界之"在"与人自身存在过程的联系；既以多样性的整合拒斥抽象的同一，又要求将存在的整体性理解为事与理、本与末、体与用的融合；既注重这个世界的统一性，又确认存在的时间性与过程性。相对于超验存在的思辨构造，具体的形而上学更多地指向意义的世界。在这里，达到形而上学的具体形态（具体形态的存在理论）与回归具体的存在（具体形态的存在本身），本质上表现为一个统一的过程。

问：就存在本身而言，在论述存在具体性的过程中，你曾讨论了存在与价值的关系，能否简要谈一下你在这方面的见解？

答：哲学层面对存在的思与辨，是作为存在者的人对存在本身的追问，在此意义上，以道观之和以人观之无法截然分离。作为存在者的人对存在本身的追问，不仅涉及世界本身的意义，而且关乎存在与价值的联系。在此意义上，存在的具体性无疑在本源的层面涉及存在的价值之维。

问：你的这一看法似乎容易使人联想到实用主义，你是如何看待这一点的？

答：以上视域在肯定存在与价值的相关性上，确乎与杜威等实用主义有某些相通之处，我认为实用主义学说在本体论上的意义，首先便在于以强化的形式，突出了具体的事物包含价值的规定。然而，在肯定具体事物包含价值规定的同时，实用主义又往往由确认事物与人的联系（事物的人化之维）而弱化乃至忽视事物的自在性或独立性；在实用主义那里，与价值规定相关的人化之维与事物的独立性或自在性似乎呈现不相容的关系；这种看法显然难以真正达到存在的现实形态或具体形态。与实用主义不同，我一再强调存在的价值规定与自在性的统一。

问：存在与价值的关系，也涉及事实与价值的关系，在后一问题上，你如何理解和评价休谟的有关观点？

答：在事实与价值的关系上，我与休谟的观点不同。休谟主要在逻辑的关系上,怀疑从"是"到"应当"这一推论的可能性,这一类的推论,在内容上对应于从描述到规范的进展。从纯粹的逻辑形式看,在"是"与"应当"之间,确乎缺乏内在的蕴含关系,从而,如休谟所说,从"是"之中,很难推绎出"应当"。然而,如果超越纯粹的逻辑形式,引入本体论与价值论统一的视域,则情况便会有所不同。在价值论的视域中,凡是真正有价值者,便是应当成为现实的;当我们判断某种存在形态是有价值的时,这一判断同时也蕴含了如下预设,即相关的存在形态或价值"应当"成为现实;引申而言,唯有能引向正面价值的事,才是"应当"做的。在这里,评价显然具有中介的意义:只有在完成事实判断之后进一步对事物或行为的价值意义作出评价,才能由此引出"应当"与否的要求。

问:从形而上学的层面看,你对存在的以上理解,似乎也不同于康德,可以这样认为吗?

答:康德批评传统的形而上学,但并没有完全否定形而上学本身,一个基本的事实是,他还提出了"科学的形而上学如何可能"的问题。不过,康德认同的,似乎是"纯粹"形态的形而上学,所谓"纯粹",既意味着先天性或先验性,也意味着形式化,事实上,在康德那里,纯粹、先天、形式这些范畴常常是相通的。作为纯粹的、形式化的系统,形而上学既不涉及价值的内容,也缺乏真正意义上的实践指向。从实质上看,这种纯粹的或形式的形上学形态既表现了对存在的抽象理解,也蕴含着人的存在与这个世界的某种分离:人在价值创造中展开的历史实践与这个世界的真实联系,或多或少被掩蔽了。康德意义上的道德形而上学关涉人的存在,道德的形而上学本来应以价值关怀为题中之义,但如舍勒(M. Scheler)所批评的,它在康德那里基本上表现为一种形式的体系。同时,道德形而上学虽涉及"实践"概念,但它主要讨论的是道德判断及行为的形式条件,而并不以作为感性活动的实践为对象；与感性的分离，使康德论域中的实践缺乏现实的规定。现代的分析哲学，如 P. Strawson, Quine, 等等，在这方面与康德有相近之处。

问：从哲学何为的角度看，肯定存在与价值的统一，具有什么意义？

答：作为存在理论的形而上学在确认价值与存在统一的同时，也从本源的方面展示了哲学的规范意义或实践意义；以往的哲学之所以如马克思所批评的那样，仅仅满足于说明世界，其根本的问题即在于将存在的关注单纯限定于对"是什么"的抽象思辨及如何达到"是"的先验考察，从而忽视了存在理论的全部丰富性。

问：在"是什么"这一层面，问题似乎更多地涉及认识论。你对认识论的考察以何为进路？

答：我关注的首先是认识论与本体论的关系。认识过程在逻辑上以所知(The known)与能知(the knower)的区分为前提。所知既是为我之物，又具有自在性；前者（为我之维）展示了所知与能知之间的联系，表明所知并不是人的知行过程之外的本然之物；后者（自在之维）则确证了其实在性，它表明所知并不是主体的构筑。作为自在与为我的统一，所知包含着内在的秩序，这种秩序使通过理性的方式把握事物及其关系成为可能。实在性与秩序性的确认，无疑具有形而上学的性质，而这种确认同时又构成了认识过程的逻辑出发点。

当代的认识论（包括科学哲学）在讨论认识论问题时，往往很少讨论关于所知的本体论问题，似乎一谈所知的本体论问题，就成了思辨哲学，但从哲学上考察认识过程，是无法回避本体论问题的，如果悬置了这一方面，便无法给予认识论以具体的、完整的解释。

问：以上涉及的主要是所知，对能知的本体论性质你是如何理解的？

答：与所知一样，能知也有其本体论的维度。就其形态而言，能知不同于抽象的逻辑形式，而是首先表现为具体、真实的存在，庄子所谓"有真人而后有真知"①，已彰显了认识过程中人的存在的优先性。作为真实的存在，能知具有整体性的品格，而非如金岳霖所认为的那样，仅仅是理智的化身，这种整体性既展开为感性、理性、直觉、想象等认识能力之间的相关性，也体现为认知与评价以及理智和情意等之间的互动。从过程的角度看，能知的本体论规定进一步取得了"知"（knowing）与"在"（being）统一的形式，后者既以知识（knowledge）与认识过程（knowing）的相涉为内容，又表现为知识通过化为能知而与人同在。

认识所涉及的能知与所知、知识与人的存在等关系，在总体上表现为内在性与外在性的统一。认识关系的这种双重性，既为能知与所知的沟通提供了可能，又使知识的客观有效性在认识的本源处得到了落实。如果说，心、物、理的统一为知识的客观有效性提供了本体论的根据，那么，认识关系中内在性与外在性的统一，则通过认识论与本体论的交融和互摄，为这种客观有效性提供了更具体的担保。

问：从能知与所知的关系看，认识过程总是涉及所与，你是如何看待所与的？

答：在认识的出发点上，与仅仅考察所与不同，我认为，认识的直接材料既是"所与"（the given），又是"所得"（the taken），以视觉而言，所知给予的是物理学意义上一定的光波，但在能知中它却形成为

---

① 《庄子·大宗师》。

一定的"色",所谓"目遇之而成色",同样,在听觉上,所知给予的是一定的声波,但在能知那里,它却形成为语音、乐声等有意义的声音或噪声等无意义的声音,"耳得之而为声"("目遇之而成色""耳得之而为声"出自苏轼《前赤壁赋》,金岳霖在说明所与是客观的呈现时,曾引用此语)。这里无疑存在着所知和能知的交互作用:没有所知给予的光波或声波,"色"与"声"均无从形成,但无能知的"遇"和"得",则光波或声波仅仅是物理现象,而难以成为"色""声"等认识材料。如果我们将呈现(appearance)理解为认识的直接材料,那么在这种呈现中,所与和所得具有内在的统一性。我认为,传统的经验论强调认识的直接资料为所与,杜威及实用主义哲学则强调直接资料为所得,二者都有片面性。

问:这里似乎涉及认识论中的客观与主观等关系,你如何看待这些关系?

答:从近代哲学的演化看,自康德完成所谓哥白尼式的革命后,认识论中的主体性一再被强化,与之相联系的则是客观性原则的弱化。在现代哲学中,这一趋向似乎在不同层面有了进一步的发展。现象学尽管提出了回到事物本身的口号,但它对事物的理解往往与意向过程相联系,与之相关的是悬置存在以及对纯粹自我及纯粹意识的注重;在存在主义那里,个体、自我进而被提升为第一原理;哈贝马斯对主体间性的考察和关注,似乎对主体性有所超越,但同时又多少将对象性的关系视为消极意义上的工具—目的关系。此外还有各种形式的内在关系论。从某种意义上看,近代以来,主体性、主体间性已在相对程度上压倒了客观性原则。主体性及主体间性的确认在认识论、本体论等领域无疑都不可或缺,它对扬弃素朴实在论、机械论等也具有不可忽视的意义,然而,同样重要的是,不能因此而放弃或否定客观性原则。在我看来,主体性、主体间性与客观性,并不是互不相容,就认识与存在的关系而言,真实形态在于三者的统一。

问:你对认识论的以上理解,似乎首先与人的存在相联系,这种联系是否也体现了认识论与本体论的相关性?

答:可以这样认为。以化知识为能知为形式,"知"首先融入于人的存在过程,并在不同的层面改变着人的存在;在此意义上,认识与人的存在的关系,不仅在于"有真人而后有真知",而且也在于"有真知而后有真人"。知识从不同的方面敞开了对象世界,尽管在知识形态中,存在往往是以"分"而非"合"的方式呈现出来,但正如智慧的形成与发展并非隔绝于知识一样,对世界的分别敞开同时也为从总体上把握存在提供了前提。以所知为对象的知识与形而上的智慧彼此互动,经验世界的理解和性与天道的领悟相辅相成,通过这一过程,人们既不断敞开真实的存在(具体存在),也逐渐地提升自身的存在境域。知识与存在的如上统一,同时也展示了认识论与本体论的内在统一。

问:由认识论的考察,你的视域进一步指向方法论问题,二者是否有内在的联系?

答:二者的联系是显而易见的:广义的认识过程不仅追问"什么"(什么是真实的存在),而且关联着"如何"(如何达到这种存在),后者进一步涉及方法论的问题。我接受了冯契先生的观点,作为当然之则,方法既以现实之道为根据,又规范现实本身。从逻辑的法则、想象与直觉,到具有规范意义的概念及作为概念系统的理论,方法在不同的层面内含着本体论的根据;作为达到真理的手段,方法并非仅仅表现为人的自我立法,它在本质上植根于存在本身。在敞开世界的过程中,方法与存在、当然与实然展示了其内在的统一性。

问：以上观点也体现了方法论与本体论的关系，方法论的本体论内涵，是否涉及其他方面？

答：我认为，方法的形成，与化存在的秩序为思维的秩序相联系，后者与实践或行动的过程很难分离，这里同时也突现了思维秩序、行动秩序、存在秩序的相关性，它从逻辑与方法的现实根据及历史起源等方面，彰显了方法、实践、存在之间的本体论联系。我将黑格尔及列宁肯定逻辑与实践联系的观点与皮亚杰关于行动逻辑内化为思维逻辑的观点，以及中国哲学中的易传关于卦象与历史实践的联系等观点结合起来，从不同的方面论证了方法、实践、存在的统一性。以实践为中介修正与变革对象，进一步在"以辞治器""开物成务"（以当然之则规范存在）的意义上，展示了方法、实践、存在的统一。

问：在认识论上，你比较注重认识过程与人的存在的关系，在方法论上，你是否也有类似的关注？

答：行动逻辑与思维逻辑的相关性，事实上已从一个方面展示了此种联系：实践或行动既作用于对象，又是人自身存在的方式。我强调，一方面，在人自身的"在"方面，方法往往涉及理解或解释，另一方面，人的存在形态又构成了理解过程借以展开的背景：理解作为人的存在方式又影响并制约着人的存在过程。海德格尔与伽达默尔主要指出了解释与解释前提之间的循环，我则进一步突出了理解与存在之间的循环；与解释学的循环相近，这种循环也具有本体论的意义。在这里，理解既是人把握世界的方式，又是这种方式具体运用的过程；思维的方式（the way of thinking）、行动的方式（the way of doing）与存在的方式（the way of being）相互交融。以此为本体论前提，对象世界的敞开、变革与人自身存在境域的提升本质上也展开为一个统一的过程。

问：从把握存在的角度看，方法涉及"如何"的问题（如何敞开存在），在讨论方法论的同时，你对语言也表现出某种兴趣，在你看来，语言对存在的敞开有何种意义？

答：敞开与理解存在的过程，确乎离不开语言。我认为，语言既是广义的存在形态，又是把握存在的形式，这种双重品格，使语言一开始便与存在形成了本源性的联系。我不赞同分析哲学悬置语言与实在关系的立场，而更多地吸取了中国哲学，特别是荀子关于"以名指物"与"以名喻道"的统一的观念，并以此来分析语言与实在的关系。我认为"以名指物"关乎语言与经验对象的关系，"以名喻道"则涉及语言与形而上原理的关系；作为表示经验对象的方式，"指物"以指称、描述"实然"为内容；对"道"的把握，则既基于同一律（不异实名），又以"喻"为形式。我特别指出，相对于"指"的描述、摹状性，"喻"似乎更多地表现为澄明、彰显，其中既包含着对象的敞开，又渗入了主体的领悟、阐释；在"以名喻道"中，实然、必然、当然更多地呈现为相互交错的关系：人所喻之"道"（以语言把握的"道"）既不同于形式化的数学语言，也非纯粹的逻辑表述，它总是渗入了人的意向、情感，包含着关于世界应当如何的观念。不难看到，作为语言（名言）与存在联系的二重方式，"以名指物"和"以名喻道"分别展示了言说经验对象与言说形上之域的不同特点。上述观点与分析哲学悬置语言与实在关系的立场显然不同。

问："指物"与"喻道"在不同的层面体现了语言的解释性，你在讨论存在与价值的关系及方法的功能时，已表现出对规范性的关注，你对语言的考察，是否也有类似的关注？

答：在肯定语言以"指物"与"喻道"的方式理解与解释世界的同时，我确乎也强调其规范功能，认为名言既通过"说"而与人"在"世的过程相联系并制约着后者，又通过"行"而影响现实。就前者而言，言说本身也是一种存在的方式,就后者而言,名言又展现为改变世界的力量;换言之,语言不仅仅涉及主体间的理解、沟通,而且作为一个内在环节而参与了现实的变革。不难看到,"说"与"在"、解释世界与变革世界本质上具有内在的统一性。

问:20世纪往往被视为语言哲学的世纪,但你对语言的关注和考察,和以分析哲学为主流的语言哲学进路,似乎有不同的侧重,你自己是否这样认为?

答:分析哲学对语言的考察,似乎更多地侧重形式的、逻辑的层面,对语言与实在的关系,则缺乏内在的关注。分析哲学中也有本体论的承诺(Quine)、修正的形而上学(Strawson)等提法和讨论,但这种讨论所指向的,并不是实在本身,其分析亦不超出语言之域。如Quine便将"实际上什么东西存在"的问题从本体论的承诺中剔除出去,而将其仅仅限定于对"说什么存在"问题的讨论,并认为后者"差不多完全是与语言相关的问题,而什么存在则属另一个问题"。语言本来是把握存在的形式和手段,然而,当存在被限定于语言或语言被规定为存在的界限时,则语言之外的真实存在便成为某种"自在之物"。确实,在语言成为界限的前提下,主体显然难以达到"界限"之外的真实世界。相形之下,我更多地关注语言与存在关系的实质的方面,这既体现在前面提到的言与物、言与道的辨析,以及名言规范作用的考察,同时也表现在对名言对于人之"在"意义的关切。以中国哲学的成人(人格涵养)理论为背景,我具体地分析了语言与人的完善之间的关系。认为作为人把握世界及"在"世的方式,语言既以人自身的存在为根据,又内在于人的存在过程。以独语、对话为形式,语言不仅在个体之维影响着自我的存在过程及精神世界的形成,而且在类的层面上构成了主体间交往和共在、实践过程及生活世界的建构所以可能的前提。如果说,人的存在对语言的本源性,主要从语言的现实形态上展示了语言的本体论维度,那么,语言对人的存在方式的制约则表明:语言之后所蕴含的更内在的本体论意义,在于人自身存在的完善。语言与人的如上关系,既是语言与存在之辨的展开,也是后者更深沉的体现。

问:认识、方法以及语言与存在的关系,在不同的意义上指向你所说的真实存在,但你一开始便关注于存在的价值规定,这种关注在你那里是如何具体展开的?

答:事实上,就广义而言,"真"的追求也具有价值的意义,认识、理解等过程与人自身存在的联系,已表明了这一点,当然,价值的规定不仅仅体现于"真",它总是同时展开于美、善等向度。就美及审美活动而言,从形而上的维度看,审美活动在表现主体本质力量的同时,也展示了存在的图景,我认为,这种审美图景也可看作是审美之域的存在秩序或审美秩序。我吸取了庄子反对"判天地之美"的思想,认为审美秩序首先显现了存在的整体性、统一性,后者既表现为审美对象的整合,也展开为审美主体与审美对象之间的互融、互动;同时,在我看来,相应于形象的、感性的观照方式,个体性、变异性、多样性在审美秩序获得了其存在的合法性,而理念与具体形象的统一,则使审美的秩序不同于形式化的逻辑秩序与最终还原为数学模型的科学图景;在化本然之物为审美对象的同时,审美的观照又如黑格尔所说,"让对象自由独立的存在",从而,审美秩序则相应地既内含人化规定,又有其自在之维。

问:你所说的存在广义地包括人之"在",从人的存在看,美及审美活动包含何种意义?

答:作为审美关系中的存在规定,美不仅表现为对象的自在属性,而且也体现了人的价值理想,我认为,后者内在地蕴含着对存在完美性的追求;作为希望实现而尚未实现的蓝图,理想既以现实为根据,又要求超越既成的现实而走向更完美的存在;与理想的本源性联系,使审美活动同时也指向了存在的完美性。所谓完美,既以对象自身的规定和本质为根据,也表现为合乎主体的价值理想;在此意义上,完美与完善呈现内在的一致性。就人自身的存在而言,审美理想的核心是通过人自身的整合及多方面发展而走向完美的存在。历史地看,随着劳动分工的形成和发展,存在的统一也逐渐趋向于存在的分化,在近代,分工的高度发展进一步威胁到人的存在的整体性。以感性与理性、存在与本质、个体与普遍、理性与非理等的统一为形式,审美活动从一个方面为克服人自身的分离、达到"全而粹"的完美存在提供了担保。在这方面,我既吸取了马克思反对人的片面化、异化的观点,也吸取了中国传统哲学对人的真善美的追求,将"美"的问题最后落实于人之"在",并从人的多方面的发展这一角度考察美的本体论意义。

问:你肯定完美与完善的统一,从人的完善这一角度看,问题总是内在地涉及道德领域。你是否也经历了由"美"到"善"的转换?

答:事实上,道德哲学是我从90年代开始就关注的领域,在若干年前,我已出版了一部关于伦理学的著作。当然,道德哲学的探讨可以展开为不同的进路,相对地说,我更多地关注道德形而上学问题。从形而上的层面看,善往往既取得理想的形态,也展开于现实的社会生活;善的理想不仅具体化为普遍的道德规范或道德规范系统,而且又通过人的实践进一步转化为善的现实:现实生活中合乎一定道德规范的道德行为、体现于具体人物之上的完美德性等,都可以看作是善的现实。作为道德的具体内容,善的理想与善的现实总是指向人自身的存在,并通过制约内在人格、行为方式、道德秩序等,具体地参与社会领域中真实世界的建构。这样,以人的存在为指向,道德也改变、影响着存在本身,道德与人之"在"的以上联系,同时也展示了其形而上的意义。

问:在道德领域,人们总是面临不同的道德义务,道德往往首先表现为对道德义务的自觉承担,从道德与存在的关系看,应该如何理解这些义务?

答:我不赞同康德将道德义务、道德原则置于先天之域的进路,而更多地吸取了儒家注重伦理关系与伦理义务之关系的思路。我认为,道德领域的存在形态首先表现为现实的伦理关系,后者规定了相应的义务。在社会演进过程中不断抽象、提升的伦理义务与广义的价值理想相互融合,又进而取得了道德原则、道德律等形式。作为具体的存在方式,伦理关系既有普遍的内涵,又表现出历史的形态。相对于一般的伦理关系,道德情景更多地表现了人"在"世过程的个体性或特定性品格。如果说,伦理关系主要从普遍的层面展示了道德与社会存在的相关性,那么,道德情景则在特殊的存在境域上,体现了道德与社会存在的相关性,社会领域的存在对道德的如上制约,同时也从不同的方面展示了道德的本体论根据。

问:除了伦理关系与义务的关系外,道德是否还展示了其他层面的本体论意义?

答:从道德与存在的关系看,其本体论意义同时体现在从一个方面为扬弃分化的存在、回归统一的存在提供根据和担保;在社会的历史演化过程中,通过提供共同的伦理理想、价值原则、行为规范、评价准则等,道德从一个侧面形成为将社会成员凝聚起来的内在力量:为角色、地位、利益等所分化的社会成员,常常是在共同的道德理想与原则影响与制约下,才以一种不同于紧张、排斥、对峙等的方式,走到一起,共同生活。同时,就个体而言,"伦理地"生活使人既超越了食色等片面的天性(自然性或生物性),也扬弃了特定社会角色所赋予的单向度性、片面性,而在这一过程中,道德无疑构成了个体超越抽象存在形态的前提之一。通过参与社会的运行过程,道德同时也立足于历史过程本身,赋予社会领域的存在以具体而真实的形态。在这里,道德与存在的本源关系,也得到了进一步的确认。

问:你曾认为,价值理想(包括真善美)的实现过程,离不开日常的生活实践,并肯定:人自身之"在",首先与日常生活息息相关;离开了日常生活,人的其他一切活动便无从展开。那么,从本体论的视域看,应该如何理解日常生活?

答:我首先关注日常生活对人的存在的意义。在我看来,日常生活首先在生命价值的确证和维护等方面展示了存在的本源性;作为人"在"世的原初形态,日常生活从本源的层面确证了人之为人的本质规定。以饮食消除饥渴,这是日常生活的常见形式,但如马克思所指出的,人的饮食在对象与方式上,都不同于动物的本能行为:饮食所消费的对象,是劳动的产物;饮食的方式(如用刀叉)则形成于社会历史发展过程。在此,日常生活无疑体现并确证了人区别于自然存在物(动物)的特征。同时,生活世界中主体间的交往行动,又在某种意义上扬弃了对人的工具性规定;通过接受传统、习俗、常识等的调节,日常生活也从一个方面参与并担保了文化的延续;以直接性、本源性为存在形态,日常生活既使个体不断融入这个世界并获得对世界的认同感,又为个体形成关于这个世界的实在感、真切感提供了根据;在总体上,较之科学的存在图景,日常生活更多地呈现未分化或原初的统一性。作为人"在"世的形态,日常生活的上述特点无疑展示了其积极的或正面的意义。

问:当代哲学对生活世界或日常生活往往较多地给予正面或积极的理解,你的思路是否与他们相近?

答:与哈贝马斯等倾向于将日常生活理想化不同,我同时分析了日常生活蕴含的负面意义。作为个体的再生产所以可能的前提,日常生活具有自在和既成的性质,这种自在性、既成性,使接受已有的存在形态、因循常人的行为模式成为主导的方面,与之相联系的是非反思的趋向和从众的定势,它在消解个体性的同时,也使存在意义的自我追问失去了前提。作为自在性与既成性的展开,社会关系和实践领域中的角色定位与观念层面的思不出位,进一步形成了对日常生活个体的多重限定,后者在悬置对存在意义反思的同时,也似乎趋向于抑制了人的自由发展。

问:在考察日常生活的同时,你对终极关切也予以了多方面的关注,你是如何理解终极关切的?

答:按其实质,日常生活不仅包括个体所处的实际境域或境遇,而且表现为个体存在的方式,在后一意义上,日常生活或日常存在往往与所谓终极关切相对。"终极"通常容易被理解为生命存在的终结,在这种语境中,它所指向的,主要是存在的界限;与之相应的"关切"则涉及界限之后的存在。我对终极关切的理解不同于宗教的视域,而更多地着眼于人的现实存在。以人"在"世的现实过程为视域,"终极"首先相对于既成或当下的存在形态而言,"关切"则与"日用而不知"的自在性形成某种对照;在这一论域中,所谓终极关切,可以看作是对存在意义的本源性追问。

在我看来,相对于日常生活的自在性,终极关切首先通过存在意义的关注和反思,显现了存在的自觉以及人的存在从自在到自为的转换;与之相联系的是未来的指向与理想的追求对既成性及限定性的超越。以有限与无限的张力为本体论前提,终极关切从一个方面表现了即有限而超越有限的存在境域。在本体论的意义上,存在的终极性既非体现于这个世界之外,也非指向这个世界之后;终极的存在即作为整体并以自身为原因的具体存在或这个世界,通过对本然、自在的统一形态以及分化的世界图景的双重扬弃,终极关切同时赋予统一性的重建以回归这个世界的意义。

问:你把日常生活与终极关切视为人"在"世的二重形态,你如何具体地界定二者的关系?

答:日常生活与终极关切展示了存在的不同维度。我吸取了传统儒学关于极高明而道中庸及日用即道的思想,认为:无论是限定于日常存在而拒斥终极关切,抑或执着于终极关切而疏离日常存在,都很难视为对二者关系的合理把握。离开了对存在意义的终极关切,日常生活便无法超越本然或自在之域;悬置了日常生活,则终极关切往往将流于抽象的玄思。人的存在本身展开为一个统一的过程,作为这一过程的二重向度,日常生活与终极关切本质上具有内在的相关性。二者的如上关系,同时又从一个方面体现了在有限中达到无限、从自在走向自为。

问:对日常存在与终极关切关系的以上辨析,进一步表明了你的以下看法,即存在的追问本质上体现了人的视域。你曾由此进而指出:以存在为关注之点,哲学的沉思总是指向人自身之"在",后者则在个体与类的层面都以自由为理想之境。就此而言,你似乎把自由视为人之"在"的价值目标。能否谈一下你在这方面的看法?

答:历史地看,不管在个体的层面,还是类的视域,人的存在都展开为一个追求与走向自由的过程。这样,以人自身之"在"为题中之义的本体论沉思,显然无法回避自由问题。另一方面,作为人的存在方式,自由本身也具有本体论或形而上的意义。我认为,在本体论的层面,自由首先涉及天与人(包括对象的自在性与人的目的性)、否定性(对世界说"不")与肯定性(对世界说"是")、"可以期望什么"与"应当做什么"、必然与偶然等多重关系;走向自由的过程,意味着不断克服其间的紧张、实现和达到相关方面的统一。正是在这里,自由同时展示了它与世界之"在"和人之"在"的内在关联:从本体论或形而上的视域看,自由的深沉意义就在于扬弃存在的分离,达到和确证存在的统一。

问:在人存在这一层面,自由的本体论或形而上意义具体体现在何处?

答:如前面所提及的,自由本质上是人的存在境域,自由问题的进一步追问,也逻辑地指向人本身。在人或主体的维度上,自由的形而上意义具体表现为"我"(行为者)的整体性或具体性,后者既在于人的个体之维与社会之维的互融,也展开为精神世界及其活动的多方面统一。基于主体存在的具体性,自由不再仅仅呈现为意志的品格,而是以作为整体的"我"为其动因。我特别强调了自由与自因的统一,通过肯定以主体为行为之因,把握行为的自由性质与因果性的内在统一。

问:作为理想之境,自由无疑包含价值的内涵,你是如何理解自由的价值内涵的?

答:在自由的价值意义上,我认为应特别注重马克思的有关思想,在我看来,以"必需"和"外在目的"的扬弃为前提,人的解放与人的自我实现、人向自身的回归与人格之境的提升赋予自由的历程以价值的内容,并认为,在人的存在境域的如上深化与展开中,形而上学进一步展示了其深沉的内涵。

问:至此,对你在形而上学或本体论上的有关思考已有了大致的了解,你能否从总体上概述一下你的思路?

答:实际上,由前面的讨论,已经可以看到一些思考脉络。从存在与价值关系的辨析,到自由之境的诠释,我着重展示了存在本身的多重维度和意蕴,以及世界之"在"与人之"在"的内在关联。通过敞开认识、审美、道德的本体论之维,我试图从不同侧面揭示真、善、美统一的形而上根据,并由此确证存在本身的具体性、真实性。另一方面,我强调,以真实的存在为指向,哲学的各个领域之间,也不应横亘壁垒与界限:作为把握世界的相关进路与视域,本体论、价值论、认识论、伦理学、方法论等更多地内含互融、互渗的一面。这里既肯定存在本身的统一性,也关注把握现在的方式及形态之间的统一性;以存在的具体性与真实性的澄明为进路,我同时也试图在以上二重意义上彰显哲学之求其"通"的品格。

(原载《学术界》2005年第6期)

后 记

什么是哲学？如何做哲学？这是哲学研究中前提性的问题。近20年来，我在不同的学术会议和学术讲座中，陆续从各个方面阐发了对以上问题的看法，本书是这一方面论辩的结集。书中的文稿曾发表于不同的学术刊物，并收入我的相关文集，现在以元哲学问题的辨析为主题对其加以选编，旨在比较集中地展现相关的思考。

具体而言，编入本书的论文可以分为以下几个方面：首先，是对哲学本身的界说，《何为哲学》《理解哲学》《哲学究竟是什么》《哲学的二重品格》诸篇，主要即涉及对哲学内涵的论析；其次，是对"何为中国哲学"这一问题的思与辨，《何为中国哲学》《作为哲学的中国哲学》《中国哲学：问题及其衍化》《认同与承认》

《中国哲学的当代演进:反思与展望》等文稿便是就此而作的探讨;再次,以中国哲学与西方哲学的互动为论题,《中西之学与世界哲学》《超越非对称:中西哲学互动的历史走向》《哲学对话:视域的交融》《中国哲学与"世界性百家争鸣"》等论文便是在世界哲学的视野之下,对中西哲学关系的阐释;复次,主要关注"哲学何为"的问题,《哲学的意义》《哲学何为》《哲学:思向何方?》《哲学与现代性的反思》等主要便聚焦于以上论域;第五,主要考察如何研究哲学和哲学史,《如何做哲学》《怎样研究哲学史》便属这方面的追问。以上考察的问题,也可表述为:何为哲学?何为中国哲学?何为中西之学及其关系?哲学何为以及哲学将走向何方?最后则是:如何做哲学?本书的结构,大致也体现了以上之序。

文末收录两篇附录,其一主要从哲学引向宽泛层面的思想与学术,由此为元哲学的研究提供一个更广的背景;其二是我就哲学问题所作答问,其中涉及我对哲学的一般看法。

本书的论文成稿于不同时期,若干提法可能因思想的一以贯之而略有交错,当然,其中的论述在不同语境之下又各有侧重,后者本身也展现了考察问题的多重视域。

杨国荣
2021 年 2 月